《中国西藏》杂志30年精选集

史海遗珍

中国西藏杂志社 编

中国藏学出版社

总序

记录新时代　摹写现代西藏新故事
——写在《中国西藏》创刊30周年之际

今年是新中国成立70周年，也是西藏民主改革60周年。在中国共产党领导下，短短几十年，西藏发生了最广泛最深刻的社会变革，百万农奴翻身解放，成为国家和社会的主人。在中央政府和全国人民的大力支持下，西藏各族人民团结奋斗，把贫穷落后的旧西藏建设成为经济文化繁荣、社会全面进步、生态环境良好、人民生活幸福的新西藏。

在这个历史发展的最好时期，我们也迎来了《中国西藏》杂志创刊30周年。

对外宣传西藏工作，一直是中央关于西藏工作的重要内容之一。《中国西藏》杂志创刊于1989年，当时，境外分裂集团一方面把手伸进西藏，连续在拉萨策动骚乱，另一方面又倚重国际反华势力，制造涉藏谣言，散布“西藏独立”。正是在这种背景下，决定创办一种刊物，作为一种公众传媒，向海内外读者展示一个真实的西藏。

《中国西藏》杂志的历任主编、历辈编辑们没有辜负时代赋予的重任。他们以高度的政治敏锐性和责任感，团结广大藏学工作者，依靠活跃在西藏各条战线的各族各界普通劳动者，以饱满的热情为描绘西藏美好的明天提供了一片园地，为更前沿、更广泛的文化交流提供了一个窗口、展示了一片天地。在每期3本精美的刊物中，期期有主题，各文版、各栏目都有侧重，几乎每篇文章都显示出全体编审人员高度负责、精心组织的良苦用心，内容既体现了深层次的探索与思考，又注重展现西藏发展面貌及藏族百姓的多彩生活。

在中华人民共和国成立70周年、西藏民主改革60周年之际，我们启动编撰“《中国西藏》杂志30年精选集”的工作。精选集的编辑出版，既是为了记录西藏经济社会的发展变化，更是为了记录和讲述这片高天厚土上的多彩人生。精选集共9册，其中汉文5册：《藏地新生活》《人文高地》《史海遗珍》《极地风物》《雪域人生》，藏文2册：མཐོ་སྒང་གི་དཔྱིད་དཔལ།（《高原春光》上下）和英文2册：*People on the Qinghai-Tibet Plateau*（《青藏高原人物》）和 *Life on the Qinghai-Tibet Plateau*（《青藏高原生活》）。

30年不长，却有许多的物是人非，也有许多的风景依旧。我们不敢保证已经把所有该萃取的珍珠都已摘取，也不能夸口入选的篇篇都是精品，但我们每一位编者，都是怀着无比的崇敬和虔诚，认真做着编选和校对。在这个过程中，我们更加感念我们的老领导、前辈编辑和记者、热心作者和读者，感恩他们当年的热忱和付出；更感恩于这个伟大的时代，感恩于我们从站起来、富起来，到强起来的伟大祖国！

中国特色社会主义已经进入新时代，信息社会更是进入全媒体时代。2016年，顺应时代潮流，《中国西藏》杂志与中国西藏网合并，开启用新媒体记录新时代、书写新时代、讴歌新时代，讲述现代西藏新故事的征程。

祝福祖国！祝福西藏！

《中国西藏》杂志30年精选集编委会
2019年8月27日

目　录

附录

达赖班禅的转世与封号

牙含章

清圣祖册封五世班禅“班臣额尔德尼”的金印

十世班禅圆寂后，国务院根据扎什伦布寺民主管理委员会和僧众的请求，作出了关于班禅治丧和转世问题的决定。藏传佛教的活佛转世问题，引起了人们的关注。近来，藏学界和出版界编写和出版了一些有关活佛转世的历史资料，起到了解疑释惑的作用。但是，其中也有不够准确的地方。例如，我看到的一篇文章在谈到达赖、班禅转世问题时说，“达赖和班禅两个喇嘛系统均采用转世制。达赖系统转世制始于三世达赖，班禅转世制始于四世班禅。”这种说法与传统的说法出入很大，有必要加以澄清。

传统的说法是，达赖系统的转世制始于根敦珠巴，即一世达赖。1474 年，根敦珠巴在扎什伦布寺逝世，1475 年在西藏达纳地方“转世”，法名根敦嘉措，即二世达赖。1542 年，根敦嘉措在哲蚌寺逝世，1543 年在西藏堆隆地方“转世”，法名索南嘉措，即三世达赖。如果认为达赖系统“转世制”始于三世达赖，这就把一世达赖、二世达赖与三世达赖“转世”的传承历史否定了，显然不符合达赖系统的历史事实。再说没有一世达赖与二世达赖，怎么会产生三世达赖？这在常识上是说不通的。

班禅系统也同样存在这个问题。传统的说法是，班禅系统的转世制始于克珠杰，即一世班禅。1438 年，克珠杰在甘丹寺逝世，1439 年，在西藏恩萨地方“转世”，法名索南确朗，即二世班禅。1504 年索南确朗在安贡寺逝世，1505 年仍在恩萨地方“转世”，法名罗桑丹珠，即三世班禅。1566 年，罗桑丹珠在安贡寺逝世，1570 年在兰伦热布谿卡“转世”，法名罗桑确吉坚赞，即四世班禅。如果认为班禅系统的“转世制”始于四世班禅，这同样否定了一世班禅、二世班禅、三世班禅与四世班禅“转世”的传承历史，不符合班禅世系的历史事实。再说，如果没有一世班禅、二世班禅与三世班禅怎么会产生四世班禅？这在常识上同样也是说不通的。

应该说明，转世制问题与封号问题是两码事，两者是有联系的，但不能混为一谈。因为“转世制”产生在前，“封号”产生于后，相差 100 多年，并不是同时产生的。

一世达赖根敦珠巴是格鲁派的一位高僧，宗喀巴的弟子，扎什伦布寺的创建人，他本人并不是活佛。他逝世后，扎什伦布寺的僧人找到了根敦嘉措，承认他是根敦珠巴“转世”的“化身”，根敦嘉

布达拉宫壁画：五世达赖喇嘛进京朝觐顺治皇帝。公元 1652 年，五世达赖喇嘛进京朝觐，次年被顺治皇帝册封为“达赖喇嘛”，赐金册、金印。

措才成了活佛，但是，根敦珠巴与根敦嘉措生前都没有人称呼他们是“达赖喇嘛”。根敦嘉措逝世后，哲蚌寺的僧人找到了索南嘉措，承认他是根敦嘉措“转世”的“化身”，索南嘉措又成了活佛。1578年蒙古俺答汗邀请索南嘉措到青海讲经说法，俺答汗赠给索南嘉措“圣识一切瓦齐尔达喇达赖喇嘛”的尊号。从索南嘉措起，西藏历史上才有了达赖喇嘛这一称呼。后来，藏传佛教格鲁派与史学家追认根敦珠巴为一世达赖，根敦嘉措为二世达赖，索南嘉措便成为三世达赖。1653 年，清朝顺治皇帝册封五世达赖罗桑嘉措为“西天大善自在佛所领天下释教普通瓦赤喇怛喇达赖喇嘛”，达赖喇嘛这一封号就成了达赖系统的专用名称，沿用下来，直到现在。以上事实说明，转世制与封号虽有联系，但并不是一回事，不能因为俺答汗赠了三世达赖“达赖喇嘛”的尊号，就认为达赖系统的转世制是从三世达赖索南嘉措才开始的。

班禅系统的历史也是同样的道理。一世班禅克珠杰是格鲁派的高僧，宗喀巴的弟子，曾任甘丹寺赤巴，他本人也不是活佛。他逝世后，安贡寺的僧人承认索南确朗是克珠杰“转世”的“化身”，索南确朗才成了活佛。索南确朗逝世后，安贡寺的僧人又承认罗桑丹珠是索南确朗“转世”的“化身”，罗桑丹珠又成了活佛。但是，克珠杰、索南确朗和罗桑丹珠生前都没有人称呼他们是“班禅”。罗桑丹珠逝世后，安贡寺僧人又承认罗桑确吉坚赞是罗桑丹珠“转世”的“化身”，罗桑确吉坚赞又成了活佛。1645 年，蒙古固始汗赠给罗桑确吉坚赞“班禅博克多”的尊号，罗桑确吉坚赞才有了“班禅”这一称呼。于是格鲁派与史学家追认克珠杰为一世班禅，索南确朗为二世班禅，罗桑丹珠为三世班禅，罗桑确吉坚赞则成了四世班禅。1713 年，清朝康熙皇帝册封五世班禅罗桑益希为“班禅额尔德尼”，“班禅”这一封号就成了班禅系统的专用名称，沿用下来，且到现在。以上事实同样说明，“班禅”这一名称虽然是四世班禅才有的，但班禅系统的“转世制”并非始于四世班禅。

原载《中国西藏》1989 年秋季号

活佛转世制度的形成及其传统做法

石山

活佛转世是藏传佛教的一种独特的传承方式。它把佛教的灵魂不灭、业力自如的教义和佛、菩萨圆觉解脱、化身降世、普度众生的思想融为一体，得到藏传佛教各教派的认同。

三种不同的传承方式

藏传佛教的传承，随着西藏社会的发展和宗教本身的需要，先后经历了三种不同的传承方式。

佛教传入西藏初期，以外来典籍的翻译移入为主，其首领人物的传承也照搬了佛教师徒传承、继承衣钵的方式。

随着外来佛教文化和固有苯教文化的融合，产生了不同教派，形成了颇具特色的藏传佛教。这一时期每一教派又多与某一地方家

1925年8月1日，北洋政府临时执政颁给九世班禅“宣诚济世”封号的金印。

清朝颁布《钦定藏内善后章程》文书

族结为一体，宗教首领依靠家族势力树宗创派，传播教义；世俗家族依靠宗教影响发展实力，扩大属区。宗教首领的传承方式，也逐渐由师徒传承演变为家族内部传承。如元、明时期先后掌握西藏地方政权的萨迦派和噶举派，在创派之初均采用家族内部传承方式。

由于各教派的宗教势力和经济实力不断膨胀，逐步形成了各自实力雄厚的宗教首领集团。这时宗教集团的势力和影响已超越世俗家族的范围，单一的家族支持已无法满足其需要，只有追求更广泛的社会支持和更高层的中央政权的支持，才能使自己教派的势力得到进一步的扩张。因而，既符合这一追求的需要，又有利于宗教首领集团稳定的新的传承方式——活佛转世制度应运而生，并逐渐得到推广。

活佛转世的产生和繁衍

活佛转世制度初创于藏传佛教噶举派的支派噶玛噶举派。该支派的首领都松钦巴1193年去世时，遗嘱其弟子“将转世再来”。11

供奉于布达拉宫的“当今皇帝万岁万万岁”牌位

金瓶和象牙签

年后噶玛拔希降生，10 岁时被都松钦巴的大弟子崩扎巴认定为其师的转世灵童，经寺庙 10 年培养，正式以该派首领身份活动，成为西藏第一位转世活佛。[①] 后来他被元宪宗封为国师，赐其一顶黑色金边法帽，西藏的第一个活佛世系——黑帽系由此产生。

明朝对西藏采取“因其俗尚，崇其宗教，利用僧弟，安抚为主”“多封众建，分割统治”的办法。明初，给宗教首领封法王或王者 8，西天佛子 2，灌顶大国师或国师者 27。后因管理混乱，徒弟多人皆承袭师封，致使法王、禅师以上竟多达 437 个，遂强调受封者中非转世传承者不得世袭，限制封袭过滥，这在客观上鼓励了活佛转

① “无论如何，经过邬坚巴·仁钦贝的努力，按照噶玛拔希的安排，实现了认定噶玛拔希的转世灵童的工作，攘迥多吉作为噶玛拔希的转世顺利进入了楚布寺。这在藏传佛教历史上是第一次，它包括了活佛转世的传承办法从酝酿到实现的全部过程。活佛转世这一新的事物，在噶玛噶举派中确确实实地出现了。”引自陈庆英、陈立建所著的《活佛转世——缘起·发展·历史定制》，中国藏学出版社，2014 年，第 75 页。——编者注

世制度的普及。宗喀巴逝世一百多年后的16世纪中叶，格鲁派开始采用活佛转世传承方式。首先是被拉萨哲蚌寺公认为活佛的根敦嘉措逝世，该寺派人寻访灵童，1546年将索南嘉措迎入该寺，让其继承根敦嘉措法位，后被尊为三世达赖喇嘛。稍后，后藏安贡寺被公认为安贡活佛的洛桑顿珠逝世，1575年罗桑确吉坚赞被该寺初步认定为转世灵童，1582年得到该寺僧众一致公认，次年正式举行坐床典礼，继承安贡活佛法位，后被尊为四世班禅额尔德尼。继格鲁派（含并入该派的噶当派）之后，噶举派的其他支派和宁玛派也采用活佛转世传承方式；萨迦派也在其教主以下允许活佛转世。到17世纪中叶，活佛转世办法已发展成为藏传佛教首领人物的主要传承方式。

在清政府的全力扶持下，格鲁派势力急剧发展，成为藏传佛教的主要教派，大小活佛蜂拥出现。除达赖、班禅被推崇为藏传佛教两个领袖外，还相继形成了统管喀尔喀政教事务的哲布尊丹巴活佛世系，统管内蒙古和甘青蒙古族宗教事务的章嘉活佛世系，以及属于某一局部地区宗教首领的嘉木祥、帕巴拉等等活佛世系。清乾隆年间，在理藩院正式注册得到承认的呼图克图一级大活佛就有148位，到清末又增至160位。他们的分布是：西藏35位（含昌都）、内蒙57位、外蒙19位、青甘35位，长驻北京在朝廷参班的14位。

寻访灵童的传统做法

藏传佛教活佛转世灵童的寻访认定方法，经历了由简而繁、由粗而细的长期演变，虽无完整的文字规定，且因教派与活佛地位的不同而有所差异，但大体上已经形成了一套传统做法。一般中、小活佛逝世，由其近侍弟子寻访数名灵童候选人，报达赖、班禅（也可按属区报哲布尊丹巴、章嘉等）批定一人即可。而呼图克图以上

供奉在大昭寺释迦牟尼佛像前的金瓶（觉果摄）

或与其相当的大活佛、教派首领转世灵童的寻访认定，则需按传统程序，逐一进行。

从第一位活佛噶玛拔希起，各教派的主要首领或大活佛，都曾先后得到过元朝以来历代中央政府的封赠。他们的转世灵童或继位人也都要申报朝廷，以求得到认可和承袭封赠，这样就自然形成了活佛转世受中央政府管理的历史定制。同样，从元世祖忽必烈把噶玛拔希逮捕入狱四年，将其两名近侍弟子处死开始，历代中央政府在对大活佛和教派首领给予敕封奖赏的同时，也有进行惩处的权力。如萨迦派法王达尼钦布桑波贝曾被元朝中央流放浙江普陀山近 30 年；1497 年明孝宗将白教活佛参曼签实哩充军甘肃平凉；1609 年明神宗革大乘、大宝二法王职；1706 年清康熙皇帝下令将六世达赖解京受审；1727 年雍正皇帝将七世达赖避徙理塘；1791 年乾隆皇帝抄没羊八井寺财产，剥夺了红帽系十世活佛的转世资格，将仲巴呼图克图解京治罪；1854 年咸丰皇帝将第穆呼图克图革职并流放宗喀，将诺们罕阿旺扎巴楚臣发配黑龙江等等。然而，这些管理，没有直接涉及转世灵童寻访认定的传统做法。

1758 年，乾隆皇帝派驻京呼图克图章嘉进藏，“特为辨认达赉（赖）喇嘛之呼毕勒罕出世，俟辨认明确后，呼图克图即行回京”，这是清朝政府参与活佛转世事宜，并对之改革，纳入国家章典法规的先声。经三十余年观察，乾隆皇帝总结出了活佛转世传统做法中的几大弊端：一是宗族姻亲垄断政教。如六世班禅、仲巴呼图克图、红帽系十世活佛、多吉帕姆女活佛均系同母异父，“一门之中，四个活佛，且大都是最高教主级活佛”；又如八世达赖、七世班禅、噶伦丹津班珠、外蒙古哲布尊丹巴均属姻亲。二是转世灵童由达赖、班禅或由“吹忠”（护法）指认确定，从而产生“往往受人嘱托，假托神言，任意妄指”的弊端。三是红帽系十世活佛因与仲巴呼图克图争夺六世班禅遗产，竟至逃往廓尔喀，教唆廓尔喀王发兵侵藏，大掠后藏地区和扎什伦布寺。于是，乾隆皇帝下定了“不得不亟加整顿”的决心，命福康安在击败廓尔喀后，筹议西藏善后，制定“善后章程二十九条”。其中第一条即从活佛转世灵童的认定入手，改革传统做法，确立“金瓶掣签”制度，由驻藏大臣和达赖或班禅当众掣定各大活佛（含达赖、班禅）的转世灵童，以代替达赖、班禅、“吹忠”的个人指定，将活佛转世事宜正式纳入国家特定的管理法典之中。

金瓶掣签建立以后，尽管在某些寻访方法上仍有增添，但活佛转世的传统做法已大体固定下来，并被一直沿袭至今。下边以极相似的达赖，班禅两大世系为例，归纳其传统做法如下：

1. 有关转世的预言、征兆和神谕，是寻访灵童的主要依据。

预言，即前世生前有关转世的预言。如六世达赖以其诗“吾欲高飞一远游，敢从白鹤假双翼；行程远不过理塘，仍将由彼归故里”，预示其将在理塘转世。六世班禅离开日喀则进京朝觐乾隆皇帝时对班丹顿珠说：“我会年轻轻地回来”，“届时请安排住宅”，预言其将转世于该家。八世班禅之母健谈，常干预政教，屡谏不听，八世班禅祈祷来世生母应寡言，预示九世班禅母亲是哑巴，等等。

征兆，即逝世前后的异常现象。如十三世达赖遗体入定期间面南而坐，解脱禅定时面向东方；且由拉萨至东北方向天空出现异样彩云，预示了转世灵童诞生的方域。八世班禅灵塔祀殿的柱子（藏语“噶”）上长出蘑菇（藏语“夏蘑”），预示其转世灵童降生于噶夏村。

神谕，即请护法神谕示灵童转世的方向、特征以至地方或父母名字中的含字。如寻访七世达赖喇嘛转世灵童时，护法降神只击锣一下，别无他语。藏语铜锣叫“理玛”，加上击出的声音，即为转世灵童降生地名理塘。从寻访十二世达赖喇嘛转世灵童开始，又增加了到西藏加查县群科加寺圣母湖观神谕的做法。当时，湖中幻影正是该灵童降生地朗顿村的景象。寻访十三世达赖喇嘛转世灵童时，湖中显示藏文阿、噶、玛三字，阿即安多（青海藏区），噶玛即灵童出生地近旁的噶玛夏宗日措（禅室）。

2. 秘密寻访。前世圆寂后，先要反复诵念乘愿再来呗赞，祈祷灵童早日转世。一年以后，按照预言、征兆或神谕的线索，达赖世系由摄政和三大寺负责，班禅世系由扎萨喇嘛和扎什伦布寺负责，选派有威望的活佛、堪布或其近侍弟子，进行闭关静修后，化装分赴各地寻访（也可通知各地报告特异儿童线索），对发现的儿童进行有关调查，回拉萨或扎寺向寻访事宜负责人汇报，初选出可能做候选人的对象。如十三世达赖喇嘛转世灵童首批候选人为14

1995年11月29日，国务院代表罗干在拉萨大昭寺主持十世班禅转世灵童金瓶掣签仪式。

名，九世班禅转世灵童首批候选人为 17 名。这项挑选，也可反复进行，以逐渐缩小范围。

3. 遗物验证。将前世常用的法器或其他用品，与同样的一件物品放在一起（念珠可放多件），让候选儿童从中认拿前世遗物；也可让儿童辨认前世的近侍人员或常接近的人员。依儿童辨认的准确程度，对之进行筛选淘汰，挑选出前世活佛身、语、意化身的数名候选灵童，参加金瓶掣签。

遗物验证的形式，既可分散个别进行，也可集中统一进行。其参加人员既可由具体寻访人和主持此项事宜的人组成，也可由中央政府专门指派人员、驻藏大臣与上述人员共同组成。

经过遗物验证，如果公认只剩一位特别灵异的儿童。亦可由驻藏大臣和主持灵童寻访事宜者联名，分别以藏汉文书面申请中央政府，批准免予掣签，继承前世法统。但准与不准的权限均在中央。如金瓶掣签制度建立以来转世的九世、十三世、十四世达赖和十世班禅，均经当时中央政府批准免予掣签。而当驻藏大臣、第穆和摄政奏请对九世达赖喇嘛转世灵童免予掣签时，遭到清嘉庆帝的严斥，责令加紧寻访，“总须再得其二，方可将三人之名，一同缄封入瓶，遵照定例……其掣出者方系达赖喇嘛真呼毕勒罕……”一年后，按上述要求掣签决定的灵童，才被道光帝批准为十世达赖。

4. 金瓶掣签。将经过遗物验证筛选出的三名候选灵童（七世班禅转世灵童掣签时，有 1 名放弃，只参加 2 名），报中央政府同意后，由驻藏大臣、摄政（或扎什伦布寺扎萨喇嘛）及大呼图克图参加，在驻藏大臣或班禅主持下，当众掣出一名，即被定为正式转世灵童。然后，即可聘师为转世灵童剪发披度、取定法名，等待举行坐床典礼。

需要具体说明的是：（1）掣签地点，记载不一。按善后章程规定，西藏是大昭寺释迦牟尼像前。而从实际执行情况看，遍查藏汉文资料则有两个地方：一是大昭寺释迦像前，各呼图克图多在此进行；二是布达拉宫乾隆皇帝像和皇帝牌位前，达赖和班禅均在此进行。（2）主持人和掣签人：两世经过掣签的班禅转世灵童，均由驻藏大臣主持仪式并亲自掣签（掣定八世班禅转世灵童时，十三世达赖参加了仪式，但未主持，也未掣签）。而三位经过掣签的达赖转世灵童又不相同：十世、十一世达赖，是七世班禅奉旨主持，由驻藏大臣掣的签；十二世达赖是驻藏大臣文硕一人主持并掣签的。（3）拜师问题：自1603年四世达赖拜四世班禅为师受沙弥戒起，形成了达赖、班禅互为师徒（年幼者拜年长者为师）的惯例以来，达赖世系中除十二、十四世因与班禅年岁接近而拜热振为师外，其余九世均依例拜班禅为师；班禅世系中的五世、七世、九世依例拜达赖为师，六世、八世、十世因二者年岁接近或其他原因（六世班禅拜师时，达赖被避徙理塘）而拜别人为师。

掣签仪式的程序，以十世达赖为例，藏汉文史料记载的是：先期，由布达拉宫和各大呼图克图率众念经七日。当天，阳光照到布达拉宫时，班禅入宫就座于乾隆皇帝像前，主持仪式，领在座高僧念经祈祷，驻藏二大臣入席就座，由正大臣文干将金瓶供奉黄案，行九叩礼，同时由藏、满、汉文书写好灵童名签，交众人校验后放金瓶前；再由班禅领诵经一遍；请副大臣灵海向金瓶行九叩礼，将三支名签贮入瓶内，摇转后放下；班禅再领大家念经三遍；再请文干向乾隆皇帝像行三叩礼，接着跪于金瓶前，用手掣出一签，向大家宣布掣定之灵童名字，并将掣出之签交众人验视，还将在场观礼的中签灵童父母叫来，告其结果，让其向乾隆皇帝像行礼谢恩；全体起立，由班禅领众呼图克图、活佛、堪布及在场官员向乾隆皇帝

受沙弥戒后，十一世班禅着僧装端坐释迦牟尼佛像前。（成卫东摄）

像行九叩礼谢恩，仪式结束。

5. 批准继位。由驻藏大臣和寻访负责人（加上参加掣签的高僧）分别用汉、藏两文，将掣签情形、掣定之灵童名字、预选的正副经师、预选的坐床日期等，报告中央政府，请求批准继位。如五至十世班禅均请清朝皇帝或“国民政府”代总统李宗仁批准。六世达赖因第巴桑杰嘉措对五世达赖逝世密不报丧，坐床时已 14 岁，清康熙皇帝只予默认。其余七至十四世达赖均经当时中央政府正式批准。

6. 坐床典礼。这是得到中央政府批准的转世灵童，依法升登前世法床，正式继承前世法统的盛大庆祝活动。自此以后，转世灵童即以新的一世达赖或班禅的身份开始宗教活动，接受信众朝拜。每位达赖、班禅的坐床典礼，均由中央特派代表主持或看视。典礼地点在布达拉宫或扎什伦布寺。

仍以清朝档案所载十世达赖为例，典礼程序大体是：整个仪式由清朝中央特派代表成都副都统苏冲阿、章嘉呼图克图及驻藏大臣文干看视，先一日将批准继位的诏书和赐赏物品陈设布达拉宫日光殿。典礼仪式上首先由苏冲阿、文干等宣旨、颁赏，此时，“达赖喇嘛呼毕勒罕同噶勒丹锡呼图莎玛第巴克什（即甘丹赤巴）跪听宣读敕谕，祗领赏赉，均向阙九叩，恭谢天恩”；然后，达赖喇嘛再登床入座，率众呼图克图念吉祥经，恭祝万寿；由摄政呈交中央封赐给前世达赖的金印；再由驻藏大臣、班禅代表、摄政、经师、甘丹赤巴、各大呼图克图、公、噶伦、扎萨、侍从堪布，各地、各寺、各界及友邦代表等等依次敬献曼扎、哈达、礼品祝贺；最后，举行“噶卓”，庆贺典礼圆满成功。

典礼结束后，达赖依例“上表谢恩”。表册格式从五世达赖起已成定制，开头先有：“我们生在贫困地，您赐我们得安宁，今后只有托靠您，不靠皇上靠何人……”。同时，由各界、各寺、各地轮流设宴庆祝。典礼时，有许多群众性的文体表演。

典礼和庆祝活动结束以后，新的达赖、班禅即应原则上脱离父母，常驻布达拉宫或扎什伦布寺，由各自拉让负责照料，由经师教授藏文和经典。

原载《中国西藏》1989 年秋季号

十三世达赖喇嘛驻京代表与雍和宫的一段史话

姚兆麟

雍和宫宗喀巴大师像（噶哇扎西摄）

北京雍和宫是一座至今保存完好的藏传佛教寺院，建于1744年。清代，藏传佛教格鲁派（即黄教）受到皇室的格外优崇。顺治和康熙皇帝先后册封了达赖喇嘛和班禅额尔德尼，尊崇他们为整个藏区的宗教领袖，支持格鲁派在西藏建立基本统一的地方政权。在北京，顺治皇帝为五世达赖晋京新建了西黄寺；康熙皇帝先后召请几位藏族高僧常住北京，讲经传法，其中曾经师从于五世达赖的章嘉呼图克图（第二世），还被封为清朝唯一的国师，受赐黄伞、黄车，经常奉召进宫应对。雍正皇帝在当亲王时，就笃信佛教，经常与章嘉一起谈经论道。乾隆皇帝继位后一直重视“弘扬佛法”，他鉴于京城没有传授黄教经

典、仪轨的场所，征询三世章嘉活佛若必多吉的意见后，将雍正皇帝原来的藩邸改建成了佛殿、经堂齐全的藏传佛教寺庙。

雍和宫建成后乾隆皇帝赐名“噶丹敬恰林”（汉意为兜率壮丽洲），由章嘉活佛和赤钦活佛率领僧众举行了隆重的开光典礼。寺庙按照皇帝的意图从内外蒙古、汉藏地区选拔了五百名聪慧的年青僧人，又遵照皇帝“各扎仓的喇嘛和教习的格西，由西藏派遣”的谕令，由达赖喇嘛和班禅额尔德尼从西藏四大寺、上下密院中选派学问经典好的喇嘛充任“四学”（经院）堪布和教习。

乾隆皇帝的这种宗教虔诚是寓有“安定社稷”之目的的，在他晚年所撰的《喇嘛说》中，对此做过系统的阐述，概括说来就是“兴黄教即所以安众蒙古”。

雍和宫在内地众多藏传佛教寺庙中具有特别重要的地位，这一方面是

雍和宫大经堂僧人们正在举行法事（噶哇扎西摄）

因为这里集中了内外蒙古、甘青等地各部落的僧徒，又有西藏派来传授真经的教习，从而可使正宗的黄教在内地和蒙古得以广布，同时又吸引了众多朝拜的信徒，因此它就成了联系蒙藏地区广大人民的一个重要枢纽。再一方面，因其居于“天子脚下”，又是由皇家藩邸、家庙改建的，所以寺庙事务经常受到皇帝亲自过问。在相当长的时间内，皇帝把这座寺庙看作是藏传佛教乃至西藏政教首领的代表机构，利用它作为与西藏达赖喇嘛沟通的另一渠道。从寺庙初建起，这里除常住北京的章嘉国师外，还经常有几位政教地位颇高的西藏活佛、喇嘛在此留住，如前后两世济隆呼图克图、两世噶勒丹锡呼图克图（额尔德尼诺门罕）均住此多年，与章嘉活佛一起讲经传法。他们还时常为达赖喇嘛与皇帝间传递信息，皇帝也把他们视作身边亲信，甚至直接派到拉萨“掌办商上事务”（即摄政）。例如乾隆四十二年八世达赖的摄政、六世第穆呼图克图圆寂，皇帝即派噶勒丹锡呼图克图阿旺楚尔提木前往署理。乾隆五十四年又派住在雍和宫的济咙呼图克图前往西藏协助八世达赖办事，一年后再派噶勒丹锡呼图克图二次入藏，代替济咙“帮同达赖喇嘛办事”，任职一年后在藏圆寂。噶勒丹锡呼图克图在雍和宫任事多年，深得乾隆皇帝赏识，获得两次出任西藏摄政的殊荣，后世把他和他的转世称为策墨林呼图克图，与第穆、济咙、热振并称为四大呼图克图。事隔 28 年以后，原九世达赖的摄政，七世第穆呼图克图圆寂，策墨林的转世阿旺札木巴勒齐木又被皇帝从雍和宫派去拉萨，“接办商上事务”，到职后他参与主持十世达赖掣签选认，并被任命为十世达赖的经师、摄政。

道光皇帝以后，清朝已进入衰败阶段，在英国发动第二次侵藏战争前后，西藏政局和全国政局都处于变乱状态，清朝中央和西藏地方再也无暇顾及雍和宫的事务了。据载，自光绪二十四年至民国六年约有 20 年的时间内，西藏没有续派堪布教习，致使雍和宫原派住持及四大堪布多已老死而未能替补。

民国六年，西藏驻京堪布陆续恢复派遣，拉萨与北京间的联系通过这种宗教形式又渐恢复。由于这种联系符合我国各族人民的愿望，也是十三世达赖喇嘛与民国政府领导人基于当时的国际国内形势而决意推进的，所以一经恢复就很快得到了发展，不久雍和宫原来的重要地位也重新显现出来。1923 年十三世达赖喇嘛以为雍和宫派住持的形式遣来驻京总代表。这位住持就是以后在民国政府时期担负西藏地方与中央政权间正式联系任务的贡觉仲尼。贡觉仲尼是以扎萨克的名义被派来京的，他原是西藏当时的政治显要人物擦绒·达桑占东的亲信，他受达赖喇嘛的亲自委派，1924 年初到京后被民国政府破格接受任职雍和宫扎萨克。同年 11 月以他为首的一次政治交涉，使停滞数年的中央政权与西藏的关系得以推进。他的驻京总代表的身份也由此显露出来。

事情的原委是这样的：1924 年秋冬之交，爱国将领冯玉祥发动了有名的“北京政变”，接着又于 11 月 4 日将清逊帝溥仪逐出故宫。这一剧烈的变动，触发了驻京蒙藏人士对民国政府的疑虑，要求政府澄清关于少数民族的政策。贡觉仲尼（当时用的汉文译名是棍却仲尼）于 11 月 28 日与当时驻京的几个堪布联名就此向民国政府写了一道呈文。呈文说：“……窃堪布等奉达赖喇嘛之命来京当差，凡民国与西藏之关系自应注意。近闻政府将大清皇帝之优待条件业已取销，查此条件与蒙回藏待遇条件同时宣布，今以何理而取销，至其同时宣布之条件是否一并取销，堪布等连日探询未得真相。为此呈请钧院转请政府明示。如约法所载之条件一律取销，堪布等即应

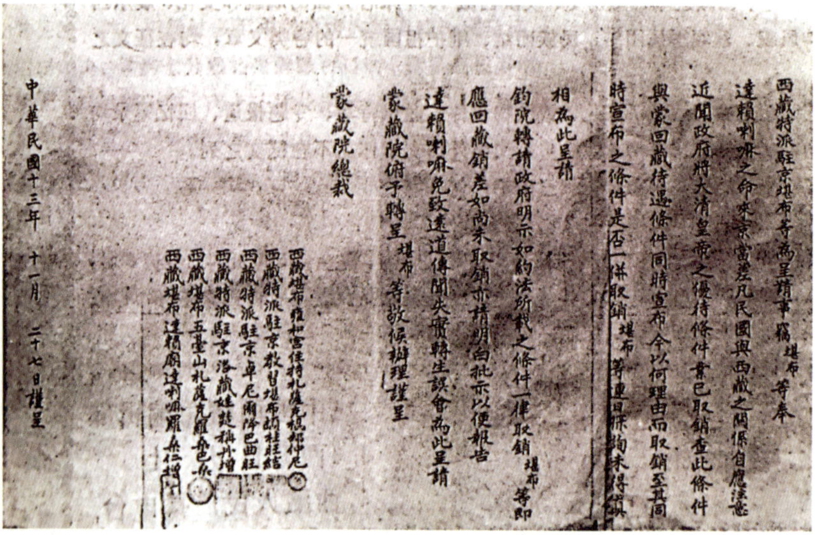

西藏特派駐京堪布等為呈請事竊堪布等奉
達賴喇嘛之命來京當差凡民國與西藏之關係自應注意
近聞政府將大清皇帝之優待條件業已取銷查此條件
與蒙回藏待遇條件同時宣布今以何理由而取銷至其同
時宣布之條件是否一併取銷堪布等連日探詢未得確
相為此呈請
鈞院轉請政府明示如約法所載之條件一律取銷堪布等即
應回藏銷差如尚未取銷亦請明白批示以便報告
達賴喇嘛免致遠道傳聞失實轉生誤會為此呈請
蒙藏院俯予轉呈堪布等敬候辦理謹呈
蒙藏院總裁

西藏堪布雍和宮住持札薩克喇嘛仲尼
西藏特派駐京教習堪布蚌桂旺結
西藏特派駐京卓尼爾降巴西旺
西藏特派駐京洛藏娃熱卻增
西藏堪布五臺山札薩克羅桑巴桑
西藏堪布達賴廟達喇嘛羅桑仁增

中華民國十三年十一月二十七日謹呈

驻京代表向民国政府写的呈文原件（姚兆麟提供）

回藏销差。如尚未取销亦请明示，以便报告，达赖喇嘛，免致远道传闻失实。转生误会……”（全文见照片）

这个呈文说，他们是奉达赖之命来京任职的，他们的责任是“注意民国与西藏之关系”，也就是说他们是为观察和了解民国政府对于西藏的政策而来的。他们的这次呈询，本身也说明他们是被授予直接向民国政府探询并根据探询结果决定继续在京任职或撤回西藏的权力的。据此可以看出，他们事实上就是被授予全权的西藏代表，或说其领衔者就是西藏驻京总代表。

呈文询问的是“约法所载之条件”是否仍然有效，如果有效，他们就转报达赖喇嘛，并且继续在京任职；如果上述条件已经取销，他们就撤回西藏，亦即断绝与民国政府的关系。这就是说《中华民国临时约法》及其所载之条件乃是问题的核心，也是他们被派来京

雍和宫大经堂（噶哇扎西摄）

任职的前提，和“民国与西藏关系”的基础。这个基础是什么呢？《中华民国临时约法》就是民国三年制订的中华民国的根本法；“所载之条件”指的是《中华民国临时约法》第65条所载，“中华民国元年二月十二日所宣布之……满蒙回藏各族的待遇条件，永不变更其效力。”综合《中华民国临时约法》有关各条和“待遇条件”，关于西藏问题的政策，其基本内容就是：西藏及内外蒙古、青海地方都与各行省一样，是属于中华民国的领土；民国政府实行民族平等和宗教信仰自由的政策。这也就是孙中山先生倡导的“五族共和”的政策。民国建立之初，各届政府多次向西藏宣布“五族共和”，但是西藏地方鉴于当时地方军阀的暴力、混乱，一直存有疑虑，未加明确表态。这次西藏代表呈询这些政策是否仍然继续实行，并以其作为与民国政府保持关系的先决条件，就等于是完全承认了“五族共和”的政策。呈询直接涉及了存在几年的核心问题，事关重大，民国政府急速做了如下批复：“满蒙回藏待遇条件，历经颁布。大信昭然，效力确定，允无疑义”，十分肯定地回答了西藏代表，使西藏方面的疑虑得到了解决。上述呈询和批复是民国建立以来十多年中，少有的有来有往的文件之一。双方以文件的形式确认体现“五族共和”原则的《中华民国临时约法》——民国时期的根本法是民国政府与西藏地方关系的共同基点，这在十几年中还是第一次。因此这次的呈询和批复，在民国时期西藏问题发展的历史过程中，是具有重要意义的。

从这以后，西藏与民国中央政权的关系就在这个基础上继续发展了，1925 年上述呈文中署名的教习堪布顿珠旺结，以达赖喇嘛代表的名义参加了当时北京政府举行的“善后会议”。北伐战争后，1928 年底另一署名的堪布、五台山扎萨克罗桑巴桑奉达赖喇嘛之命，前往南京晋见蒋介石，然后又带回了蒋介石致达赖喇嘛的信函。1929 年 6 月贡觉仲尼应邀赴南京参加孙中山总理的奉安典礼，后因病未及赶到，同年 8 月赴太原会见国民政府蒙藏委员会委员长阎锡山，之后又被国民政府以专列迎至南京会见蒋介石，并向蒋介石代达赖喇嘛声明：不亲美人、不背中央，愿迎班禅回藏。随后，被蒋介石委以“专员”，携带其致达赖喇嘛的亲笔信函回藏，受到达赖喇嘛的隆重迎接。1930 年贡觉仲尼被达赖喇嘛正式任命为西藏驻京总代表，随后西藏又在南京设立了驻京办事处。1931 年由西藏派出的代表与班禅大师及后藏代表一起参加了国民会议。至此，西藏与民国中央政权的正式联系建立起来，初步结束了 20 年来的不正常状态。1928 年国民政府成立后，首都改设南京，特别是 1931 年西藏在南京设立了正式的驻京办事处以后，贡觉仲尼等也迁到南京任职，他后来被选为国民会议代表、国民政府立法院立法委员，继续为推进西藏与中央政权的关系作了不少工作。虽然贡觉仲尼一直到 1936 年仍然兼任雍和宫住持，但雍和宫本身不再负有政治方面的功能，只在传播黄教中继续做着敦睦各族人民友谊的事情了。

往事已经久远，雍和宫的历史功绩已经鲜为人知，却是我们应当记住的。

原载《中国西藏》1990 年冬季号

回忆我的父亲拉敏·益西楚臣

拉敏·白吉

皈依佛祖潜心学经

父亲1912年出生于后藏拉孜宗的贵族世家——拉敏家族。这个家族有五个庄园（谿卡），世代为后藏贵族，为西藏地方政府和班禅大师效力。

父亲出生后取名多吉旺久，8岁时被送到巴岗学校（私塾）读书。他生性倔强调皮，但学习很用功，因此，学校逐渐不能满足他的求知欲。1923年，由于十三世达赖和九世班禅不和，九世班禅出走内地，西藏地方政府委派许多官员来管理扎什伦布寺和后藏地区，其中有位钦饶旺久喇嘛是拉敏家的世交，官居孜仲·仲尼钦波（大秘书），非常有学问。爷爷就把父亲送到他那里，随他学习，直到16岁给召回娶亲。其时，父亲已成为当地颇有名气的才子。

爷爷奶奶认为，父亲作为拉敏家的长子，理当早日成家并掌管家务。但他坚决不从，声明自己早已皈依佛祖，并请来大喇嘛资巴仁布钦和许多亲戚为他说情。大喇嘛劝爷爷奶奶："我已经算了卦，让多旺出家，将来定能大有作为。况且，你们儿子那么多，不愁没有继承者。"因此父亲到江布玛其寺当了扎巴（即僧人），取法名"益西楚臣"，并拜格龙益西桑珠活佛为师，刻苦攻读经书和天文历算。两年后，即能背诵许多经书、诗歌，对佛学也开始有所研究并学习写作。1929年，经过再三请求，征得爷爷奶奶同意，他只身一人到了拉萨色拉寺切巴扎仓僧院下属的藏巴康村（经学组织），每天天不亮起床，自己烧茶做饭，攻读经书，晚上出去辩经。1932年，父亲20岁，这时，切巴扎仓的秘书突然圆寂。由于扎仓很大，有许多事务需要处理，堪布们急于物色新的秘书，看到父亲虽然年轻，但才华不凡，就内定了下来。经师强巴塔叶深知父亲专心佛经，不愿为官，因此劝他回家避避，并答应等秘书选定，就让他回来。回家以后，他一面盼着色拉寺的消息，一面攻读经书，写文章。据叔叔们讲，当时爷爷奶奶让他帮助几个弟弟学习，他也只是从小经堂的窗口回答问题，交接作业，从不与家人一起吃饭、闲谈。

远赴南京，服务班禅

1932年，噶厦派人到南京向停留在那里的九世班禅报告说：欢迎大师早日回藏。次年，班禅方面派顿珠康莎安钦仁布钦（大活佛）、仲译钦波（大秘书）去谈判返藏事宜，并专门给爷爷拉敏·索朗平措写信，请他到南京效力，万一去不了，就派一个儿子。当时爷爷年老体弱，患有严重胃溃疡，不能长途跋涉，就让父亲代他去。父亲起初根本不从，他说，我从心眼里尊敬班禅大师，但我一心只想学经念经，不愿为官。爷爷和几位高僧反复劝他，为大师效力是至高无上的职责，忠孝两全，父亲才勉强同意。1934 年，全家人流着泪为他送行，叔叔恰白·次旦平措（现还健在）到年楚河边的桑巴夏搭起围帐，父亲摸着新栽的小树，感叹说："他年回来，这些树不知会有多高多粗？"

父亲带着几个随从出印度，取海道，过香港，到了南京，当时年仅 22 岁。在那里，父亲主要为大师的佛事服务，从事经书研究和文稿起草，还兼搞个人写作，学习汉文，阅读时事政治书籍，开始接受进步思想。

辗转康青，忍辱负重

1934 年夏，九世班禅由上海到北平，后到绥远，积极做回藏准备。1935 年初抵达阿拉善旗定远营，拉萨策觉林呼图克图前往宁夏迎接。4、5 月间九世班禅离宁夏，经兰州、西宁，到了青海湟中县塔尔寺。父亲一直随行，出谋划策。草拟给噶厦、南京政府的各种文、电。1936 年夏，九世班禅应嘉木样呼图克图之邀，到甘肃拉卜楞寺主持第九次也是他一生最后一次时轮金刚法会。这次法会盛况空前，参加的蒙藏群众达 6 万余人，父亲协助组织，为此累倒。8 月九世班禅在南京政府护送专使赵守钰及装备精良的 300 人仪仗队护送下，向青海玉树进发，以便从那里返藏。由于父亲的才干，被大师委任为"孜仲列赞"（僧官）和回藏设计委员。1936 年底到达玉树，1937 年 8 月抵达青藏交接的拉休寺，因噶厦突然变卦和抗日战争的紧张局势，南京政府决定"班禅暂缓回藏"，大师只好重返玉树。九世班禅回藏被阻后，即感身体不适，饮食难进，左肋剧痛，而且日趋严重。1937 年 12 月 1 日，大师在玉树大寺甲拉颇章宫内圆寂。九世班禅生前留下遗嘱，委任罗桑坚参为扎萨喇嘛，在他未到任前由父亲等 6 人设计委员会掌管全权。父亲等根据南京政府的指令，抬着经过防腐处理的九世班禅的遗体，于 1937 年 12 月 25 日离开玉树前往西康甘孜县，住在香根拉让。一面按旧例诵经 49 日，一面等候中央政府关于善后处理的指示。经国民政府出面交涉，噶厦同意，1941 年 2 月 4 日班禅遗体运回扎什伦布寺。之后，父亲同计晋美等人率堪布会议厅全体官员及家属 400 余人由玉树移居青海香日德，开始寻找班禅转世“灵童”。父亲在世时提起，在香日德是他们最为艰难困苦的时期。

呕心沥血，辅佐大师

1941 年，九世班禅转世灵童被找到，即诞生于青海循化县的洛桑赤列・确吉坚赞。1944 年父亲同堪厅主要官员迎请转世灵童到塔尔寺并举行了内部坐床典礼。在是否承认青海“灵童”问题上，父亲和堪厅同噶厦中的分裂主义势力作了坚决的斗争，再三向国民政府申报请求核准，并决定在噶厦和中央政府改善关系前，暂不护送十世班禅进藏。同年，他由僧人还俗，与湟中县多巴乡唐家（汉族）长女唐春明结婚，1946 年 6 月 14 日生下我，给我取名宗巴吉（后改为白吉）。1946 年底同计晋美等 6 人代表堪厅到南京出席国民大会。此时，他已经是堪厅的大扎萨（二品官）、秘书长，十世班禅的主要辅助者，也是堪厅事务的决策人物之一。1947 年与计晋美等人联名上书国民政府，要求承认九世班禅转世灵童，并批准回藏。1949 年 6 月国民政府代总统李宗仁颁发了承认青海九世班禅转世灵童并“免于金瓶掣签”的命令。8 月 10 日国民政府派专使关吉玉等到塔尔寺举行十世班禅坐床典礼。父亲和计晋美等人策划操持一切，跑前跑后，辛苦之极。据母亲讲，那些天他早出晚归，只睡二、三个钟头，掉了好几斤肉。可以说，父亲为十世班禅在政治上、宗教上完全地、合法地继承九世班禅的地位和一切权力竭尽了他的所能。

拥护中央，重返西藏

1951 年 4 月中央人民政府同西藏地方政府谈判和平解放西藏问题，特邀班禅大师到京共同协商。大师率领主要官员 40 余人于 4 月 27 日抵京，行辕设在北京西郊的畅观楼。中央人民政府同西藏地方政府代表团及班禅堪布会议厅在一切重大问题上达成了协议。5 月 23 日举行和平解放西藏办法协议的签字仪式，即有名的“十七条协议”，父亲和计晋美等出席。5 月 24 日十世班禅大师率父亲等堪厅主要官员到中南海向毛主席致敬并献锦旗、礼品。同日晚，毛主席举行盛大宴会，父亲应邀参加。5 月 28 日十世班禅和堪布会议厅发表声明，对“十七条协议”表示热烈拥护，30 日致电十四世达赖表示祝贺并表达了精诚团结，彻底实行协议的愿望。十四世达赖也复电十世班禅，表示和好并欢迎十世班禅返藏。达赖和班禅失和后第一次彼此友好的态度，主要是中央人民政府工作的结果，同时父亲作为堪厅的主要决策人也有一定的功劳。7 月，十世班禅回到塔尔寺，中央人民政府也加强了对十世班禅返藏的组织领导工作，在十世班禅行辕设立了以范明同志为代表、牙含章同志为副代表的代表处，并委派党的干部梁选贤同志任堪厅副秘书长，父亲仍任秘书长。12 月 19 日十世班禅大师到西宁向青海省委、省政府及各族各界人民辞行，西宁数万群众热烈欢送。我当时也随行辕返藏，虽然只有 5 岁多，还隐约记得当时情景。之后，十世班禅大师及其行辕在解放军 18 军西北独立支队的护送下踏上征途。1952 年 1 月到达香日德。在那儿休整补充给养约一个月。2 月初向茫茫草原进发，严冬季节，天寒地冻，风沙扑面，艰难之极。路上，父亲向部队介绍情况，协调部队和行辕的关系，管理整个行辕的事务，又忙又累，我和母亲经常几天见不到他的面。从香日德，经玉树州的曲麻莱县到达唐古拉山山脚。当时，唐古拉山积雪很厚，翻越还是绕道，事关重大，父亲果断主张直翻。在征得十世班禅大师同意以后，大队平安翻越雪山，经聂荣宗，于3月下旬到达北部重镇黑河（今那曲）。由于噶厦内部亲英分裂分子的捣乱，这里出现了一些意外情况，父亲在解放军的帮助下，周密安排，使行辕顺利通过黑河，于4月28日到达拉萨。4月30日，西藏军区欢宴十世班禅及行辕全体人员，父亲出席并代表堪布会议厅讲话，表示在中央人民政府和毛主席的领导下，为建设繁荣的新西藏而努力。5月23日拉萨庆祝“十七条协议”签订一周年，父亲代表十世班禅大师向张经武代表、张国华军长献哈达、鲜花致谢。6月9日，十世班禅及全体随行人员赴日喀则，23日到达。进入不惑之年的父亲望着阔别18年的家乡和亲人，感慨万分，激动得热泪盈眶。

回到日喀则以后，父亲充分施展了他的才干，积极同日喀则分工委合作，自觉接受党的领导，认真执行“十七条协议”，努力争取在实际上恢复十世班禅应有的权力和地位，协调促进内部团结，为家乡人民做好事。在他和其他同志的努力下，西藏地方政府和班禅堪布厅签订了《西藏地方政府与扎什伦布寺拉章谈判备忘录》，十世班禅大师的固有地位、职权完全恢复。

爱国进步，晚节昭然

由于父亲的才干和他卓有成效的工作成绩，他在后来成立的拉萨“康、拉、雄”（即西藏康区、班禅拉章、地方政府）委员会中被任命为十世班禅拉章方面的委员和该委员会的秘书长。其后历任西藏自治区筹备委员会常务委员、副秘书长，政协西藏委员会副主席，全国政协常委等职。父亲的一生，无论工作、生活都极端认真，尽职尽责，维护祖国统一和团结，坚决反对分裂主义。特别是在 1959 年西藏少数反动派发动的武装叛乱中，父亲立场坚定、旗帜鲜明地拥护解放军平息叛乱和实行民主改革。即使在后来的所谓“班禅事件”和“文革”中，父亲蒙冤受屈，他亦坚定地相信党、相信人民，对党、对祖国的信念从来没有动摇。

1968 年，我从中央民院毕业回藏，父亲住在一间过去的牛棚里，又黑又矮，但很乐观。父亲患有高血压、心血管等病，仍坚持参加政治学习和生产劳动，还到出版社从事资料整理和校对工作。当时，我们看到他身体不好，劝他休息，他说，我只要还能工作，就要争取多为西藏人民干点好事。他学识渊博，但始终保持着谦虚谨慎的美德。由于父亲平时为人谦和和他的社会名望，就是在“文革”动乱中，也无一人打他，周围的群众还时常偷偷地送些蔬菜、鸡蛋等，帮买些紧缺物品，还尊敬地称他为“爸啦”。1975 年，落实统战政策，父亲搬到林仓居住，虽然环境优越了些，经济上也好转了，但父亲仍然很俭朴，对吃穿没有过高的奢求，还经常迈着蹒跚的步履，到政协参加学习，参加一些力所能及的劳动。1976 年，毛主席、周总理、朱德总司令不幸逝世，父亲极为悲痛，好长时间不说话，光抽烟，从表情上可以看出父亲忧国忧民的心情。1977 年 2 月底，父亲突然患脑出血被我们送到自治区人民医院，医生多方抢救无效，于 3 月 30 日永远离开了我们，享年 65 岁。1978 年 3 月 24 日，母亲也去世了，享年 49 岁。

随着“四人帮”的垮台和党的十一届三中全会的召开，党的民

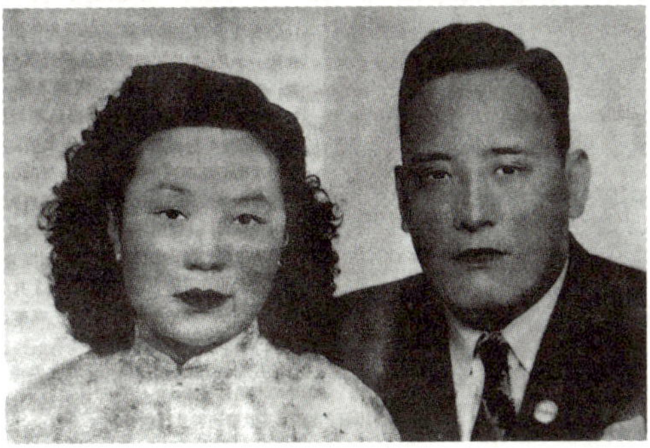

1949 年拉敏·益西楚臣和夫人在南京（作者提供）

1959 年作者和父母在北京（作者提供）

族统战政策的不断落实，父亲的功绩被社会肯定和公认，我们也都有了幸福美满的家庭和称心如意的工作。

父亲一生著书颇丰，具有很高的政治、宗教、历史、文学价值，虽因“班禅事件”和“文革”被抄家失散，但据我们所知，仍有一些已被西藏人民出版社出版，有的被选为西藏自治区高等院校的教材。

父亲的一生是追求知识、追求真理的一生，是为西藏的进步、繁荣奋斗的一生，他的事迹和教诲将永远激励我们。

原载《中国西藏》1991 年冬季号

九世班禅侍卫队长的回忆

孔萨益多

九世班禅

所谓“西藏独立”的口号对今天的许多青年来说，或许会感到陌生，但是，对我这样一个曾跟随九世班禅多年的侍卫队长来说，已不感到新鲜了。我下面对九世班禅潜离西藏、避居内地，以及打算重返西藏的前前后后曲折复杂经历的回忆，或许能够帮助人们进一步

1935 年 8 月 13 日起，九世班禅在青海塔尔寺举行了时轮金刚法会。图为当年塔尔寺的全景。

看清“西藏独立”的本来面目。

鸦片战争后，中国逐渐沦为半封建半殖民地社会，祖国的大好河山成了列强角逐的战场，帝国主义侵略势力也伸向了圣洁的西藏高原。英国军队于 1888 年和 1904 年两度犯我西藏。十三世达赖和九世班禅同心协力，率领西藏僧俗民众进行了英勇的抵抗，给侵略者以沉重打击。特别是第二次抗英战争中，在我的家乡江孜，当地军民面对用机枪大炮武装起来的侵略者，没有屈服，他们用大刀、长矛、火枪、土炮、甚至是抛石器，英勇抗击侵略者达三个月之久。这就是著名的“江孜保卫战”。藏族人民具有爱国主义的光荣传统，为维护祖国统一和领土完整进行了前赴后继的斗争。

西藏军民的齐心抵抗，使帝国主义分子感到只靠武力是无法征服西藏的，于是改变策略，积极在西藏上层统治者中培植亲帝分离主义势力。1904 年，英军侵入拉萨，世居拉萨执掌前藏政教大权的十三世达赖逃往内地，世居日喀则执掌后藏政教大权的九世班禅被英国人胁迫到了印度，被带去见英国皇太子。英国人要班禅跪拜，班禅说："我只在我国大皇帝前跪拜，其余不行。"结果仍执平常礼。英国人又游说"西藏独立"，并许诺在"独立"后由班禅执掌大权，但遭到班禅大师严词拒绝。英国人无可奈何，便利用腐败的清政府和北洋政府实行民族压迫政策在西藏引起的不满心理，挑拨藏汉民族关系，进一步染指西藏事务。辛亥革命后，十三世达赖喇嘛回到西藏，英国驻哲孟雄的行政长官贝尔接踵而至，住进了达赖夏宫附近的一所别墅里，亲自指挥并帮助西藏地方政府扩充军队，离间十三世达赖与九世班禅的关系，从而导致了西藏两大宗教领袖失和。按清朝中央政府的规定，藏军定编为 3000 人，但西藏地方政府从英国买来 1 万支枪、1000 万发子弹，把藏军扩大到 1.5 万人。为此，九世班禅亲临拉萨，向十三世达赖陈述自己的意见，指出"扩大藏军违背中央政府规定，乃不义之举。"而此时的西藏地方政府，特别是地方军队里已由英帝国主义者培植起了一批亲帝分离主义分子。他们开始对西藏宗教上层和贵族中的爱国分子进行暗杀堵劫。九世班禅见时局危急，于 1923 年 11 月 15 日深夜，带领部分随员离开日喀则的扎什伦布寺，潜往内地。西藏地方政府得知后，派了一个团的军队追击。班禅一行在藏北荒无人烟的草地昼夜兼程，恰逢天降大雪，掩埋了足迹，才得以脱身。当时，我们一大批跟随九世班禅先后逃到内地的青少年，尽管对整个情况知道得不多，但我们都明白大师是为了祖国的统一、民族的团结，才被迫离开了西藏。

九世班禅虽然离开了西藏，在内蒙古、东北、华北等地过着流浪生活，但他坚持反对分裂的斗争并没有停止。在北京，班禅大师安排了许多从西藏到内地的青少年进学校读书。他要大家学到真本事，将来成为驱逐帝国主义和反动分子，建设美好新西藏的中坚分

九世班禅与出席国民大会的代表合影

子。在班禅大师的关怀下，我学习了历史和汉语文，更加坚信鸦片战争后，尽管由于帝国主义的挑拨离间和侵略干涉，使我们西藏地方内部关系以及与祖国的关系受到严重损害，但是都无法改变美丽富饶的西藏是中国神圣领土不可分割的一部分，世世代代生活在世界屋脊上的西藏人民是祖国民族大家庭中光荣一员的这个历史事实。

国民政府在南京成立后，九世班禅于 1929 年 2 月在南京设立了办事处，正式与国民政府建立了联系。我记得办事处成立那天，班禅大师发表了一个宣言，他说“征诸历史与地理之关系，西藏欲舍中国而谋自主，实不可能；反之，中国失去西藏，亦犹车之失辅。”“合则两益，分则俱伤，此一定之道也。”1930 年 7 月 23 日，班禅又致书蒋介石，要求国民政府帮助他返回西藏。1931 年 5 月 4 日，班禅应蒋介石之邀出席在南京召开的国民会议，向会议提出了

"恢复西藏行政原状案"。这年7月1日，国民政府正式册封九世班禅为"护国宣化广慧大师"，授玉印一颗，定年俸为12万元。

1933年，十三世达赖圆寂后，受国民政府之命的西藏摄政热振活佛，派员到南京迎请九世班禅大师回藏。我们得悉这一消息都很高兴，以为班禅大师的心愿可以实现了，立即着手整点行装，安排启程事宜。为此，国民政府决定派专使和300人的武装仪仗队护送班禅大师回藏。这个决定即刻引起反响，英国驻华公使和参事等人，于3月8日、27日分别去"看望"班禅，诱劝大师从海道回藏，其目的是不让班禅带"汉官汉兵"一同入藏，大师当即拒绝。后来，英驻华公使贾德干又向国民政府外交部提出"抗议"，认为中国派军队入藏违反了所谓的"西姆拉条约"。对此，我们十分愤慨，班禅大师坚决反对。我和卫队中的藏、蒙古、汉族官兵也坚决反对，我们表示，大师到哪里，我们就要到哪里。国民政府也认为班禅大师必须带卫队入藏，仍按计划启程。

由于英帝国主义者的公然干涉、操纵指使，加上当时年仅20岁的热振活佛缺乏政治经验，西藏地方政府中的亲帝分离主义分子又活跃起来。1936年，当我们护送大师进抵青海玉树时，西藏地方政府突然通知："勿带蒙汉官兵入藏"。与此同时，英国驻中国大使许阁森又向国民政府外交部提出：英国不同意班禅带仪仗队入藏。班禅无奈，只得向国民政府请示如何处理。此时抗日战争业已爆发，全国准备进行抗战，国民政府乃复电班禅和护送专使，要他们考虑暂缓入藏。获悉这个消息，大师的心情很沉重，他连夜致函给赵守钰专使转呈国民政府蒙藏委员会，其中有这样一段话："班禅东来十有五载，谬荷中央依畀、殊遇优渥，心切五族团结，共安边防，冀报党国于万一，宁愿牺牲个人，力全大局，不愿中央威信陷于堕坠，既遵院令，暂缓西行，以待将来。”

九世班禅大师回藏被阻，悲愤交加，即染重病，于1937年12月1日凌晨圆寂于玉树寺拉加颇章宫中。弥留之际，大师留下了“望吾藏官兵僧俗，本中央五族建国精神，善继余志，以促实现”的遗嘱。九世班禅大师自1923年逃亡内地，在祖国各地先后住了十五年，最后含着一腔怨愤圆寂了，始终没有实现回返故乡的愿望。

原载《中国西藏》1989年春季号

九世班禅像

忆西藏著名的爱国人士
——詹东·计晋美

仁真旺姆

詹东·计晋美是我的姑爷爷（父亲的姑父）。20 世纪 30 年代末期，父亲在重庆念高中时，詹东·计晋美当时在班禅驻京办事处工作，抗日战争时期重庆是国民党中央政府的陪都。事实上早在 1929 年九世班禅就在南京设立了班禅驻京办事处，抗战期间，班禅办事处也跟随国民党政府迁到重庆，抗战胜利后又迁回南京。我父亲从南京中央大学毕业后，经詹东·计晋美介绍，也来到了班禅办事处任政务科长。这样他们既是亲戚关系，又是同事关系，无论在工作上还是生活上，彼此都有了更深的了解。特别是他们都有共同的志向和共同理想，那就是扶持十世班禅大师，为维护中华民族大家庭的和平、团结统一做出努力。共同的信念和共同的理想，把这两代人更加紧紧地联系在了一起。

詹东·计晋美（原名叫晋美扎巴），西藏谢通门县达纳地方人。

1954年9月4日，十世班禅额尔德尼乘坐的专列抵达北京火车站。中央人民政府副主席朱德（前排左三）、政务院总理周恩来（前排右一）等前往车站热烈欢迎。

他的祖父是西藏地方官员，当时在地方上很有名望，人称达纳詹东。他的叔父詹东·计玉阶是一位很有学问、很有主见的学者。大约在20世纪的20年代初期，十三世达赖和九世班禅之间的关系逐渐开始出现了裂痕，为此，九世班禅被迫于1923年11月逃离西藏，几经周折后于1925年初到达了北京。那个时期，少年时期的计晋美便跟随叔父计玉阶，从后藏经印度的加尔各答和香港辗转来到北京投奔当时的九世班禅。他们来到北京后受到了当时北京政府段祺瑞的隆重欢迎。在北京期间，计晋美为了民族工作的需要努力学习汉语文和中国历史，这也为他后来的工作打下了一个良好的基础。随后，九世班禅一行经北京去青海，1937年12月，九世班禅返藏受阻后，

1951 年 4 月 22 日，周恩来总理亲自到火车站迎接西藏地方政府谈判团抵京，手捧鲜花者为代表团首席代表阿沛·阿旺晋美。

他忧愤成疾，不久便在青海玉树圆寂，享年 54 岁。

1942 年班禅行辕委派计晋美到重庆，担任班禅驻重庆办事处处长，由于九世班禅的圆寂，当时的国民政府对班禅行辕人员另眼相待，减少并克扣办事处的经费拨款，这一做法使班禅行辕办事处十分生气。在此同时，围绕着九世班禅转世灵童的确认问题又发生了激烈的斗争。西藏地方政府一贯对国民党中央政府保持着暧昧的态度，可这次却一反常态，派出土登桑布等 4 名僧俗官员赶往重庆成立西藏地方政府驻重庆办事处。他们表面上亲近中央政府，暗地里却对九世班禅转世灵童的确认工作进行预谋策划，他们物色了几名所谓转世灵童的候选人，企图以此来排斥班禅行辕经过一系列传统的宗教仪式所寻访的九世班禅转世灵童的候选人，他们还不惜重金买通一些地方官员，买通国民党中央政府行政院和蒙藏委员会的某些官员，企图达到他们的目的。

面对着当时极为严峻的形势，作为班禅行辕办事处处长的詹东·计晋美，为了维护祖国统一，增强民族大团结，全然不顾各种冷言与打击，以坚韧不拔的毅力，在重庆与南京先后多次会见戴传贤等人（戴是佛教徒，与九世班禅有深交，戴也是国民政府考试院院长），并坚决表示班禅堪布会议厅全体人员将继承发扬九世班禅维护祖国统一，反对分裂的强烈愿望。还特别向戴传贤等人强调，确定班禅转世灵童是历来属于中央政府的权力。班禅转世灵童应该由班禅堪布会议厅呈报候选人，再经过中央政府最后确认，而绝对不允许西藏地方政府在由自己圈定的候选人中选择。否则，将导致西藏地区之间和西藏内部之间的尖锐矛盾，从而留下无穷后患。

计晋美还通过各种书面的文件陈诉并面见李宗仁、吴忠信、孙科、白云梯（蒙藏委员会委员长）等，多次陈述九世班禅是中国有名望的宗教领袖，他赤诚拥护中央政府，生前曾多次发表具有很大影响力的言论与文章，做过很多有益于民族大团结的事迹，故请在九世班禅转世灵童问题上务必考虑到他所具有的巨大影响，并明确指出，若延误了转世灵童的候选时机，将给维护祖国统一带来无法估计的损失。经过计晋美等人的艰苦努力，国民政府终于为班禅办事处增加了拨款，并提高了办事处的经费开支项目，还保留了班禅卫队的编制及供给，这使得班禅行辕一方的处境有所好转。

但是，为认定九世班禅转世灵童所进行的明争暗斗仍然十分激烈，计晋美等人又马不停蹄地再接再厉，继续为转世寻访的确认工作四处奔走。在李宗仁出任代总统和孙科出任行政院院长后，由于计晋美等人的努力争取，终于在 1949 年 5 月行政院召开的一次会议上，通过了班禅堪布会议厅提出的以贡保才旦为九世班禅转世灵童的决议，并于 1949 年 8 月 10 日派蒙藏委员会委员长关吉玉为专使，到青海塔尔寺主持了十世班禅的坐床典礼，完成了法律上的认定程序。

1948 年底到 1949 年初，中国人民解放军在淮海战役中大获全胜，处于溃败和惊慌之中的国民政府迁往广州，班禅驻南京办事处全体人员也被命令迁往广州，临时住在凤凰酒店。1949 年 4 月 8 日南京解放后，计晋美在与我的父亲交谈中曾多次明确表示要拥护共产党，只是当时他们并不知道共产党的各项政策，特别是他们对党的民族宗教政策一无所知。后来他们从广州来到了重庆，住在市中心较场口百子巷 101 号。为了能与进军西北的解放军取得联系，计晋美带了几名工作人员飞往青海西宁，临行之前，他特别嘱咐父亲说：“你的汉族同学多，联系广，一定要注意从中了解一些共产党的各项民族政策和解放军进军的情况。”计晋美走后，就由父亲来代理班禅驻重庆办事处处长的职务，在此期间，经过重庆地下党组织的巧妙安排，父亲在南京中央大学的几位同学，先后被派到了班禅驻重庆办事处工作。他们的介入对当时稳定办事处人员“军心”起到了很大的作用。蒋家王朝即将覆灭，国民党三番五次地督促、拉拢、诱骗、威胁，企图把班禅办事处和堪布会议厅迁往台湾。面对这种局面，办事处一面拖延时间，一面设法与计晋美取得联系，当计晋美知道办事处和他的家眷都留在重庆后，毅然决然地做出了留在西北“视情而定”的决定。1949 年 8 月，中国人民解放军进军大西北，国民党在西北的军政人员纷纷逃散，为了防止马步芳的地方军政人员在慌乱中逃窜带来的危害，十世班禅及班禅堪布会议厅成员避居于青海牧区班禅的香火地——香日德。当他们得知马步芳部队已经溃逃，解放军已经进驻西宁城的时候，计晋美受班禅大师和班禅堪布会议厅的委派，前往西宁与驻青海省的中国人民解放军取得了联系，并于 1949 年 10 月 1 日，受命主持了以十世班禅额尔德尼确吉坚赞的名义向毛主席、朱总司令发致贺电的草拟工作，表示拥护中央人民政府、拥护解放军。1949 年 10 月 23 日毛主席、朱总司令和

1951 年 5 月 1 日在天安门城楼上。左起：尧西·彭措扎西、詹东·计晋美、阿沛·阿旺晋美。

彭德怀副总司令员给十世班禅复电，对十世班禅的爱国行为表示欢迎，并希望班禅“和全西藏爱国人士一致努力，为西藏的解放和汉藏人民的团结而奋斗”。

1951 年春，十四世达赖喇嘛亲政，中央人民政府和西藏地方政府（噶厦）商定在北京举行和平解放西藏的谈判。中央特邀十世班禅进京，共商国是。4 月 25 日，十世班禅在计晋美等一行 45 人的陪同下到达了北京，当晚，周恩来总理设宴为班禅接风洗尘。宴会前，周总理同班禅进行了长时间的交谈。班禅一行被周总理渊博的知识、诚恳的态度、谦虚的作风、端庄的举止、慈祥的笑容深深感动，在给他们留下了终生难忘的印象的同时也为谈判的成功做出了

1956年，中央代表团团长陈毅和西藏地方官员在一起，左一为詹东·计晋美。

许多有益的工作。为实施《关于和平解放西藏办法的协议》，中央指定由范明将军率部队由西北进藏，当年计晋美出任了中国人民解放军第十八军独立支队副指挥员，这样范明将军就与计晋美组成了一支进藏先遣部队，由西北进军西藏，主要是筹办十世班禅大师返回西藏的事宜。计晋美积极主动地参与了这项工作，并完成了先期进藏的任务。进藏后计晋美又担负起了班禅堪布会议厅委员会主任委员的重任，通过大量的细致艰苦的工作，按照“十七条协议”第五条规定，接管并致力恢复了班禅大师在西藏的地位和应有的职权，这在当时，为稳定政局起到了至关重要的作用。

1956年3月，中央决定成立西藏自治区筹备委员会，根据中央指示精神，计晋美积极参加了“三面四方”（即噶厦政府、班禅堪布

1960年9月，朱德委员长接见并宴请十世班禅额尔德尼确吉坚赞。

会议厅、昌都解放委员会和中共西藏工作委员会）的协商工作。为西藏自治区筹备委员会顺利成立做出了应有的贡献。随后，计晋美又担任了西藏自治区筹备委员会副主任委员和日喀则专署专员的职务，并当选为第一、二届全国人大代表和第三届全国政协常委。他坚定不移地跟着共产党走，深受陈毅、贺龙、李维汉、乌兰夫、杨静仁、习仲勋等党和国家领导人的赞赏。

1956年初，印度总统尼赫鲁邀请十四世达赖喇嘛和十世班禅大师赴印度参加释迦牟尼涅槃2500周年的庆典活动，在这次活动中，党交给计晋美护送班禅大师顺利往返的重要任务，时间紧迫、环境复杂多变，计晋美事事按照党的指示去办，出色地完成了党交给他的这项光荣而艰巨的任务。

詹东·计晋美的一生是坎坷的一生，也是斗争的一生。他为维护西藏与祖国的统一大业，反对分裂，不遗余力地为实现西藏政教兴隆和民族安康而辛勤求索奋斗。在中国共产党的英明领导下，才使得他的一切愿望变为了现实。每当他想起往事，总是会满怀感激地说："中国共产党伟大，党的民族政策英明，只有共产党才使得我们实现梦寐以求的愿望，今天西藏的巨大变化，足以证明了当年的选择是正确的。"

正当计晋美满怀一颗炽热的爱国心和强烈的事业心奋力工作，正当计晋美满怀信心准备为建设社会主义新西藏继续奋斗时，不幸遭到"左"倾路线的残酷迫害。尽管他一度受到了不公正的待遇，尽管他一度身陷囹圄，失去自由，但他胸怀坦荡，不计较个人得失。在那个年代里他受尽了折磨，于 1978 年去世，享年 67 岁。1980 年胡耀邦、万里、杨静仁等国家领导人到西藏视察工作，他得到了彻底的昭雪平反。詹东·计晋美为维护祖国统一，增进民族大团结做出了重要的贡献。在改革开放的今天，我们更加怀念这位著名的西藏爱国人士。

原载《中国西藏》2010 年第 3 期

护送十世班禅回藏纪实

牙含章

在中国共产党的正确领导下，中央人民政府在和平解放西藏的过程中，顺利地解决了两大问题：一是签订了著名的“十七条协议”；二是护送十世班禅返回扎什伦布寺。作者有幸参加了后一项工作，愿将所见所闻忆述如下，以使读者有个比较完整的印象。

开始起程

1951 年 11 月 27 日，中央统战部秘书长童小鹏从北京打来长途电话，告诉我（时任西北军政委员会驻班禅行辕助理代表——编者注），中央的意见是希望班禅在年内由青海起程回藏，问我有无困难？我领会中央的意图是班禅返藏越快越好，这有利于在西藏地区贯彻执行“十七条协议”。我当即答复：物资准备工作已经大体完成，但是已经到了冬天，按一般惯例，不是在青藏高原上行军的季节，不知班禅方面是否同意？须征求他们的意见以后才好决定。拉敏·益

1956 年，西藏自治区筹备委员会成立，中央特派陈毅副总理率团入藏祝贺。图为陈毅副总理与十世班禅到达日喀则。(李仲魁摄)

西楚臣等人完全同意十世班禅大师早日启程回藏，这是他们多年的愿望，他们认为季节虽不适宜，但困难可以克服。此事需要向班禅大师请示后再作决定。次日拉敏·益西楚臣告诉我，班禅大师完全同意在本年内启程。并说 12 月 19 日是个吉祥的日子，如中央同意，他就给十四世达赖喇嘛发电报，告知起程的日期，西藏方面也好准备“乌拉”。经请示批准后，决定 1951 年 12 月 19 日为十世班禅从西宁起程回藏的日期。

12 月 15 日，西北局书记、西北军政委员会副主席习仲勋从西安到达西宁，他是代表毛主席，代表中央人民政府和西北军政委员会专程前来欢送十世班禅启程返藏的。次日，我陪着习仲勋前往塔尔寺拜会十世班禅，堪布会议厅举行了有一千余僧俗群众参加的欢迎大会，十世班禅在大会上致欢迎词，他说："如果没有毛主席和中国共产党的正确领导与中国各兄弟民族的热诚帮助，西藏和平解放是根本不可能的，我们返回西藏也是不可能的。因此，我们说中国共产党和毛主席是西藏人民的大救星，是我们的大恩人。我们只有跟着共产党和毛主席走，只有同祖国各兄弟民族紧密地团结起来，我们西藏民族才能得到彻底的解放，别的道路是没有的。"

会后，习仲勋又在十世班禅的住地同他进行了亲切的谈话，习仲勋劝他回西藏后不要急，要照顾全局，首先要搞好藏族内部的团结，这样西藏各方面的工作才有希望。

1951 年 12 月 19 日，青海各界在西宁城的西门外，搭了帐篷，按藏族的民族仪式，举行了隆重的欢送十世班禅启程返藏的大会。习仲勋和青海省政府、省军区领导人，塔尔寺的喇嘛与西宁市汉、回各族各界市民共约 1 万余人参加了大会，按藏族礼节互换了哈达，表示送别。

在香日德

十世班禅和堪布会议厅的全体僧俗官员与西北军政委员会代表办公室的护送人员从西宁乘汽车出发，用了七天时间，经过日月山、青海湖到了香日德。

我们在香日德停留了将近一个月，在这里要做许多准备工作，如分配骡马、骆驼、牦牛、帐篷、炊具、人粮、马料等等。因为从香日德开始，一直到西藏拉萨附近，完全是牧区，当时正值严冬，经过的沿途牧民很少，就是拿出大洋也买不到多少东西，必须带足充分的食物。全部牲畜除骡马带有一定的豆料外，骆驼和牦牛则全靠每天自己吃草维持生存。这样我们就不能全天行军，而是半天行军，半天放牧。这是草地行军的规律，和内地行军完全不同。

我们在香日德停留期间，听到一个令人吃惊的消息，传说唐古拉山下了大雪，雪封了山。当地群众的传统说法是："正二三，雪封山，四五六，雨淋头，七八九，正好走，十冬腊，学狗爬。"我们在路上要走三四个月，正是"雪封山"的季节。据说"雪封山"的情况是：大雪约深五六尺，人马根本无法行走。我们如实向中央，向西藏工委作了反映。周总理和李维汉看到我的电报以后，回电说：如果雪封山的情况属实，可考虑在香日德停留下来，等到次年夏季再走。看来中央虽然希望十世班禅早日返回西藏，但对班禅的安全非常重视，不要我们冒险前进。

慎重研究后，大家一致认为，大雪封山的传说不知是否属实；很难调查，因为香日德距离唐古拉山很远，即使派人前去侦察，也需两三个月。如果等到第二年夏季再走，我们在香日德至少要住五六个月，人粮马料的消耗还是次要的问题，主要是我们在政治上贻误时机，要受很大损失。

毕竟，藏族在青藏高原上生活了许多世纪，他们有丰富的与大自然进行斗争的经验，据拉敏·益西楚臣等人讲：过去唐古拉大雪封山是常有的事，如碰到这种情况可绕道三十九族（地名），多走一个多月的路，仍可到达拉萨。为了慎重起见，我们又去向班禅大师、大师父母和经师当面介绍了详细情况，并征求他们的意见。

第二天，拉敏·益西楚臣来找我们，他说班禅大师同意我们的意见。

于是代表办公室全体人员紧急动员起来，作了可能碰上大雪封山的最坏的精神和物资准备，同时由班禅大师直接给周总理、李维汉和西藏工委发了电报，提出了如遇到大雪封山，即准备绕道三十九族的计划，也请西藏工委向噶厦打个招呼。很快，我们接到各方回电，完全同意我们的意见。

这时，集中到香日德的骆驼有3000余峰，全部是在甘肃省民勤县租雇的，同来的有当地汉族民夫300余人，是按每一人拉骆驼10峰配备的。另外由青海省蒙藏部落租雇了牦牛7000余头，同来的有蒙藏牧民700余人，也是按每人赶牦牛10头配备的。我们都付给了合理的租金。

与此同时，我们采购了2600多匹乘马，每人两匹，以便在路上轮换骑乘；又采购了骡子400多头，每两头抬“夹窝子”（即驮轿）一副，这是为了在路上发生伤员与病号而准备的。“夹窝子”还驮运大型无线电收发报机一套，以保证每日与西北局和西藏工委的通讯联络畅通无阻。

由香日德到黑河

在青藏高原上行军，当时根本没有固定的道路，而是按照一定的方向前进，在有草有水的地方宿营，每日有时走三四十华里，有时走五六十华里，多少不一，主要由水草与地势决定。为了找寻有水有草的宿营地，按藏族的惯例，要用高价聘请一位有经验的当地牧民担任“兰巴”，即通常所说的向导。

1952年1月12日，我们从香日德出发，班禅行辕与代表办公室或先或后，为了避免拥挤，一般相距五六华里。骆驼与牦牛队又分为若干小队，队与队之间相距数 10 华里，这样就避免发生沿途的食草与饮水的困难。

班禅行辕其他人员都住藏式帐篷，唯有班禅住蒙古包。这种蒙古包是特制的，一式两顶，供班禅轮流使用。班禅很适应高原环境，从香日德到拉萨，他的健康一直很好，连小病都没有生过。班禅行辕的全体藏族僧俗官员也很健康，没有生什么大病。倒是代表办公室的汉族干部经常有人生病，主要是不适应高原环境。

第二梯队从香日德出发，计划分三个阶段到达拉萨。第一阶段的目的地是通天河畔的曲马来（曲麻莱县），大约有 800 余华里，沿途要经过诺门岗与巴颜喀喇两座大山，还要经过黄河源；第二阶段从曲马莱到西藏北部重镇黑河（那曲），约 1200 余华里；第三阶段是从黑河到拉萨，约有 700 余华里。

我们行军的季节，虽是严冬，幸好下雪不多，牲畜沿途还能吃到一些干草，勉强可以充饥。河水都结了冰，牲畜全靠吃雪，人员就得化冰或雪解决饮水问题。燃料全靠在宿营地附近拣的野牛粪，用皮风袋吹火。我们每天早上天不亮就起身，喝点茶，吃点干粮就卸下帐篷，立即起程。约到中午前后，找到好的宿营地休息，首先让乘马和骆驼、牦牛去吃草，人们就忙着搭帐篷，拣牛粪，背冰埋锅做饭。每天拣牛粪是重要任务，全体动员，拣的越多越好，用不完可带上走，因为有的地方拣不到。虽然过的是游牧生活，但我们也不是与世隔绝，晚上由新闻组的同志收听记录北京新闻广播，把记录下来的新闻，向全体人员传达，以便让进藏人员随时知道国内外发生的重要事件和全国的政治形势。

我们由香日德出发，走了十八站到了曲马莱，这是我们行军第一阶段的目的地。我们在此休息了 10 天，进行了必要的调整。

我们在曲马莱休整期间，打发已经完成运输任务的一批牛队返回香日德，驼队则继续前进。

1952 年 2 月 10 日，我们从曲马莱出发，经过的地方多为平坦大草原，有些山也很小，并不吃力。走了十五站，到了维活塞雄。这里是传统的青海与西藏的分界线，以东属青海管，以西属西藏管。有西藏聂荣宗（宗，相当县）所属的火热部落牧民 10 余户在此居住。他们见到班禅到达，也来磕头。我们即向当地牧民调查唐古拉山有无"大雪封山"的情况，因当地距唐古拉山还有数十里，他们也说不清楚，但牧民提供的情况有一点很重要，即这年入冬以来，当地及其附近并没有下过大雪。我们决定继续前进。

到唐古拉山根以后，下一步如何行动？是径直过唐古拉山还是绕道走三十九族？经研究后决定在山根休息一天，由堪厅派两名年轻力壮的藏族干部，骑快马进山实地侦察一下，看积雪究竟有多深？能否通过？当时天气晴朗，并无大风大雪，自然条件有利于我们。第二天下午，进山侦察情况的人返回报告，说遍山是雪，但只有 1 尺多深，人马可以通过。一般过唐古拉山，要走六天，这六天要冒一定的风险，但只要大家一鼓作气，振奋精神，困难是可以克服的。于是我们就打算径直过唐古拉山。但事关班禅的安全，由拉敏·益西楚臣向班禅汇报，听听班禅有无异议？班禅也表示同意径直过唐古拉山。因为抢时间要紧，来不及向西北局和西藏工委请示，即决定次日起程。

唐古拉山本身并不高，是慢上慢下，但整个地势很高，我们经过的山口是海拔 5600 米。遍山是 1 尺多深的积雪，牲口吃不上一点草，人员也只能化雪烧点水解渴。由于高山缺氧，无法做饭，大家只吃点干粮充饥。骡马还有点豆料可以充饥，死亡不多，牦牛习惯于雪地行走，空腹几天也能支持，只有骆驼既不习惯雪地行走，更不习惯空腹行走，沿途死了将近一半，损失很大。民夫也死了10余人，全部是甘肃民勤县来的汉族农民。他们为支援班禅返藏献出了宝贵的生命。

1952年，按照“十七条协议”，十世班禅返回西藏。图为十世班禅一行抵达日喀则时，市郊欢迎的民众达六万多人，许多僧众百姓在此等候了一个多月，见到离开西藏30多年的班禅喇嘛，许多信众痛哭流涕，场面十分感人。

出山以后，我才向西北局和西藏工委发了电报，报告班禅一行已安全过了唐古拉山。习仲勋特从西安发来电报，向班禅和第二梯队的全体人员表示慰问。

过了唐古拉山向前走了两站，就到了聂荣宗，噶厦在这里派驻的有1名宗本（相当于内地的县长）。我们也在这里遇到了十四世达赖喇嘛和噶厦派来欢迎班禅的官员，共10余人，由1名堪穹（僧官，四品）和1名仁木细（俗官，四品）领队，向班禅献了哈达。

从聂荣宗启程，走了四站就到了黑河。至此，第二梯队完成了第二阶段的行军任务。

黑河是西藏北部最大的一个居民点，有一座黄教寺庙，有1位活佛，有400余名喇嘛，还有一座尼姑庙，有200余名尼姑，市民约有1000余人，有些卖日用品的商店。噶厦在这里设有基宗（相当于内地的专区），有一僧一俗四品官2人，还有第五代本的藏军300余人，是噶厦派来担任班禅警卫任务的。第一梯队在这里设有办事处，有70余人，200余匹骡马。扎什伦布寺的安钦活佛100余人专程前来欢迎班禅。班禅到达黑河时，全市的僧俗军民一齐出动，在市郊搭了欢迎帐篷，先由活佛和基宗向班禅献了哈达，然后班禅为前来欢迎的僧俗群众一一摸顶，气氛还是很热情友好的。次日，班禅到黑河喇嘛寺礼佛，并向全体僧众讲了一次经。

我们到达黑河的时候，正赶上拉萨的亲帝分裂势力闹事，伪“人民会议”分子千余人包围了中央代表张经武的住房，要求中国人民解放军退出西藏。司曹（代理藏王）鲁康娃、罗桑扎西下令拉萨附近几个宗的藏族人民，不准给解放军出卖粮食与燃料。西藏工委为了保证班禅的安全，来电要我们暂在黑河停留，不要前进，同时要提高警惕，严防当地坏人袭击班禅及第二梯队的全体人员。接到电报后，我们研究了对策，决定以“休整”为名，暂在黑河停留，采取内紧外松的方式，对外与当地的寺庙和基宗保持正常联系，对内则严禁任何人个别外出。并决定由班禅警卫营举行一次军事演习，显示我方威力。举行军事演习时，请基宗与藏军前来参观。班禅一行，在黑河停留约一个月，没有发生任何意外。

在黑河停留期间，我去看望班禅，详细介绍了拉萨伪“人民会议”的情况，以及西藏工委要我们暂勿前进，在黑河停留一段时间的原因。班禅对西藏发生的政治事件，非常关心，完全同意西藏工委提出的建议，对伪“人民会议”的反动行为非常愤慨。

从黑河到拉萨

1952 年 4 月中旬，拉萨伪“人民会议”事件得到和平解决，十四世达赖解除了两个司曹鲁康娃和罗桑扎西的职务，并宣布伪“人民会议”为非法组织，予以解散。西藏政治形势趋于缓和。于是西藏工委来了电报，要我们启程前往拉萨。

在黑河地区，我们的运输队伍，进行了大的调整，一方面，从黑河开始，由甘肃、青海租雇的骆驼和牦牛都要回去；另一方面，从黑河直达拉萨，由西藏地方政府支应“乌拉”，担负运输任务。到黑河时，骆驼死亡了一大半，剩余的一半也瘦弱不堪使用，必须在黑河休养几个月，等青草上来，体力恢复一些，再赶回去。牦牛虽然死亡不多，但在青海租雇时早就商定，他们只驮运到黑河，就要返回。只有骡马是我们自己采购的，可以直到拉萨再到后藏。但到黑河时，大部分也很瘦弱，需要在黑河休养一段时间。因此我们把瘦弱的骡马，全部交给第一梯队设立的办事处接收，只留较强壮的骡马继续使用。

在黑河停留期间，黑河基宗根据噶厦的命令，从黑河各宗、各部落共集中了牦牛 5000 余头，乘马 1000 余匹，足够第二梯队使用。西藏当时还是封建农奴社会，“乌拉”是一种无偿劳役。显然，人民解放军不能采用这种无偿劳役，我们决定按市场物价，给乘马与驮牛支付一定的租金。西藏的运输“乌拉”分两种，一种叫“萨崔”，是短站差，由这一站只送到下一站；一种叫“宗吉”，是长站差，可由黑河直送到拉萨。我们根据路程远近的不同，规定付给不同的运费。当时西藏还通用藏币，但我们的运费都支付银圆，支差的藏族群众拿到银圆非常高兴。

1952 年 4 月 15 日，我们从黑河启程，黑河僧俗各界人民在市郊搭起了欢送帐篷，一如来时，黑河寺的活佛、基宗的官员都来给班禅献了哈达，第五代本的藏军一直送到拉萨。

从黑河向南走了七站，到迥木倾塘，就走出了牧区，进入农业区。沿途看见有了人家，是西藏农奴低小的宅院。从这里再经旁多宗，到了甘斗，这里离拉萨只有 10 华里，从远处可见布达拉宫辉煌的金顶。到此，第二梯队完成了第三阶段的行军任务。

第二天，西北军政委员会代表范明、西藏军区参谋长李觉、堪布会议厅扎萨计晋美等从拉萨前来看望班禅，并同堪布会议厅的官员共同讨论有关班禅进入拉萨的一系列问题，特别是十世班禅与十四世达赖见面时的仪式程序，以及座位的高低等问题，据说开始双方还有争论，经过中央代表张经武从中调解，最后达成了双方都能接受的安排。

进入拉萨

1952 年 4 月 28 日，为十世班禅进入拉萨市的大喜日子。按西藏的旧规旧例，班禅进城时，噶厦在拉萨市东郊搭了欢迎帐篷，由首席噶伦然巴带领全体噶伦，还有西藏地方政府的四品以上的全体僧俗官员，在欢迎帐篷内向班禅献哈达，班禅则坐在一个高床上，给每个官员都摸了顶。然后是拉萨三大寺的欢迎帐篷，由噶丹池巴（甘丹赤巴）带领三大寺的高级僧官，向班禅献哈达，班禅也向他们还了哈达。中央代表张经武和西藏军区司令员张国华、政委谭冠三、西北军政委员会代表范明等人，另搭了一个欢迎帐篷，也按藏族礼节向班禅献了哈达，班禅也回赠了哈达。这天西藏地方政府出动了藏军 1000 多人，吹打着军乐，参加欢迎。布达拉宫出动了古典仪仗队，穿戴很特别，都骑着马，出来欢迎。拉萨全体市民则按藏族的礼节，在每家门口用白灰画了图案，在香炉内煨了“桑”（松树枝），在房顶上换了新制的经幡。男女老幼穿了新装，在班禅经过的道路两旁磕头，表示了最高的崇敬和虔诚。班禅则坐了由噶厦准备的八人抬的黄色轿子，一直到大昭寺，住在历代班禅来拉萨时居住过的门楼上面，那一天拉萨全城一片欢腾，气氛热烈隆重。

十世班禅在行辕内休息了一会儿，又乘八人抬的大轿子前往布达拉宫，与十四世达赖喇嘛举行了第一次会见。这是自九世班禅与十三世达赖失和以后，经过了 29 年，才由十四世达赖与十世班禅恢复了友好，实现了西藏民族内部的大团结。

十世班禅在拉萨停留期间，由噶厦和堪布会议厅各派出代表 3 人，举行谈判，以便明确解决恢复班禅的固有地位与职权问题。这个问题是在 1951 年中央人民政府与西藏地方政府代表在北京进行西藏和平解放的谈判时，在原则上达成了双方都同意的协议。现在要具体解决恢复班禅的地位与职权，究竟有哪些内容。而解决这个问题的前提是：先要明确九世班禅与十三世达赖和好时期的界限。双方查阅了历史档案，一致认为：以藏历第十五饶迥的火鸡年，即清光绪二十三年（公元 1897 年）为“彼此和好相处”时的界限。这个问题明确解决以后，其他的问题，就都比较容易解决。

回到扎什伦布寺

自九世班禅民国十二年（1923 年）离开扎什伦布寺，到 1952 年，十世班禅返回扎什伦布寺，整整 29 年过去了，在这段历史时期，扎什伦布寺与其所属百姓，是由噶厦政府管理的，现在又回到班禅堪布会议厅接管，虽然原则上已达成协议，但具体执行过程中，估计还会碰到许多问题。为了处理好善后事宜，根据中央的指示，西藏工委决定仍由我护送班禅返回扎什伦布寺，并在那里居住一段时间，等待一切遗留问题妥善处理以后，再回拉萨。

西藏军区为了十世班禅的安全，从进藏部队中抽出了一个连的兵力，由拉萨一直护送到扎什伦布寺。

西藏地方政府决定派遣首席噶伦然巴·土登贡钦为达赖与噶厦的全权代表，陪同十世班禅前往扎什伦布寺，一方面是向十世班禅胜利返回扎寺表示祝贺，同时也为了处理扎寺及其所属宗豁的交接问题，以及妥善安排基宗与堪布会议厅今后的关系。

1952 年 6 月 9 日为十世班禅返回扎什伦布寺的吉祥日子。

由于噶厦已承担了运输任务，沿途均由当地人民支应“乌拉”，所以运输任务已经解决。剩下的问题是运费问题，我们仍决定沿途的“乌拉”均付合理的运费，不用无偿劳役。

至于路线问题，事先堪厅与噶厦已做过研究，决定走南路，即由拉萨经曲水、白地、浪卡子到江孜。在江孜休息几天，再经白朗到日喀则。这条路虽然比走北路略远一点，但经过的地区都是农业区，人口较多，供应比较充足。

6月9日，班禅一行离开了拉萨。噶厦在哲蚌寺前搭了欢送帐篷，全体噶伦与四品以上的僧俗官员都到这里送行。中央代表张经武、西藏军区司令员张国华、政委谭冠三、西北军政委员会代表范明，以及西藏工委的全体负责干部，也在哲蚌寺前搭了帐篷表示欢送。

第一站就到了曲水宗，曲水在雅鲁藏布江边。那时雅鲁藏布江还没有桥，过渡使用皮船，每次只能过几个人，马匹则完全泅水过去。由于皮筏小，数量又不多，过江整整用了一天。

第二站过岗巴拉山，山比较陡，路也难走。下山后就到了白地宗。

第三站沿着羊卓雍湖西行，住到浪卡子宗。从浪卡子过了一座小山，走了两天到了江孜。噶厦在江孜派驻两名宗本，一僧一俗，由他们负责供应替换的“乌拉”。西藏军区在这里驻有一部分解放军。

十世班禅到江孜后，住在白居寺里边，进行了较大规模的佛事活动，向全体僧众讲经，给前来磕头的近万名僧俗群众摸顶。我也向白居寺全体僧众发了布施，向活佛送了礼品，还在江孜召开了一次军民联欢大会，由班禅宣传队演出了藏族文娱节目，气氛还很热烈。

十世班禅在江孜进行佛事活动约有一星期。因为周围的僧俗群众不断前来磕头，不得不多住几天。这时扎什伦布寺的僧俗官员数百人也到江孜欢迎十世班禅，与堪厅共同选定1952年6月23日为十世班禅返回扎寺的“吉祥”日子。十世班禅一行于6月20日离开了江孜，21日到白朗宗，23日到了日喀则，住在离市区只有10华里的年楚河边。准备次日进驻扎什伦布寺。扎什伦布寺离日喀则宗只有半华里，但日喀则宗归达赖管，扎什伦布寺归班禅管，是两个系统。

为了欢迎班禅返回扎寺，扎什伦布寺所属的宗、谿、牧区与属寺的僧俗群众，在日喀则集中了约五六万人，许多人在市郊搭了帐篷，居住等候，据说有不少人已在日喀则等候了1个多月。到日喀则，有两点在当时来说是很突出的现象：一是在日喀则的民房屋顶上，在寺庙的所有僧房屋顶上，插遍了五星红旗；二是在喇嘛住的僧房里，很多人都在释迦牟尼佛像旁边，摆了毛泽东主席的相片。这充分说明了群众自发地反映出来的爱国热忱。

1952年6月23日，十世班禅乘坐八抬大轿，过了年楚河，缓缓地进入扎什伦布寺。4000僧侣手执点燃的香，在扎寺大门外排队欢迎。在扎寺几所大殿的屋顶上，许多喇嘛吹大号、击锣、敲鼓，这是宗教的最敬仪式。群众的场面更是热闹，五六万人身穿新衣夹道排列，腰鼓队、藏戏班子等唱着歌、跳着舞，最使人感动的是有许多老人，因为过于兴奋，痛哭流涕。说明这是他们29年最盼望的一天。

十世班禅返回扎什伦布寺以后，扎寺安排了隆重的欢迎仪式，按照格鲁派的规矩，一连10多天，是扎寺历史上少有的。我首先代表西北军政委员会，也代表张经武同志，向班禅献了哈达，送了礼品，表示祝贺。并向扎寺全体喇嘛放了布施。接着是然巴首席噶伦代表达赖喇嘛，代表噶厦，向班禅献了哈达，还献了曼札等一全套藏传佛教的传统礼品，表示祝贺。后边是拉萨三大寺及前后藏一切寺庙代表均向班禅献哈达、献礼品，表示祝贺。来宾中值得一提的有两人：一是萨迦法王，是藏传佛教萨迦派（俗称花教）的宗教领袖；二是楚布噶玛巴，是藏传佛教噶举派（俗称白教）的教主。楚布噶玛巴在拉萨附近的堆龙德庆宗还保存着楚布寺。

庆祝会结束后，就趁然巴噶伦在扎寺的机会，堪厅着手接管了噶厦应移交的权力，一切经过还算顺利，没有发生大的纠纷。

为了开展后藏地区的工作，不仅要作好班禅集团的工作，做好达赖集团的工作，还要做好班禅与达赖两个集团之间的工作。噶厦在日喀则仍派驻有两名基宗，从人口与土地面积来说，达赖集团在后藏地区仍占优势。因此，根据西藏工委的决定，我和梁选贤同志共同负责组成了日喀则分工委，由梁选贤任书记，苗九锐任副书记，统一领导后藏地区的工作。与此同时，在日喀则市区设立了贸易公司、银行、邮电局，在班禅医疗队的基础上建立了医院，在班禅宣传队的基础上建立文工团，还创办了汉、藏两种文字的油印“日喀则新闻”，并筹备开办日喀则小学。在进行以上各项工作的过程中，我们与堪厅和日喀则基宗充分协商，取得他们双方的支持。

以上各项善后工作基本就绪以后，我护送十世班禅返藏的任务已经顺利完成。1952 年 12 月 20 日，我去扎寺向十世班禅辞别。班禅事先已得知我要返回拉萨，特命数十名喇嘛，手执点燃的香，在班禅寝宫的门前排队，这是藏传佛教崇高的送别仪式。这当然并不是对我个人表示敬意，而是对党，对人民解放军表示敬意。

原载《中国西藏》1990 年春季号

民国时期主管西藏事务的专门机构
——蒙藏委员会

喜饶尼玛

1912 年，中华民国成立以后，中央政府即十分重视边疆民族事务，明确规定对“蒙藏回疆应办事宜”“均各仍照向例办理”，并很快设立了专管蒙古、新疆、西藏等边疆少数民族地区的机构，以稳定边疆，维护主权。

一、沿革

民国成立伊始，临时大总统孙中山即宣布“国家之本，在于人民。合汉、满、蒙、回、藏诸地为一国，则合汉、满、蒙、回、藏为一人，是曰民族之统一”。同一时期在南京公布的《中华民国临时约法》总纲指出：“中华民国领土，为二十二行省，内外蒙古、西藏、

国民政府派蒙藏委员会委员长吴忠信进藏主持十四世达赖喇嘛坐床事宜，于 1939 年 1 月 15 日抵拉萨，图为西藏地方政府僧俗官员在拉萨哲蚌寺山下接官亭隆重欢迎的情景。

青海与各省一样。”同年 4 月 22 日民国临时大总统颁布命令，强调鉴于以上原因，蒙藏地方“自不能如帝政时代再有藩属名称”，“此后蒙、藏、回疆等处，自应统筹规划，以谋内政之统一，而冀民族之大同。民国政府于理藩不设专部，俱属内务行政范围。现在统一政府业已成立，其理藩院事务，著即归并内务部接管。其隶于各部之事，仍归划各部管理”。蒙藏事务处遂告成立。同年 7 月 24 日，因蒙藏地处边疆，事务日增，事务处改为蒙藏事务局，直隶于国务总理。1914 年 5 月，又以大总统令改事务局为蒙藏院，直隶于民国大总统，管理蒙藏事务。到 1928 年，国民政府定都南京后，则改立蒙藏委员会，专管蒙、藏、回疆事务，隶行政院。这一机构从设立起，便为蒙、藏、回疆做了大量工作，为祖国统一、边疆稳定起到了一定作用。如民国初年，英帝策划拉萨动乱后，十三世达赖喇嘛与中央政府的联系，就是主要通过蒙藏事务局总裁来完成的。

二、组织机构

蒙藏委员会与国民政府各部同等，管理蒙藏行政及兴革事宜。委员会采取委员制，设正副委员长各一人，委员 9 人至 15 人。每周开常务会一次。凡议决案之执行及处理会内事务，以委员长名义行之。其下设总务处、蒙事处、藏事处、参事室、秘书室、编译室、调察室、蒙藏教育委员会等。该会在北平（今北京）设有办事处，附设有蒙藏学校、蒙藏招待所、蒙藏旬报社（后改为蒙藏月报社）。北平喇嘛寺庙管理委员会亦为其直属机关，并在库伦、西宁、海拉尔、伊犁等地派驻有专员。在张家口、杀虎口、古北口等处设有台站管理局。1940 年 4 月，蒙藏委员会还在拉萨设立了驻藏办事处。

由于蒙藏地方在民国时期的重要性、特殊性、复杂性，国民政府对蒙藏委员会委员长的人选极为重视，担任委员长的多是重要官员，如首任委员长阎锡山（曾任山西省政府主席，后任行政院院长）、黄慕松（曾任陆军大学校长、参谋本部次长）、吴忠信（曾任贵州省政府主席，后任总统府秘书长）……　委员会内不乏蒙藏族人士，如蒙藏委员会第一届委员中就有白云梯、格桑泽仁、罗桑囊嘉等，以后又增设了恩克巴图、班禅额尔德尼等。该会各机构中也有不少蒙藏族人士任职，如罗桑坚赞曾任西藏处处长，章嘉呼图克图任北平喇嘛寺庙管理委员会主任。西藏驻京代表贡觉仲尼、罗桑囊嘉等担任过该会常委，甚至副委员长亦曾由藏族知名人士喜饶嘉措担任。

三、职能与实绩

蒙藏委员会成立后，同民国初年的蒙藏事务局一样，对蒙藏等政治、经济、文化教育给予关注，并在可能的情况下，有针对性地采取措施。

1. 维护主权，稳定边疆。蒙藏委员会十分注意边疆地区的动态，通过其驻藏地区的机构及人员等，有时也派出专使至地方（9·18事变后，为巩固边圉，抚辑边民，1932年春特派班禅额尔德尼为“西陲宣化使”，同年夏，特派章嘉呼图克图为“蒙旗宣慰使”。1934年，因十三世达赖喇嘛圆寂，黄慕松为致祭专使……），尽力宣传中央对蒙藏地区的政策，广泛联系地方上层人士。抗战时期，蒙藏人民和祖国各族人民一道，浴血奋战，为保卫祖国做出了自己的贡献，这与蒙藏委员会所做的大量工作是分不开的。

2. 进一步密切了边疆民族与中央政府的关系。蒙藏委员会的职能之一就是管理蒙藏等地少数民族王公、高僧等的朝觐、封爵、授勋等。它沿袭前清旧例，先后制定了《边疆宗教领袖来京展觐办法》《达赖、班禅代表来京朝觐办法》《蒙藏人员参政考试及受勋各种办法》《蒙古各盟部旗行政长官分班来京展觐办法》等。

管理蒙藏地方的宗教事务。考虑到藏传佛教在蒙藏地方的影响，先后制定有《管理喇嘛寺庙条例》《喇嘛转世办法》《修正喇嘛登记办法》《喇嘛给证规程二十条》等，使这一时期蒙藏地方在宗教问题上基本相安无事。

蒙藏地方凡遇重要事务，则由蒙藏委员会报请政府首脑，选派大员亲临解决。如班禅、章嘉到蒙古，黄慕松、吴忠信入西藏，任务不同，宗旨为一，即行使主权，维护统一。

蒙藏委员会还通过设在边疆的机构，如西藏的办事处，以及蒙藏地方设于南京等地的办事处（蒙藏委员会对此负有监督指导任务）加强与地方的联系，及时将地方事务上报中央，而将中央精神宣示地方。在一些全国性会议召开时，他们还协助蒙藏地方做好代表选派及迎送工作。

3. 加深了民族间的信任与理解。蒙藏委员会在与地方政教领袖的广泛接触中，比较注意民族的风俗习惯。其官员至边疆，尤其是西藏，虽风尘仆仆，但当天即要到大寺庙“拜谒”“布施”，并发巨款修复寺庙。西藏热振寺的修复款项就有蒙藏委员会所拨大洋。黄慕松到西藏一次就拨给噶厦和大昭寺布施 34550 两藏银。

蒙藏地方遭遇灾荒时，亦由蒙藏委员会出面，及时通达中央予以安抚。如 1940 年西藏亚东洪灾，死亡 149 人，国民政府即通过蒙藏委员会驻藏办事处拨大洋 20000 元整。

蒙藏委员会还会同其他部门在蒙藏地方开办医院、气象台（站）、驿站等。如会同教育部门拟就蒙藏教育实施方案，由行政院核定实施，在蒙藏地区设立学校，内地的南京、北平等城市也设有蒙藏特别班或蒙藏学校。当时不少蒙藏青年就读于这些学校。

四、在西藏的工作

1928 年蒙藏委员会一成立，即报请上级机关批准，筹备派员入藏。翌年，即拟具八项解决西藏问题的条款，选派西藏驻北平雍和宫堪布贡觉仲尼担任“国民政府慰问专员”至西藏，受到达赖喇嘛的热烈欢迎。贡觉仲尼回京后，就主持成立了西藏驻京办事处。1930 年，蒙藏委员会再次派该会专门委员谢国梁任“赴藏专使”，以求与达赖喇嘛作更深层次的会谈。但他不幸病逝于拉萨附近的曲水。达赖喇嘛特为他举行了专门仪式。必要时，蒙藏委员会委员长

吴忠信（右）同热振呼图克图（坐）

也亲自赴西藏。如1940年，吴忠信会同热振呼图克图主持达赖喇嘛转世事宜。他在藏期间上报中央，免去青海拉木登珠的掣签手续，而为十四世达赖喇嘛。1949年，该会委员长关吉玉也曾赴青海主持十世班禅坐床典礼。

中华民国成立后，中央政府曾任命西藏办事长官。但因英帝国主义的阻挠，迟迟未能入藏。后，蒙藏委员会即令该会总参议刘朴忱等留驻西藏。继他以后，蒙藏委员会参议蒋致余、咨议张威白等均曾在藏负责工作。1940年4月，蒙藏委员会委员长吴忠信在拉萨主持成立了该会驻藏办事处。处长即由该会藏事处处长孔庆宗担任。以后，蒋介石侍从室官员沈宗濂（后出任上海市秘书长）也担任过此职。

驻藏办事处官员为捍卫主权，进行了不懈的斗争。如蒋致余为英人在拉萨设置电台事，数次赴噶厦，“严催交涉”，并及时建议中央就英人侵我主权事提出抗议。1942年7月西藏地方突然成立“外交局”，蒙藏委员会驻藏办事处官员不顾个人安危，据理力争，在中央的支持下，粉碎了此次阴谋。他们还坚决支持内向祖国的九世班禅和热振呼图克图等，先后颁予他们“护国宣化广慧大师”“辅国普化禅师”等名号，九世班禅还担任了国民政府委员，热振呼图克图担任了候补中央执行委员。

西藏地方亦通过蒙藏委员会报告藏情。1929年，西藏驻北平雍和宫堪布贡觉仲尼等即在太原向委员长阎锡山解释了三个问题：“（一）达赖喇嘛无联英之事，不过境域相联，不得不与周旋；（二）达赖喇嘛无仇汉思想；（三）达赖喇嘛欢迎班禅额尔德尼回藏。”此次会面澄清了一些误会，使中央与西藏的关系达到了一个新的阶段。十三世达赖喇嘛圆寂，热振活佛摄政等均是蒙藏委员会通达政府首脑的。

蒙藏委员会作为国民政府负责民族宗教事务的专门机构，在那个特殊的历史时期，尽管由于政治、历史等多方面的原因，不可能真正做到维护各民族人民的利益，但毕竟为抵御帝国主义的侵略，维护祖国统一事业作出了贡献，这一点是值得肯定的。

原载《中国西藏》1993年夏季号

十世班禅大师的故事

宁世群

1989年1月9日，十世班禅大师生前最后一次回藏区途中的机舱内留影。

十世班禅大师已圆寂5个年头了，但是英灵长存。至今为世人敬仰。在西藏日喀则民间，流传着许多他的故事，并且产生着巨大的魅力。

从1982年到1989年，班禅大师曾七上高原。每次回到西藏，他总是必回日喀则。前后七次，尽管班禅大师在日喀则停留的时间非常短暂，却给那里的人民留下了不可磨灭的印象。

1982 年，班禅大师到哲蚌寺进行佛事活动。（刘丽嘉摄）

“别念讲稿，随便谈”

那是 1982 年，班禅大师回到阔别了 18 年的驻锡地日喀则视察工作。此行他具有双重身份，从工作角度讲，他是全国人大常委会副委员长；从宗教角度讲，他是藏传佛教的杰出领袖；从感情角度讲，他与日喀则人民分别整整 18 年了。这对他个人和日喀则人民都是一件大喜事。

整个日喀则沸腾了！信教群众想朝拜他，为满足信教心理要求；当地干部想见他，向他反映一些问题，希望他帮助解决工作上的困难。

一天，班禅大师来到日喀则地区某边境县，县领导听说后，喜出望外，便与几位笔杆子苦熬几个昼夜，起草了一份自认非常满意的工作汇报提纲，足足有 20 多页。在副委员长面前，那位县领导拿着厚厚一沓汇报提纲，一字一顿，有板有眼地念将起来。听着这冗长的客套话，看着这四平八稳的架势，副委员长有些耐不住性子了，手在空中一挥，打断说：“别念讲稿，随便谈。”那位领导一下懵了，放下提纲，一肚子的话不知从何说起。从那位领导手里要过汇报提

十世班禅和赵朴初顾问在中国藏语系高级佛学院成立仪式新闻发布会上接受媒体采访（中国藏语系高级佛学院提供）

赵朴初在中国藏语系高级佛学院成立大会上致辞（中国藏语系高级佛学院提供）

纲后，他说："你这份讲稿，我带着慢慢拜读。在北京我看过的类似汇报材料太多了，到下面来，就是想听些材料上没有的东西。"

在信教群众面前，班禅大师是一位笑容可掬、和蔼可亲的大活佛，但在听取工作汇报时，却是一个一丝不苟、十分严肃的人。事后，副委员长对那位县领导说："以后汇报工作不要念写好的讲稿，要学会自己讲话，讲自己的话，讲心里话。"

"有病一定要找医生看"

1989 年 1 月，班禅大师来到扎什伦布寺主持五世至九世班禅合葬灵塔祀殿——班禅东陵扎什南捷开光典礼。大典之后，为了满足广大信教群众的愿望，班禅大师在他的德庆颇章为多日等候在日喀则的群众摸顶。

1 月 26 日大清早，人们排着数十里长的队伍，缓缓从班禅大师面前走过。他慈祥地为每个人摸顶，从上午直到傍晚，胳膊和手都

1982 年 7 月，十世班禅大师在拉萨市第一小学视察。(刘丽嘉摄)

肿了，也不停歇一下。两天来被他摸顶的人达 5 万之多。有位老者千里迢迢，从青海藏区专程来到日喀则朝拜班禅大师。他在接受大师摸顶时请求道："班禅大师，我有病，又老了，请你为我祛病消灾。我死后，你不要不管我，一定把我的灵魂送到天上去。"大师和气地对老者说："您有病，我可没法管。您的病一定要找医生看，但您死后的事，我一定祈祷佛祖，尽我一臂之力。"老者听后很感激，满意地点点头。走出几步后，又回过头来说："班禅大师，我的话您记住了？"大师从座位上站起来："您的话我记住了，您保重身体，有病一定要找医生看。"

“这是班禅给他的钱”

连续两天的摸顶，他确实很累了。26 日下午，班禅大师还没顾上用午餐，身边的工作人员劝他说：“已经 3 点多钟了，您吃完饭再继续吧！”大师站起身，看一眼那长长的群众队伍，说：“排队的人中有日喀则的，还有从其他很远的地区来的人，我不能让他们久等。”就这样，他谢绝休息，一直摸顶到天黑。有一位老人，病得已经不能走路了，让儿子和女婿用担架抬着来。接受摸顶后，他艰难地伸出手，把平时积攒的 300 元钱塞给大师，祈求说：“班禅大师，这是我的一点心意，您无论如何要收下。”“好，我收下了。”大师大声回答着，随后又悄悄把钱塞在被角下，对抬他来的儿子和女婿说：“这是班禅给的钱，让他找医生治病去。”

每每遇到这种情况，班禅大师心里总是很难受。他知道，百姓并不富有，他们有病不求医，却来找自己，这使他很为难。他曾对身边的工作人员说：“我办的援藏基金会如果有了钱，一定在藏区多建几个医院，以报答藏族父老对我的养育之恩，也好减轻国家对藏区建设的负担。”

“敬你一杯认错酒”

那是 1985 年的日喀则，在班禅大师主持一次宗教活动时，群众秩序不好，人们前呼后拥，挤成一团，争先恐后地向他献哈达。维持秩序的一位保卫人员为了保证大师的绝对安全，使用一根长竹竿横扫涌向前来的人潮。平时大师最高兴的就是接近群众，面对这场面，他说：“放下你手中的竹竿，怎么能这样对待群众？我就是要和群众在一起。”继而又严厉地批评道：“你面对的是什么？是群众。怎能用这种方式对待他们！”事后，大师得知那天秩序不好，是安

1987年初，十世班禅与习仲勋（中）、阿沛·阿旺晋美（左一）商议援助西藏发展基金会筹备事宜。

十世班禅在拉萨视察西藏自治区医院制药厂（刘丽嘉摄）

1987年4月19日，十世班禅和阿沛·阿旺晋美率领援助西藏发展基金会筹备委员会委员考察天津港。

排活动出了差错，保卫人员是为了尽职尽责，不得已才那样做的，觉得自己批评得严厉过火了。当晚在大师举行的宴会上，他专门找到那位保卫人员赔礼道歉："上午的事我错了，请你不要介意。现在敬你一杯认错酒！"他俩碰杯后，一口先干了杯中的矿泉水，他从来就是以水代酒的。大师的这一行动，使在场的人很受感动。大师还说："我这人心和嘴距离很近，心里想到的马上就说出来。有错必纠，不制造冤假错案。"

"我想在草地上打个滚"

1987年夏天，日喀则行署等有关部门为迎接十世班禅大师，在本地区和拉萨交界的一块草地上搭起帐篷。那是一块绿茵茵的草地，上面开着数不清的花，帐篷旁边有一条溪流，空中有云雀翻飞，蓝天白云，映衬着恬静安谧的这一方草地。大师来到后，连声称赞："太美了，太美了，这地方太美了！”一记者趁机上前采访："大师，您现在想什么？”他幽默地一笑："我想在草地上打个滚。"记者不解其意。大师解释说："我想自己如果是一个普通百姓，就可以在草地上随便打个滚，高声喊几下，然后唱歌，跳舞，喝啤酒……可是我不能，我的身份限制了我的活动方式。"

"不要忘记我这个胖活佛"

1989 年 1 月 27 日，班禅大师圆寂的前一天，他向参加班禅东陵扎什南捷开光典礼的人们赠送纪念品时，幽默地说："我的彩色照片，有的人可能已经有了，今天再送给大家，意思是希望大家不要忘记我这个胖活佛。"在场的人们听了班禅大师亲切而幽默的话，都开心地笑了起来。大师做事很认真，也很近人情。像开光典礼发纪念章这样的小事，他都一一过问。一些受他邀请但未能前来的客人，只要捎来礼物的，他虽在百忙之中也不忘记给他们捎去纪念品。有的拿到照片后，请他亲笔给签个名。他不推辞，在彩照背面用藏文签上"班禅"两字，签完后，他又诙谐地重复说："这是我的心意，请你们不要忘记我这个胖活佛。"

就在大师圆寂的前一天晚上，他还对身边的工作人员说："这次到西藏，我非常高兴，了却了一件搁在我心上的大事，也很受鼓舞，看到了藏区的发展前景。回北京后，我立即向中央打报告，今后常来常往，再也不兴师动众了。"万万没想到，这话竟成为班禅大师的临终遗愿，他永远地留在日喀则这片他热爱的土地上了。

原载《中国西藏》1993 年冬季号

十三世达赖喇嘛转世灵童寻访、认定和坐床考实

廖祖桂

编者按：1995年5月17日，国务院宗教局发言人答记者问时，在阐述了寻访认定达赖、班禅转世灵童的历史惯例和定制后，作为一个实例，指出“十四世达赖喇嘛丹增嘉措本人，就是1940年经当时的中央政府批准后才继位的。”

这一点似乎点到了痛处。达赖集团的发言人急忙辩解，散布什么“十四达赖的寻访，没有经过国民党政府的批准”，“国民党政府代表吴忠信，只是作为仪式上的贵宾，没有什么特别作用”等等。

为了使读者了解这段历史的真相，我们特请专家写了这篇文章，用史实来揭露达赖集团歪曲历史，企图否定中央权威的政治面目。

达赖活佛系统采用转世制度，始于第二世达赖根敦嘉措，确

立于第三世达赖索南嘉措。公元1653年（顺治十年）清朝中央政府册封五世达赖罗桑嘉措为“西天大善自在佛所领天下释教普通瓦赤喇怛喇达赖喇嘛”，并赐给刻有汉、满、藏三种文字的金印一方。此后，清朝一代，迄于民国时期，历世达赖转世、认定、坐床，必须得到中央政府的批准，才能合法继承前世达赖的宗教地位和名号。本文就十三世达赖喇嘛灵童转世、坐床问题作一历史考察，以档册载记为据，野史传闻概不阑入，力求还历史本来面目。

十三世达赖喇嘛

一、十三世达赖圆寂，中央政府拨款用于转世灵童的寻访和护送入藏

1933年12月17日，十三世达赖喇嘛土登嘉措圆寂。国民政府据蒙藏委员会12月21日报告，决定明令追赠达赖封号，并通令各省隆重祭悼。

十三世达赖喇嘛与英国人的合影

1934年，噶厦政府派人分三

慈禧太后送给十三世达赖喇嘛的礼物：珍珠坛城，
现保存在布达拉宫。

路寻访达赖转世灵童。普布觉降巴佛前往达布寻访；参考纪仓佛前往阿多、阿日、笃迈、宗喀等地寻访；色拉吉巴康萨佛爷前往拉里、昌都、乍亚、工布一带寻访。经过两年多寻找，纪仓佛一行在阿多、阿日等处共访得有异兆异象的孩童 14 名。其中有青海阿多（今湟中县）塔尔寺东面祁家川农民祁却才仁的第四子，乳名拉木登珠，即今十四世达赖喇嘛丹增嘉措。

灵童寻获后，噶厦政府（西藏地方政府）拟将灵童秘密迎进西藏。当时，帝国主义势力加深干涉西藏，噶厦中也有人企图投靠帝国主义，脱离中央政府对西藏的主权管辖。

1938 年 4 月 28 日蒙藏委员会致行政院函呈。请令青海省府寻访人员将寻访情况呈报中央政府核办，严防秘密迎藏，函称："关于达赖喇嘛转世一事，藏方前派纪仓等赴青寻访，迭经本会转电青海省政府予以便利在案。乃经时年余，该纪仓等对于寻访经过，迄无电文报告。达赖早日转世，为中央及全国人民一致之企盼。惟转世经过必须呈报政府，办各项手续后，方为妥当。”1938 年 9 月 22 日，西藏驻京办事处代表阿旺桑丹、格登恪典、图丹桑结等电告蒙藏委员会报告寻获灵童，并将其送西藏掣签认定，电称：“达赖佛转世事，经民众代表寻访结果，西藏内部寻得灵异幼童 2 名，西宁塔尔寺方面寻得灵异幼童 1 名。依照西藏宗教仪式，所寻选之幼童应聚集西藏，降鸾掣签，认定真正达赖之转世，既多灵异后，复经庄严之金本巴瓶内典礼拈之。现典礼期将近，关于西宁塔尔寺地方所寻选者，请中央政府俯允该主持人员，迅将寻选幼童送至西藏，参加典礼并恳发给执照，以利行程。”

但青海省主席马步芳在迎请青海灵童拉木登珠入藏问题上，敲诈勒索，设置障碍。经中央政府一再催促，蒋介石亲自过问，并由中央财政向青海省政府拨发护送费用 10 万元，马步芳终于在 1939 年 7 月 15 日派出卫兵 20 名，由马元海师长率领护送灵童，从西宁启程赴藏，10 月 7 日抵达拉萨。拖延年余的灵童入藏的风波在中央政府的特别关注下，几经周折，终于平息。

二、中央政府决定派吴忠信入藏主持达赖转世坐床

十三世达赖喇嘛转世候选灵童寻获之后，按照历史惯例和宗教仪轨，要从所选灵童中掣签确认达赖的真呼毕勒罕（即转世灵童）。蒙藏委员会根据《喇嘛转世办法》的规定，就十四世达赖喇嘛掣签认定事宜，拟定了三种办法。

“（一）国民政府特派大员前往拉萨，会同热振呼图克图主持第

十四辈达赖喇嘛掣签事宜。

（二）国民政府特派大员会同热振呼图克图主持十四辈达赖喇嘛掣签事宜，并得由该员指派代表就近办理之。

（三）国民政府特派蒙藏委员会委员长会同热振呼图克图主持第十四辈达赖喇嘛掣签事宜，并得由该委员长指派代表就近办理之。”

1938 年 12 月 12 日热振摄政致蒙藏委员会电报称“达赖大师转世之化身三灵儿，已蒙转电青海省政府督促纪仓佛速将西宁所选灵儿送来拉萨，良深感慰。所有中央派员参加办法一则，业经与司伦、噶厦商议，三灵儿迎到后，举行掣签典礼之际，为昭大信，悦遐迩计，中央当派员参加。”1938 年 12 月 28 日，国民政府发布命令：“特派蒙藏委员会委员长吴忠信会同热振呼图克图主持十四辈达赖喇嘛转世事宜。”1939 年 4 月 23 日西藏驻京办事处奉转噶厦政府致蒙藏委员会代电称，现吴委员长既拟亲临拉萨，藏方极表欢迎。

吴忠信受领中央派赴拉萨主持十四世达赖坐床事宜的任务后，于 1939 年 8 月 4 日向行政院呈送报告关于赴藏任务，吴忠信在报告中称：“此行任务为主持达赖转世而附及册封热振、授勋司伦、噶厦。”“其精神可括以‘树立信用’‘收拾人心’两语。”并主张中央政府应趁此机会“重新调整与藏之关系，以增进大中华民族之团结。”“一面应昭示公诚，以坚其信，一面应妥为宣慰，以安其心。尤要者政府在可能范围内，为之解除困难，予以便利，同时晓以五族一家及国家至上之大义，俾了然于中央之宽大为怀及民族之休戚与共，庶乎其感情既和，诈虞尽释而后新的关系始可以此建立。”

关于人员组织，吴忠信在报告中称：“拟即以蒙藏委员会委员长资格前往，不另请名义。”并拟定了《蒙藏委员会委员长行辕组织规程》。

关于经费，吴忠信在报告中称：“此次以中央主管边事长官亲身入藏，在历史上尚属创举，西藏政府既甚重视，希望亦殷良，应对其僧俗官民多予赏赉，对其寺庙团体广予布施”“树立中央在藏之新的基础，和洽各方，尤非有大量之款万难集（济）事。”

1939 年 10 月 21 日行政院秘书长魏道明给蒙藏委员会的复函中强调指出：“西藏为我国领土，屏藩西陲，关系至巨。”“对外固应联络感情，避免磨擦，惟有关主权之事，亦未便曲为迁就。对内必须化以公诚，树之信义，所有藏人政治派别及其政治心理，务于详加体察，因势利导，尊重其政治风尚，改善其种族生活。”

1939 年 10 月 21 日，吴忠信率蒙藏委员会委员长行辕人员由重庆启程赴拉萨。途经香港、仰光、加尔各答，由亚东入藏。经过三个多月的长途跋涉，1940 年 1 月 15 日抵达拉萨。

三、吴忠信亲自察看灵童，国民政府特准免予掣签

吴忠信到达拉萨后，热振摄政向吴忠信提出：“青海灵儿灵异卓著，全藏僧俗公认为第十三辈达赖化身，经民众大会决议，不再举行掣签，拟请中央援照十三辈达赖先例，准予免除掣签手续。”吴忠信当即表示：“此事须呈请中央核定，本人只能负责转呈，不能即作决定。”热振一再派员向吴忠信申述请免予掣签手续。吴忠信则以“灵儿转世，关系西藏政教前途至钜，不容草率”而加以拒绝。后经双方官员一再磋商，始议定免除掣签，须有两个前提条件：（一）由吴忠信亲自“察看灵童是否确属灵异”；（二）由热振正式具文呈请中央，免除抽签手续。

据此，热振于 1940 年 1 月 26 日向吴忠信递送了一份函呈，并请转报中央政府批准青海灵童为十四世达赖喇嘛，免予掣签。函呈

详细地报告访得青海灵儿拉木登珠灵异情形，并请转报中央免予掣签。函中提出，青海灵童拉木登珠确系十三世达赖化身，“因群众情投意合，不须掣签，照例剃发受戒，业已呈报中央在案。兹遵乃冲大神所示，庚辰年坐床为吉，谨诹定正月十四日举行坐床典礼，其应如何转中央之处，即请代达为荷。”

吴忠信接到热振摄政函呈后，本来已同热振商定于次日（即 27 日）察看灵童，并由热振函知罗布林卡妥为招待。待当面考察之后，再将热振报告及吴本人对灵儿察看情形一并转呈中央。不料当吴忠信即赴罗布林卡察看灵儿时，突然藏方提出察看灵童时须出以殿见形式，吴忠信当即决定中止往访。

1 月 29 日吴忠信派行辕秘书朱少逸、华寄天偕通事张旺赴罗布林卡，拜访顾嘉总堪布，商洽察看灵童事宜。总堪布不同意察看，声称：“非经西藏民众大会决议，任何人不得随便会见灵儿”。朱少逸则问：“用什么方式才能见灵童？”总堪布答称：“须灵儿坐殿时。”朱驳说：“是等参拜也？吴委员长系中央特派大员，其任务乃为主持灵儿掣签及坐床事宜，安有反向灵儿参拜之理，且灵儿未经掣签手续，亦未正式坐床，中央犹不承认其为真正之达赖，坐殿已属非分，参拜更觉不伦，总堪布此语，似欠考虑！”总堪布答称：“灵儿坐殿，系经西藏民众大会决议，殿见亦系西藏之惯例。闻中央亦有国民大会，凡事须经国民大会通过，西藏之民众大会，亦如中央之国民大会，经民众大会决议者不能变更。”华寄天接答道：“是何说？中央之国民大会，乃代表全国者，西藏亦派代表参加，其决议案可以通行全国，西藏之民众大会，只能代表西藏，其性质相当内地各省之参议会，其决议案只能通行本省。故中央决定者，西藏必须服从，西藏决定者，中央且有权变更之，中央自不能受地方之拘束。”总堪

光绪三十四年（1908 年）慈禧太后接见十三世达赖喇嘛的情景（壁画）

布无言以对，但仍声称“须有热振之命令，才能察看灵童。”谈话针锋相对，毫无结果，不欢而散。

朱少逸等回到行辕向吴忠信汇报了交涉情况。吴忠信当日召见贡觉仲尼，要其立即向热振转达，必须照旧议办理，否则中央人员不惜全体回京。经此波折后，热振态度顿趋软化，第二天即派员到行辕道歉，“说明顾嘉总堪布不明底里，至有误会”，请吴忠信指定察看灵童的时间和地点。吴忠信遂派人转告热振决定于 1 月 31 日晨在罗布林卡荷亭内察看。

1 月 31 日，吴忠信如约赴罗布林卡。吴忠信偕同张威白、单问枢、张国书、朱章及摄影师徐苏灵、陈嘉谟等前往。乘轿抵达罗布林卡门前时，卫兵列队奏乐致敬，直至达赖大殿门前下轿。此时顾嘉总堪布偕同苏本、却本、森本三堪布，大卓尼等，至轿前献哈达，随即引导吴忠信等进入花亭。亭为小室，时灵儿先至就主位坐，右手上座置绣花坐褥子，此座特为吴忠信所设。吴忠信先送灵儿哈达，灵儿起立接受，并另以哈达答谢。“余数以语试灵儿，均能含笑作答，如有领会。又握其手，亦无畏缩。谈约十数分钟，余招摄影师为之摄照。灵儿颔其首，乃就亭前共摄影。又致送灵儿福州漆佛一尊，藏银五千两，黄缎一匹，座表一只、复一一为之说用途。”根据吴忠信的报告，行政院长蒋介石于 1940 年 1 月 31 日具呈，向国民政府呈请明令批准拉木登珠继任为十四世达赖喇嘛，并发给坐床典礼经费。

2 月 5 日，国民政府根据行政院上述呈报，发布命令：

“青海灵童拉木登珠，慧性湛深、灵异特著、查系十三辈达赖喇嘛转世，应即免予抽签，特准继任为第十四辈达赖喇嘛。此令。”

1940 年 2 月 17 日，西藏热振摄政复电国民政府主席林森，对中央政府特准拉木登珠免予掣签，继任为十四辈达赖喇嘛，赏拨坐床大典经费并颁授金印勋章，表示感谢。

四、吴忠信主持十四世达赖坐床典礼

十四世达赖喇嘛坐床典礼，订于 1940 年 2 月 22 日（藏历一月十四日）在布达拉宫举行。吴忠信率行辕全体官员出席了坐床典礼，会同热振摄政主持了坐床典礼。

关于坐床典礼的仪注，吴忠信事先曾同热振摄政洽商。双方一致同意按清朝旧制和宗教仪轨办理。即按照清代驻藏大臣规格，吴忠信与达赖并坐南向，只是坐垫高低略有差别。不料 2 月 18 日，热振摄政派员到行辕称："(吴中信)座位据噶厦原拟，仅与司伦相等，后经热振改正，与伊本人并列。"吴忠信对噶厦政府不遵循旧制，推翻前议的做法，甚为不满，吴忠信当面要来人向热振转达，称："本人代表国府，主持达赖坐床事宜。又系主管蒙藏长官，体制攸关，不便迁就。"22日贡觉仲尼到行辕告吴忠信，称："本日(即22日)三噶伦及布达拉总堪布、大卓尼等会商结果，对于吴忠信之座位决定完全照旧办理。吴忠信与达赖面南并坐，并于其后设坐垫，其位置为灵儿父母及其家属座位。明日(即23日)当由噶厦派员来行辕正式报告。"至此，关于吴忠信的座位问题，获得圆满解决。虽然这表面上看来是个座位问题，其实质是强调和体现了当时中央政府对西藏的主权和中央的权威。就此问题，吴忠信在其所著《西藏纪要》一书中写道：在坐床典礼问题上，与"中央主权最有关系者，则为座位问题。在初，西藏政府拟以忠信与司伦或热振相向而坐，忠信均未接受。乃照驻藏大臣旧制，请忠信与达赖面南而坐。座位问题既定，其他琐琐者均无关宏旨，遂按旧例及宗教仪式办理。"1940年2月22日，十四世达赖喇嘛的坐床大典如期举行。蒙藏委员会委员长行辕从拉萨向中央通讯社发了电报，称："第十四辈达赖喇嘛坐床大典。在吴委员长忠信主持之下，本日晨6时在布达拉宫正殿举行，到中央及西藏官员共500余人。吴委员长座位在达赖之左，面南平坐，中央官员坐东面西，热振呼图克图率各僧官坐西面东，三噶伦及藏中俗官则坐南面北。典礼于9时许完成，极为隆重严肃。同时，拉萨市内并表演赛马、跳神及摔跤各项游艺，空气异常热烈。"

五、历史的结论

综上所述，十四世达赖喇嘛的寻访、认定和坐床，西藏地方政府按照历史惯例和宗教仪轨有秩序地进行，但每个工作步骤和关键问题都闻报国民政府。国民政府在其整个过程中特别是在关键问题上，努力疏通关节，财务资助，化解矛盾，上下齐力，此项工作最后达到圆满成功。国民政府对十三世达赖喇嘛转世灵童的认定，给予批准，免予掣签，准予坐床，这在法律上确认了其地位。国民政府特派蒙藏委员会委员长吴忠信主持十四世达赖坐床典礼，体现了中央的权威和对西藏的主权管辖。所有这些，档册凿凿，载记綦详，这就是历史的真实面貌；历史无情，不容歪曲。

注：本文史料和引文均出于中国第二历史档案馆藏蒙藏委员会档案。

原载《中国西藏》1995 年增刊

清代驻藏大臣的衙门

欧朝贵

清朝最后一任驻藏大臣赵尔丰

驻藏大臣的设置

公元 1727 年（雍正五年），清朝政府任命内阁学士僧格和副都统马喇为首任驻藏大臣，负责办理前后藏一切事务，是为驻藏大臣之始。自此，“国家因西藏地处边远，特命大臣驻扎其地。”（《清圣祖实录》）直到清朝灭亡的宣统三年（1911 年），共一百八十五年间，派驻藏大臣一百六十余任。

驻藏大臣是清朝中央派

驻西藏地方的重要大臣，驻藏大臣衙门是代表中央行使地方管理权的派出机关，是权力的象征，由于种种原因，驻藏大臣衙门也多次更署，衙署饱经沧桑多遭破坏，现在有的只存遗迹，有的连遗址也不好找了。现根据文献资料和实地考察，对几处衙门行署作些考证。

通司岗衙门

通司岗在拉萨大昭寺北面的大街上，面临八廓街，后靠冲赛康，通司岗疑即冲赛康的音变，《西藏图考》又称为“宠斯岗”。该书说：“宠斯岗在西藏堡内大街，昔为达赖喇嘛游玩之所，今为驻防衙署”。

通斯岗驻藏大臣衙署，从清朝正式设立驻藏大臣的 1727 年起，到 1750 年发生珠尔墨特那木扎勒谋乱事件被焚毁，仅有二十三年的时间。然而这里地处拉萨旧城中心，办事方便。而且“从前驻藏大臣所居，闻系三层楼房，楼高墙固，即偶有意外之事，易于防守。”(《清高宗实录》)

1750 年 10 月，郡王珠尔墨特那木扎勒（亦译珠美朗杰）谋叛，驻藏大臣傅清及帮办拉布敦将其诱入通司岗衙门杀死，珠的党羽闻讯包围衙门，纵火焚烧，并杀害傅、拉及官兵百余人。1751 年，乾隆皇帝命修缮通司岗旧址，建立双忠祠。1791 年，傅清之侄福康安将军奉命统帅大军进藏征剿侵扰西藏的廓尔喀，来到拉萨拜谒双忠祠，见其“堂庑垣墉，间有倾圮。爰于班师之日葺而新之。”(《双忠祠碑记》) 维修之后，福康安亲撰《重修双忠祠碑记》，勒石树碑。嵌于祠内过道两壁，系满汉藏三体文字分别勒石。现仍嵌树原处，保存完好。到二十世纪初，通司岗衙门（双忠祠）乃作为邮政用房，所以，人们也习惯地称为查康。

藏于中国历史博物馆的《拉萨花卷》上，清代藏族画家所绘之驻藏大臣衙门立体图。

甘丹康萨衙门

甘丹康萨衙门在大昭寺以北里许，小昭寺西南附近，原为珠尔墨特那木扎勒的府邸。乾隆十六年（1751 年）三月，四川总督策楞到藏后，奏请将没收的珠尔墨特那木扎勒的楼房作为驻藏大臣衙门，奏称通司岗“原房甚属窄狭、恳恩可否赏给居住。”清高宗当即颁诏允许“将从前驻藏大臣居住之通司岗为傅清、拉布敦祠堂，其珠尔墨特那木扎勒之叛产应追入官，为驻藏大臣等办事公所并官兵居住。”（《清高宗实录》）并限于乾隆十六年四月初九日搬迁。甘丹康萨始建于藏巴汗（1617—1642 年）时期。先为拉萨地方首领顿珠结布的官府，五世达赖建立甘丹颇章以后，蒙古和硕特部首领固始汗因灭藏巴汗有功，他的府邸也修在此处。固始汗的孙子达赖汗有一个兄弟，名叫甘丹才旺，原在扎什伦布寺为僧。1691 年，克什米尔森巴人侵略阿里，占领了日土、古格等地。当时的第巴桑结嘉措起用甘丹才旺，让其还俗担任蒙古骑兵的主帅前去阿里，在攻打森巴人的战斗中，他作战勇敢，把森巴人驱逐出去，很有名气。回拉萨以后也住在这里，人们因此称该处为甘丹康萨。十八世纪前半叶，这里又成为郡王颇罗鼐的府邸。颇罗鼐死后，他的儿子珠尔墨特那木扎勒袭封，仍居此处。乾隆十五年（1750 年）珠尔墨特那木扎勒谋逆被诛，房屋被没收充官，成为驻藏大臣衙门。

这座衙门行署在当年的环境是不错的。乾隆五十三年巴忠奏称："驻藏大臣等所住之房，系从前珠尔墨特那木扎勒所盖，原有园亭，并闻多栽树木，引水入内。后因入官。作为该大臣衙门，历任驻藏大臣俱略为修葺。"（《清高宗实录》）由此可以看出，历任大臣对所住衙署都按照自己的意志进行过维修和扩建，其中尤以年轻的庆麟和雅满泰两位驻藏大臣修得更多，装饰得更好。庆麟年轻，又被封为诚勇公世袭爵位，从繁华的都市来到西藏这荒僻之地，当然不甘寂寞。庆麟于乾隆四十八年（1783 年）八月到藏接替保泰任驻藏大臣。起初，清高宗很赏识庆麟，诏谕说："庆麟虽未历练，人尚明白"。到藏后，他一方面把驻藏大臣衙署粉饰得富丽堂皇，另一方面还组织驻藏士兵演戏、装修房屋，清高宗还认为"庆麟年轻，或更加以粉饰，尚无关系。"（《清高宗实录》）而组织军人演戏，耽误操练，涣散军心那可是当时不允许的。加上他处理边境事务的谬误，于乾隆五十三年革去世袭公爵，"其罪已应正法，姑念庆麟年少无知，被索诺木旺扎勒蒙蔽所致，庆麟著革职在该处枷号三年，以示惩弊。"（《清代藏事辑要》）雅满泰于乾隆五十一年到藏后，同庆麟意气相投，也新建了不少房屋，由于办事不周，也在乾隆五十三年"著一并革职，摘去花帽，在笔帖式上行走。"（《清代藏事辑要》）他所建的房屋太多，后来没有多大用处，乾隆五十四年，经驻藏大臣舒濂奏准，一部分作为储积米粮的仓廒，另一部分“从前雅满泰所住楼屋，除改建仓房贮米外，余房甚多，应概行拆毁，盖造牧场”。（《清代藏事辑要》）可见庆麟和雅满泰所修建的住宅房屋是相当宽敞的。

扎什城衙门

扎什城在拉萨北郊约七里的扎什（藏语译音为查细）地方。这里原是流沙荒郊，但地势开阔，平坦空旷，便于驻军训练。扎什城的修建和兴旺同清朝在拉萨驻军紧密相关，清朝派遣军队驻藏与派遣驻藏大臣几乎同时，康熙六十年（1721 年）清朝派遣军队进藏驱逐侵扰西藏的准噶尔军队以后，抚远大将军允厍曾向康熙皇帝建议：“西藏虽已平定，驻防尤属重要。”（《清圣祖实录》）然而康熙皇帝没有批准，进藏部队全部返回内地。

清朝在西藏留驻正规军队是在雍正五年（1727 年），这也正是清朝在西藏设置驻藏大臣的一年。当时清朝派兵平定阿尔布巴等人的武装冲突以后，根据西藏的形势，不直接派驻军队，在藏的统治和管理就会动摇，于是在派遣驻藏大臣的同时，在西藏留驻川陕兵两千名，归驻藏大臣指挥，“以资镇摄”，而且在昌都留驻滇军一千人，作为“声援”。清朝这时在藏留驻军队还有一层意思，就是防备准噶尔蒙古再攻扰藏。这项出防措施，直到雍正十一年准噶尔部落被清朝彻底打败以后才停止。是年（1733 年），清世宗发出旨令：“西藏驻扎弁兵，本为保护唐古特人等，以防范准噶尔贼夷侵犯。迩来贼夷大破，徒步奔逃，力蹙势穷，……且颇罗鼐诚效力，唐古特（西藏）之兵亦较前气壮。现今藏中无事，兵丁多集，米谷饯粮……虽给自内地，但唐古特人等不免解送之劳，朕意……留兵数百名，

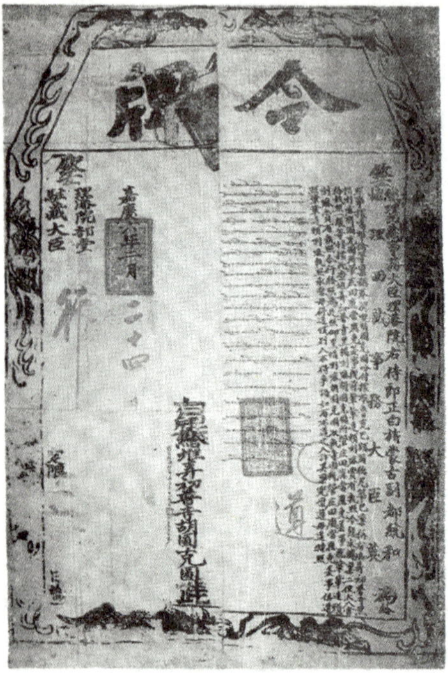

清驻藏大臣的令牌

余者尽行撤回。”(《达赖喇嘛传)》于是驻藏大臣只留五百名川兵驻藏，其余撤回内地。留藏官兵三年一换，成为定制。驻藏清军原来是在拉萨城内租房居住，到雍正十一年（1733年），乃“待命于色拉、召（大昭寺）之间扎溪地方另建城垣。”(《西藏纪游》）是年四月，来藏换防的工部尚书副都统马腊到达拉萨，八月扎什城修建竣工。“移兵驻之”(《西藏纪游》)。扎什城也叫扎什敦布，“驻藏官兵自游击以下，均聚居扎什敦布”。

扎什城驻藏大臣衙门在兵营的前面，衙署在今扎什贡巴（寺）前。衙署修建的时间比扎什城兵营的营房晚一些。修建的具体年代待查，但至少在咸丰七年（1855年）以前，驻藏大臣是住在扎什城衙门。这处衙署已不存遗迹，但与之相关的一些文物尚可觅踪，扎什城驻藏大臣衙门前原有石狮一对，由十三世达赖的近侍土登贡培将其移置于罗布林卡，现在完好地蹲坐在罗布林卡大门前，以它特有的雄姿守卫着西藏最大的人造园林，迎送来自世界各地的游客。

扎什城衙署前的关帝庙，虽然随着衙署和兵营的废弃而被毁不存，但由清军官兵所立的扎什城关帝庙碑尚保存在大昭寺院内。衙署后面的扎什（查细）贡巴（寺）尚存，系三层楼房的寺庙。庙藏“万寿寺”铁钟一口。

扎什城衙署东边还有一座小庙，那是拉萨很有名的查细拉康，里面主供查细拉姆，据说颇著灵异。查细拉康里面的主要神祇是内地的神像。进大门以后，右边是一尊土地神，过去的旧帽上还有“土地菩萨”四个汉字。左边的查细拉姆，乃是内地的鸡脚神。传说古时有一帝王，生有三个女儿，其中最美的一个受嫉被害，后变为魔女为害一方。父王砍断了她的双脚。魔女却长出鹰爪（鸡脚）一双，后遂成为护法神。很显然是清军官兵供奉的内地神祇。这座小庙也就是清朝驻藏官兵集资为清高宗和七世达赖荐福禳灾而修建的。扎什拉康内还藏有明宣德年间的铜钹，其一题款为“大明宣德年告”，另一题款是“大明宣德五年内加金银造”。

在扎什城衙署东北里许还有驻军教场和阅兵遗迹。有军队就要操练，要训练就要有场地，所以设立教场，建造操练场所乃驻藏军队至关重要的事情。扎什城教场建于乾隆五十四年（1789 年）。扎什城从雍正十一年设立兵营以来，一直没有建立军训教场，直到乾隆五十四年，驻藏大臣舒濂和普福才向清廷提出：“西藏向未设立教场，殊乏校阅骑射之地，请于扎什地方建造教场。”并将过去雅满泰所住楼房，“除改建仓房贮米外，余房甚多，概行拆毁，盖造教场。”

(《清高宗实录》)这个教场修建以后，就成为清朝在拉萨驻军操练骑射和检阅军士的重要场地。每年藏历正月二十四日，拉萨传召祈愿大法会结束之时，游行仪仗队的士兵要着蒙古古装，“由布达拉山前过正桥，转绕布达拉山后，至扎什城点兵，过队完，散。”(《清穆宗实录》)教场遗址在今拉萨北郊畜牧研究所院内，阅兵点将台尚存部分残迹。土台不远还竖有一无字石碑。

鲁布衙署

1840 年以后，由于鸦片战争和太平天国运动，清朝的统治在全国范围内发生动摇，西藏地方也不例外。内忧外患，使驻藏大臣也感到惶恐不安。咸丰七年（1857 年）驻藏大臣赫特贺因病解任，以驻藏帮办大臣满庆为驻藏大臣。满庆看到当时“藏中屡不靖”的形势，便把驻藏大臣衙门从北郊扎什城迁到拉萨城里。驻藏大臣及其官兵从北郊移往正街，而且是租用民房，当然很不方便。在同治皇帝多次指斥下，就不好在城内久住，于是便在大昭寺以西南约里许的鲁布地方修建了新的驻藏大臣衙门和兵营。从此以后，清朝驻藏大臣就住在这里，直到 1911 年辛亥革命时，最后一任驻藏大臣联豫离开拉萨以后若干年，藏兵第三代本（江孜兵营）才住进这里。1959 年平息叛乱以后，藏兵解体，西藏军区警卫营又搬到这里驻防。约在 1968 年，警卫营调防察隅，这里改为西藏军区第二招待所，原来的衙署和营房全部拆毁，已不见痕迹，只在中国历史博物馆收藏的《拉萨画卷》上尚可见到该处衙署的位置和建筑概貌。驻藏大臣衙署在《拉萨画卷》的正南，即大昭寺的西南。从画面上看有两座院落，各有一座楼房居后，前院东西开门，门前有四根旗杆，挂有黄色旗帜。在南面的墙壁上，各有一红色太阳图案。门楼为排坊歇山式屋顶。这两座院落皆为汉族建筑形式，其中每院有四座房屋，官员正在办理公务。门前有两位官员正在迎来送往，其中一人穿马褂、长袍，衣袖呈马蹄袖，头戴红顶官帽，这是典型的清朝官服。另一人穿藏装。从过去留下的驻藏大臣衙门照片看，有牌坊式的大门两重，门前有守卫的兵士和值班的官员，也有喇嘛和百姓在等候召见。这与《拉萨画卷》所描绘的景象大致相同。从《拉萨画卷》所画驻藏大臣衙门的位置看，显然画的是最后一处衙署，即鲁布衙门，它建于咸丰七年以后不久，而不是“于乾隆六年（1791 年）在拉萨城南建筑新的大臣衙门。”所以,《拉萨画卷》也只能是咸丰以后的作品，而绝不是“乾隆时期的作品”（宋兆麟《清代拉萨古城的复兴》)。鲁布驻藏大臣衙门坐西向东，大门前原有石狮一对，军区警卫营驻防时尚保存完好。藏族群众习惯地把这里叫作“夺僧格”意即石狮子。警卫营调防察隅时将其搬走，据说现在察隅警卫营门前。鲁布驻藏大臣衙门已毁，石狮乃是衙门的历史见证，是重要的历史文物。

原载《中国西藏》1994 年第 5 期

西藏抗英战争始末

边吉

编者按：今年是西藏江孜抗英战争100周年纪念，为此本刊特组织专辑，再现当时战争的惨烈和西藏军民为保卫家园所作的殊死抗争，从而歌颂和弘扬西藏人民高昂的爱国主义精神，提升中华民族坚不可摧的凝聚力。

19世纪后半叶，帝国主义国家为了扩大自己的势力范围，进行了新一轮的殖民扩张，频频发动战争。当时的清朝中央政府已陷入了不可挽回的衰败境地，对我国的西南西北地区许多地方的统治能力减弱，因而英国和俄国乘虚而入。英国为了达到其扩大势力范围、侵占整个西藏目的，先后以传教者、旅游者和探矿者的名义派遣密探进藏。他们的这种狡猾行径被西藏人民识破，并遭到了坚决反对。于是英国人变换手法，先占领了与西藏接壤的一些喜马拉雅小国尼

1904年8月3日，英军进入拉萨。（胡岩提供）

泊尔、锡金、不丹，进而侵入西藏这块地域辽阔而军事力量单薄、崇信佛教、人口少而物产丰富的地方，于是一场抗英战争不可避免地发生了。

第一次抗英战争

19世纪60年代，已经侵占了与西藏地方接壤的喜马拉雅国家锡金的英国官兵，擅自越过西藏与锡金边界日纳，进至界北的隆吐山探路，并坚持说西藏与锡金的边界不在日纳，而在隆吐山以北的捻拉山。鉴于英国人的侵略步骤日益加紧，1866年噶厦政府派出藏军在隆吐山设卡，阻止私自越境通商，阻止英国人进入西藏边境，

1904 年江孜保卫战中的两位战士（胡岩提供）

并在山上修建了白光护法神灵庙。当年 11 月 29 日英国驻华大使华尔森即向清朝中央政府致函说：“现在藏人得知英国人停止入藏的消息后，在离大吉岭只有 100 华里的地方修筑炮台，其目的是阻止通商。英军虽能轻易地摧毁之，但我国不想惹起纠纷。故此，请通知驻藏大臣向藏民宣布不准随意妄动。”清朝中央政府收到此函后，通过驻藏大臣文硕命令西藏地方政府撤除隆吐山哨所。但是，西藏地方政府于藏历火猪年（1887 年）二月，由三大寺、扎什伦布寺以及西藏的僧俗全体大会通过驻藏大臣文硕向清朝政府呈送了一份文书，其中说：“隆吐山是西藏的神圣领土，因此决不能从那里撤除哨卡。”同时提出了要英国侵略军从锡金撤走的要求。1887 年英国人在边境集结 2000 兵力，并设置 4 门大炮，由英军将领格雷哈姆率领，做好北攻准备。

西藏地方政府在驻藏大臣文硕的支持下，为了抗击侵略军，藏历火猪年（1887 年）七月四日，指定代本拉顶色、孜准索南坚赞带领 900 藏军和从康区征调的 500 多名僧俗民兵前往隆吐山及其以北设防，抵抗英军。

1888 年 3 月 20 日，英军从隆吐山脚下向西藏驻军发动了突然袭击，英军兵力达百多人。此时西藏守军们列队于战壕旁，向白光护法神像顶礼，然后个个手持土枪、弓箭、刀、矛等原始兵器狠狠地反击来犯的英军。当时击毙了一名穿黄衣的英军头目，英兵随即惊慌撤退，藏兵无一伤亡。3 月 21 日清晨，英军从原路又一次发动进攻，藏军严阵以待，誓死抵御，经数次鏖战，毙伤英军约 100 余名，藏军战死甲本一名，士兵 20 余人。3 月 25 日英军再次向守军大举进攻，炮弹落在聚集的藏军中间，士兵伤亡很大，被迫撤入亚东帕里等地，隆吐山失守。于是，清政府将支持抗英的驻藏大臣文硕革职，任命媚外乞和的升泰为新的驻藏帮办大臣。但噶厦仍然调兵遣将，委派噶伦拉鲁·益西罗布为藏军总管，下令僧俗执事、藏军、民兵 1 万多人开赴前线。在当年 6 月至 10 月间同入侵英军数次作战，力图收回隆吐山。

升泰到藏后，完全执行清政府妥协让步的路线，下令藏军待命于帕里，不许反击英军。相反英国侵略军不但不后撤，反而得寸进尺地侵占了许多地方，并一再炮轰藏军阵地。终于因为藏军训练差，装备落后，加之指挥失当，在遭遇武器先进，战术、技术均优于自己的英军密集火力的射杀下，最后归于失败。

1888 年是藏历土鼠年，因此藏族群众称之为“土鼠年战争”。

第二次抗英战争

1888年，西藏第一次抗英战争失败后，清政府同英国签订了丧权辱国的不平等条约。1890年的中英条约使锡金成为英帝国主义的保护国之后，英国就开始张罗边境的划界立碑事宜。1893年，清政府不顾西藏人民的反对，同帝国主义签订了有关通商事项等问题的藏印续约九款附约三款。据此，西藏必须开亚东为商埠，英国终于将侵略之手伸向西藏，从事以通商贸易为名的经济掠夺。但是由于西藏人民的坚决反对，各项条约并未能付诸实施。为了取得更大的利益，英国准备发动第二次入侵。

岗巴挑衅 1902年6月，英国驻锡金行政长官怀特，率军200人侵入甲岗，拆毁定界石堆，驱逐守卫的藏军，侦察西藏边防，由于沙俄的干涉，这支军队又撤回了印度，撤退时抢走了当地藏族群众的羊5000多只，牛600多头。

1903年7月，西藏地方政府接到英政府来函，要求派代表去亚东通过谈判解决边界问题，清政府驻藏大臣决定委派三品知府何光燮和噶厦代表堪仲洛桑赤列、代本察绒·旺久杰布、办事员僮官根顿曲培、甲本旺久次登及随员数人前往亚东，不料英军首领荣赫鹏玩弄和谈骗局，突然改变了谈判地址，写信要噶厦派代表去藏哲（锡金）边界的岗巴宗商谈划界与通商问题。噶厦接函，又派人前往岗巴宗。当噶厦的代表抵岗巴时，荣赫鹏和怀特早已率军官6人和300名侵略军于7月11日侵入了岗巴宗，与我方代表谈判时，“彼固执其所持原则，不听我方所叙述……”这是英帝国主义为发动第二次侵藏战争所采取的缓兵之计。

英国人所谓“边界和谈”，只不过是为武装侵略打的烟幕，他们从来都没有丝毫诚意。在英军侵入岗巴宗数月期间，他们不仅将岗巴与锡金的边境界标向西藏境内挪动，还在附近各地侦察、拍摄地形，在将西藏地方当局的注意力吸引到这一方向时，荣赫鹏突然于10月率部撤出了岗巴，在撤出时掠夺岗巴地区牧民的牲畜20000余头。

兵侵则里拉 英侵略军在岗巴虚晃一枪后，迅速向隆吐山以北调集兵力。1903年12月12日，麦克唐纳和荣赫鹏为首的3000兵力，加上背夫等总共10000多人，突然越过则里拉山口，侵入亚东仁青岗和春丕塘（老海关），进而控制了帕里的唐拉山口。

12月21日英军占领帕里，强驻帕里宗政府，噶厦和后藏前往交涉的代表又被扣留。当时帕里的百姓忍无可忍，拿着大刀、镰刀、木棒闯入宗政府救出代表。侵略军立即向藏族民众开枪，抓人杀人，还用烧红的铁块，烫伤被捕的藏族群众的脸面，但是英勇的藏族人民没有一个屈服的。

1904年1月4日，荣赫鹏率

原西藏自治区政府副主席吉普·平措次登的祖父、帕里总管、藏军代本吉普，在1904年抗英战争中受伤。（胡岩提供）

领一支拥有400支来复枪、两门炮、两挺机枪装备的英军，占领堆纳并继续进军，而集中在堆纳嘎吾一带的藏军约200人出来阻拦。1月12日至2月7日，拉丁色、朗色林、吉普代本和三大寺代表两次向荣赫鹏表态，要英军撤回亚东再进行谈判，都遭到无礼拒绝。

曲米辛果大屠杀 面对英军即将发动的大规模武装入侵及来自清政府的压力，噶厦内部存在主战与主和两种意见，在主战一方的强烈要求之下，噶厦不顾清政府“切勿动武，着驻藏大臣同英方议和”的命令，开始调动部队，部署抗英兵力，派出拉丁色和朗色林二代本率1000余人开赴抗英前线——喜马拉雅山第三峰脚下多庆湖西北的曲米辛果一带阻止英军进犯，把原布防在江孜一带的防线移到堆纳北部的古汝、尚木和曲米辛果一线，争取主动出击。据一位参加过此次战役的老人加顿说：藏军使用的是土枪、大刀、“鄂多”（牛毛制的抛石鞭，可将鸡蛋大小的石头甩100-200米左右），穿白色氆氇服、戴礼帽、红布缠头，手举龙、虎、日、月旗，吹号角联络指挥。

英军一面提出“谈判”，一面对我方阵地进行侦察。他们以高价收买了两个锡金背夫，装扮成牧人潜入我防区嘎拉一带，被抓获一人，另一人逃走，向英军报告了藏军在曲米辛果和多庆一带的防务。

1904年3月，英军已经集中齐备进军江孜的军火物资。3月21日，由麦克唐纳和荣赫鹏率领的9个大队英军共1000多人带着4门炮、机枪、来复枪，准备向嘎吾一带发起进攻。由于得知帕米新古以北纵深地带尚有藏兵和民兵布防，故不敢贸然进攻，于是施展阴谋，提出要叫我军方代表直接进行谈判。

3月31日，当曲米辛果藏军前线指挥官拉丁色和朗色林离开阵地接待英军谈判代表时，英军已偷偷向藏军阵地推进，在谈判进行之时，藏军已被敌人重重包围了。英军谈判代表到来后，首先声称："既然要议和，为表示诚意，我军先将子弹退出枪膛，也要求贵军指挥官下令将火枪的点火绳熄灭！"英军在退枪膛一刹那又将子弹上了膛，而藏军依令将土枪点火绳全数熄灭。荣赫鹏佯装谈判，拖住藏军指挥官，麦克唐纳则指挥英军强迫藏军缴械。1 名英军在抢拉丁色代本随员的枪时，被拉丁色击毙。英方下令开火，但待命的藏军却无法打响火绳枪。在机枪和大炮的密集扫射和轰击中，英帝国主义对藏族军民进行了残酷的大屠杀。英军谈判代表也将藏军谈判代表拉丁色代本、朗色林代本、班禅代表苏康努、汝本康萨即三大寺的一名代表统统击毙。站在远处的拉丁色的仆人占堆，一见主人中弹倒地，大吼一声"我们的人被杀了！"拔刀冲过去，当场杀死英军十余人，自己也壮烈牺牲。在谈判场地的另一角，一些藏兵也临危不惧，拔刀参战，一时整个谈判场地尸体纵横，血流遍地。

这场大屠杀，使藏族军民死伤 430 多人，鲜血染红了曲米辛果泉水。英军又趁机攻占骨鲁，追杀藏军数百人。据统计，曲米辛果一役藏军共有 1400 多人牺牲，仅 380 人逃出。

这就是那场骇人听闻的曲米辛果大屠杀。英军的一名机枪手哈多于当晚在给母亲写的信中说："这场屠杀太令人恶心了，尽管将军命令尽可能地扩大战果，我还是停止了射击。那场面太悲惨了。"曲米辛果大屠杀，激起了西藏人民的无比愤怒，点燃了藏族军民反侵略的怒火。

血战杂昌谷　曲米辛果大屠杀后，英军继续向江孜移动。在从多庆湖和嘎拉湖之间的谷地进入康马的途中，两个湖中的水鸟也成为侵略者的美餐。沿途群众自动组织起来拦击敌人的军火和粮食，封锁消息、破坏交通，用长刀、梭镖、棍棒协同藏军阻击敌人。英军毁掉了靠近康马宗的多古至卡芦之间的强林寺和贡明寺，拆毁了殿堂的木料当柴烧。1904 年 4 月 9 日，藏军得知英军已开始向峡谷推进。

杂昌是通往江孜的必经之路，这里有一条约 1 公里长的峡谷，悬崖峭壁、深涧激流。藏军在这一带集中了 4000 多兵力，决心利用这一天然屏障阻止英军的进一步入侵，保卫江孜。

4 月 9 日午时，英军先头部队 30 余骑入侵。由于藏军无作战经验，行进过程中惊动了敌人，幸亏藏军所处地形优越，土枪、土炮、滚木和飞蝗石子，一齐向敌人打去，打得敌人像热锅上的蚂蚁，团团乱转，无处逃生。最后，进入峡谷的先头部队全数被歼。

山谷外之敌用重炮轰击峡谷两侧的山头和山坡，敌步兵在大炮掩护下，从山后和两侧夺取藏军阵地。藏军奋战达 6 个小时之久，打死打伤敌人 280 余人。藏军共伤亡 150 余人，其中有：汝木拉吉、僧兵总指挥桑罗（哲蚌寺僧人）、丹增朗杰、强巴平措（热堆寺僧人）和日喀则甲本平多等人。

杂昌谷地之战使敌人闻风丧胆。一个名叫康特莱的侵略者在其所写的《拉萨真面目》一书中说，“在康马，几十个人会奋起进攻比他们强大得多使他们的斗争成为绝望的敌人。拼死命地战斗到最后一个人倒下去。一小部分农民就为保卫一个村庄全体战死，像古罗马的爱国者一样。”

帕拉村伏击战　英军于 1904 年 4 月 10 日攻下杂昌藏军防线后，又于次日攻占了绍岗。1904 年 4 月 11 日侵入了江孜。侵略军将其大部分骑兵和步兵及荣赫鹏的指挥部驻扎在江洛林一带，将部分侦察部队和骑兵，分散驻在扎郭村一带的藏军防区附近，不时出动小股部队巡逻侦察。侵略军还向江孜宗本及附近各寺庙、各庄园的头

拉萨市民面对进入八廓街的英军

人发起招降攻势，但却无一人前去应降。英军抵江孜不到 1 个月，藏军就有 10000 多人聚集到江孜、日喀则及拉萨到江孜的大道上，准备着江孜保卫战。

英军于 5 月上旬派出 360 多人袭击通往浪卡子方向的卡若拉藏军阵地，藏军顽强抵抗，英军又采取迂回包抄的战术将藏军打败，藏军退守浪卡子。侵略者也不得不承认，“在整个战役期间，除了帕拉之外，没有哪次战斗像这次一样，我们的武器装备的优势居然在这么长时间受到怀疑。”此时，驻江孜之英军仅 130 余人。5 月 3 日，在夜色的掩护下，1000 余藏军袭击了帕拉村，几乎全歼敌人，荣赫鹏也险些丧命，据说当时流传着这样一首民歌：“山鸡逃回山上，洋人跳入河中，骁勇善战藏军，洋人剁成两半。”直到 5 月 7 日布兰德军从卡若拉返回增援，英军才又暂时稳住了阵脚。5 月 26 日，英军增援部队一部分从亚东赶到江孜后，重占帕拉村，藏军抵抗，打死了英军的加斯丁大尉，打伤了2名大尉。最终藏军因伤亡过多而退出帕拉村。英军仍不能冲出包围，又害怕藏军切断供应线。荣赫鹏没有办法，于6月6日带40余骑兵冲出重围，逃窜亚东求援。途中又受到康马人民的拦击追剿，愤怒的群众仅凭棍棒石头，就打得侵略军的头子如丧家之犬，表现了藏族人民不可侮的英雄气概。

乃宁寺阻击战　6月13日，麦克唐纳和荣赫鹏部2300多名英军及8门大炮向江孜增援，并于6月25日抵达康马宗的乃宁寺。乃宁寺位于江孜以南20公里处，是英军运输线上的一个重要据点。为截断敌人后方补给线，藏军前线总指挥宇拓命令前藏代本米林巴和民兵首领顿热娃指挥下的昌都民兵300余人，塔工精壮僧俗民兵500名，在乃宁寺周围筑起了防御工事。

工布民兵在康马时深知侵略者要抢劫牛羊，便组织精干队伍反穿羊皮袄，藏在羊群中，待敌人下马抓羊时一跃而起，最多一次曾一举砍死敌人20-30人。

敌人为了保证运输线的畅通，于6月下旬的一天从萨布岗和江洛两地出动大批步、骑兵，从南北两面猛烈进攻乃宁寺。进入寺后，残酷地迫害这里的修法僧众，占领寺院，并在寺院的庭院中支起营帐驻扎下来。藏军得知这一消息后详细谋划，一天晚上由工布民兵包围乃宁寺，偷袭了英军。英军一见藏兵就惊慌失措，企图冲出重围逃跑，但未得逞。这次偷袭中英军死伤惨重，连乃宁寺庭院也变成了血的湖泊，至今还能看到敌人的罪恶血迹。当地民歌唱道“阿达工布勇士，砍落英军头颅，淌出鲜红血浆，染遍乃宁寺石板。”这首民歌真实地反映了当时肉搏战的情景。

紫金寺浩劫　攻占乃宁寺后，6月28日的一天早晨，英军一部分骑兵和大批步兵，从加仲方向迂回到紫金寺北面的噶西拉木地区，另一部分敌兵也于同时到达邦玉宠堆和卡热地方，然后集中全力攻占了紫金寺后山头。一场紫金寺争夺战打得异常激烈，不料噶西拉木的敌军也突然出现在寺院前发起攻击，后山的敌军也向下压来，敌人以密集的炮火摧毁了寺院。

在紫金寺保卫战中，9 个扎仓和拥有 40 根柱子的大殿，还有 9 座楼房和 60 所僧舍，均毁于英军的炮火之下。寺内的文物被侵略军洗劫一空，有高达 4 米、小至 14 厘米的铜制镀金佛像 1000 多尊，唐卡、锻绣佛像、金粉书写的《大藏经》，蒙古地方和祖国内地以及尼泊尔出产的各种佛事乐器、金、银、铜质的大小神灯和圣水碗等大小器皿，有银制曼扎、铜制唢呐，以及各种缎绣神龛和祭品等。这伙英国强盗甚至连该寺大殿内僧众坐的长垫子也抢走了。侵略军抢劫完寺院后就放火烧掉了乃宁寺，致使幸存下来的扎巴（寺院无地位的普通僧人）到处流浪行乞。英军在驻扎紫金、江热各地期间，任意将战马放于农民的庄稼地里，造成当年千万克青稞绝收，英军更是恣意强奸妇女，抢夺藏族群众财物、牛羊。

江孜保卫战　攻占紫金寺后，英军即从东、南、西北三面包围了江孜，切断了通向拉萨、日喀则的道路，并切断了江孜宗山的水源，准备集中兵力进攻市区。江孜是通往拉萨的必经之路，千百年来，这里的人民一直过着自给自足的生活，突然有一天，这伙强盗闯了进来，为了保卫江孜、保卫祖国，江孜人民和前来的各路兵民一起在这里用自己的生命和鲜血谱写了一曲爱国主义赞歌。

十三世达赖喇嘛派噶伦宇拓、仲译钦波和三大寺代表，于 7 月 1 日到江孜与荣赫鹏会谈。荣赫鹏提出限藏军在 7 月 5 日撤出江孜。西藏方面自然不能接受。英军遂于 7 月 5 日上午开始向江孜城区发起总攻。

在江孜宗城堡上藏军猛烈的打击下，英军死伤惨重，虽然有优势的装备，但是仍然不敢靠近。侵略者承认，藏族军民的火力“同突然降临的风暴……将军和他的参谋人员多次险些丧命……宗堡上的每一座建筑的轮廓似乎也让火舌勾画出来了。”英军使用了大口径的火炮，以优势炮火轰开江孜宗城堡一个缺口，并组织步兵冲锋。藏军和民兵打得非常勇敢。据西藏和平解放后江孜 83 岁的伟堆旺雄和 68 岁的奔巴次仁两位老人说，扎西林巴代本率部坚守宗山，英军进攻时，藏军和民兵用火药枪、飞石和石块还击英军，山上的存水喝干了，他们就在晚上将人用绳子从几十米高的悬崖上吊下来取山下的一坑污水喝，最后污水也喝干了，就喝自己的尿。在这种情况下，藏军和民兵始终没有一人动摇。在藏军和民兵弹尽粮绝时，英军展开强攻。藏军和民兵以刀、矛、棍棒等与英军展开白刃搏斗，但终因伤亡过重，一路从北面冲出，一部从西南方向的悬崖上用绳子吊下来，突出英军的重围，转移到白居寺继续投入战斗。一部分来不及突围的战士，就和敌人徒手搏斗，有的跳崖殉国。据英国侵略军的随军记者埃德蒙·康特莱记述：“而对英军炮兵榴弹和机枪、步枪的猛烈射击，藏军和民兵视死如归，依然向爬墙头攻缺口的英军步兵打石头。”在江孜宗城堡被英军攻陷后，白居寺又被攻。占据白居寺的英军，抢走该寺大批珍贵文物、藏经等，并将佛堂改成食堂，将转经筒钉上钉子改成食品输送带，恣意践踏藏族人民视为神圣的寺庙和佛器。英军用洋枪洋炮攻取以土枪、土炮、木棍、石块据守江孜城堡的藏军，竟花了 3 个月时间，付出了伤亡近 20 名军官的巨大代价，是敌人所意料不到的。

江孜保卫战的失败给西藏地方带来了深重的灾难。英国看见藏南门户已坐在下，便有恃无恐，他们一面纵容士兵四处抢劫，一面继续向拉萨进攻。就连侵略者头子自己也坦白地承认，他的士兵在西藏凡遇到有“牛、马、羊及其他作战物资，均群聚啸然而围之抢夺，以资战争之用”。据一些零星的藏、汉文资料记载：“英军在帕里、江孜等地，他们打开仓库、闯入民宅，抢劫粮食和藏族军队留下的弹药。他们还闯入寺庙，抢掠文物典籍，洗劫寺院财产，和洗劫圆明园毫无二致。”侵略者头子之一的麦克唐纳自己承认，“士兵们抢夺到的战利品堆积如山，这些战利物品通过山间小道，陆续不断地运往印度。其中以戚德尔和他自己收获最大，所抢劫的文物件数之多，有 400 头骡子才能驮运。里面包括许多珍贵而稀罕的喇嘛经书、神像、宗教作品、盔甲、武器、器皿等物。”

死守卡若拉 占江孜后 7 月 14 日起，英军开始向拉萨推进。卡若拉山在江孜以东约 70 公里处，是江孜到拉萨的必经之路。守军 1000 多人在山上修筑防御工事，在山的西坡隘口设下 2 道哨卡，日夜加紧巡逻。

7 月 17 日，哨兵发现从仁热龙方向开来的敌军先头部队，有步兵和骑兵。守军立即做好战斗准备，待敌人进入伏击圈后，即开枪射击。由于工事坚固，敌人数次攻不上来，颇有伤亡。英军为扫除向拉萨推进的障碍，不惜付出了巨大代价才摧毁卡若藏军据点，一部分来不及撤退的藏军藏在山涧和岩石缝中继续抵抗，最后剩下的人跳下了悬崖，以身殉国。

卡若拉的失陷，主要是因为噶厦突然把总指挥宇拓调回拉萨，前线无人统一指挥，群龙无首，卡若拉告急时，竟无救援部队前往。

江孜宗山城堡遗迹（车刚摄）

刺刀下的《拉萨条约》

7月19日，英军越过卡若拉山，来到浪卡子，又遭到藏军的抵抗。这时西藏地方当局内部的妥协倾向已占优势，他们命令藏军后撤，停止抵抗，并派出高一级的代表要求与英军谈判，但骄横跋扈的敌人不屑一顾，长驱拉萨。

被吓破胆的大农奴主们在敌人尚距拉萨数百里时就已经四处逃遁。雅鲁藏布江可谓天堑，可人们有险不守，让敌人于7月31日畅通无阻地渡过了滔滔大江。8月3日，英军占领拉萨，以布达拉宫后面的贵族拉鲁家作为司令部。而广大藏族人民并没有在侵略者的淫威下屈服，英军占领拉萨后，撤到藏东的藏军还有3000-5000多人，他们在夜色的掩护下，以小股部队袭扰侵略军。

一天，当西藏地方政府的官员同英军首领们正在举行会谈时，一位色拉寺的僧人竟将个人生死置之度外，怀揣一把腰刀，只身闯进次松塘英军营地内，杀伤英国军官一名，士兵数名，当他往回跑时不幸被绳绊倒，被英军围起来活捉并枪杀了。此事引起了广大僧俗民众的强烈不满和极大愤慨。他们散发传单，张贴标语，“不准任何人到英军营地附近出售肉、菜、柴、草等物。噶厦的官员无论其职位高低，都不准和英军来往！”“一阵喊杀声响彻次松塘，如虎般的英杰冲向敌营，杀得英军四处逃窜没有还击之力，重现了英雄之王格萨尔的无畏精神。”等鼓动性的标语也出现在大街小巷。英军头目见拉萨广大僧俗民众如此憎恨他们，加之天气寒冷，水土不服等各种原因，就向驻藏大臣有泰提出了立刻订立条约的要求。有泰大臣是个软弱无能之辈，他应英军的要求强令噶厦订立条约，噶厦政府在英方的这种软硬兼施的威逼下不得不于 1904 年 9 月 6 日与英国方面签订包括十条内容的《拉萨条约》，其中包括开放亚东、江孜、噶大克为商埠；西藏赔偿侵略军费 50 万英镑；英国在西藏的亚东驻军；英国在西藏享有土地、矿山、电讯等特权。但清朝中央政府拒绝承认这个卖国条约，于 9 月 14 日电令有泰，令他拒绝签字。1904 年 9 月 23 日，侵略军撤回印度，清中央政府代表始终没有在条约上签字。

第二年，经中英双方磋商，签订了《北京条约》。该条约规定英国无权干涉西藏内政，除清中央政府外，任何国家都没有在西藏修筑铁路、公路、架设通信设施、开采矿石等权力。

发生在 100 年前的西藏抗英战争以失败而告终，但西藏人民勇于抵抗英军入侵，以血肉之躯对抗敌人的洋枪洋炮这一不屈不挠的爱国主义精神，将作为中国各民族反抗帝国主义侵略的光辉业绩而载入史册。

原载《中国西藏》2004 年第 3 期

血色山谷
——写在西藏抗英一百周年

金志国

在中国西南边陲的西藏自治区日喀则地区（现为日喀则市），从亚东到拉萨，穿越喜马拉雅峡谷和冈底斯山脉，有一条由低海拔到高海拔的崎岖古道，这条道路充满艰险，却也风光万千。沿途不断变幻的森林、湖泊、雪山、荒原、冰川景观，如诗如画；城镇、乡村和牧场点缀其间，又使这条道路洋溢着生命的气息。数百年来，作为一条重要商道，它连通着西藏腹地和不丹、锡金、尼泊尔和印度诸国，使西藏这片高天厚土透过这里，向世界散发着它的神秘气息。2003 年秋天，我们沿着这条山谷，再度走向亚东，再次体味百年前发生在这条山谷的一幕幕血腥和悲壮。

亚东所背负的历史

亚东，是西藏中部喜马拉雅山脉中一条自北向南的断裂山谷，

江孜白居塔

地处喜马拉雅山的南麓，海拔 2800 米，由于受印度洋暖湿气流的影响，这里一年四季树绿花红，林海苍茫，各种珍稀野生动植物资源丰富。亚东河源自雪山，永不间断的清流翻卷着洁白的浪花，沿山涧峡谷奔腾而下，流向境外。亚东除了绝美的自然风光，有三处景观特别有意义，它们分别是清代海关遗址、修建于 20 世纪 30 年代的英国邮电局旧址和黄教寺庙东嘎寺。它们所负载的内涵，折射出近代中国国运的盛衰，象征着一段沉重历史的开始与终结。

自古以来，亚东就是关隘要道，早在清代，中央朝廷就在今天的亚东下司马，设立了海关，派驻官员，验货纳税。人们现在一般把这里叫作“老海关”。老海关遗址处在乃堆拉和则里拉两座山峰之间的一片平缓的坡地上，这块地方形似二牛抬杠，所以其地名也就用了藏语里表述这个意思的词“涅东”，后变音成“亚东”，并且这个称谓延扩开来，成了现在自康马县往南整个亚东县境的总称。海关遗址历经百多年风霜雨雪，早已破败不堪，但身处其境，仍可依

在亚东以北曲米辛果地方，英军用洋枪洋炮屠杀藏人 700 余人。（胡岩提供）

英军铁蹄践踏在拉萨江丝夏的路上

稀看到它昔日的影子。在崇山峻岭中少见的这片坡地上，一条荒草横生的大道上下贯通。当年的海关公事房背临山涧，门朝大路，如今只能见到一溜房屋的残墙断壁。它的对面，就是海关府的衙门，而衙门的大门并不对着公事房，而是朝着山坡下，这座建筑相比之下尚属完好，门窗屋顶皆存，门前的院子里还有一棵挂果的苹果树，未经修剪的枝干几乎铺盖了整个院子，看起来很有些年头了。衙门的左边紧靠山脚一侧，则是一座关帝庙遗址，可惜留存下来的只有房屋四面的墙基了，墙体厚约一米，是用青石垒砌而成，显得十分厚重。在遗址的下方，有田陌的痕迹，据说当年的海关关员们也是种粮种菜，自我补充给养。在遗址的上方，是乃堆拉和则里拉两山挟持的山口，再往前不远，就是国境线了。想象当年，这里马帮驮队络绎不绝，操着不同语言和口音的人们或是往上或是往下，交织在这条蜿蜒于深山的古道，他们运载的货物，如一条涓涓物流，最终溶入远方的人海。而 1904 年，英帝国主义的入侵，打破了和平边关的宁静。嗣后，随着清王朝的崩溃，“老海关”结束了自己的使命。

在今天亚东县城的所在地，亚东县中学后面的山坡上，有一处完好的建筑，除了窗户玻璃荡然无存外，整座房屋几乎没什么破损，从门厅上方清晰的“1936”字样上，使人明确无误地知道了它的建筑年代。英帝国主义在 1904 年通过战争攫取了在西藏的多项权利，使当时的亚东下司马及其以南地区实质上沦为了英国殖民地，为了进一步强化其占领，英国将其商务代理处从老亚东搬迁到此。当年这里说是邮电局，实际上是英国人的一个综合办事机构，它总揽了英国殖民者西藏事务的指挥权，其职能一直延续到 1947 年印度独立后被印度接掌。1951 年西藏获得和平解放，1954 年中华人民共和国和印度政府签订协议，驱逐了半个世纪以来外国在西藏的一切势力，驻扎在亚东的印度“卫队”也被迫撤离，亚东终于彻底回到了祖国的怀抱。英军当年在江孜建造的邮电所、军营、医院、商务处等设施在 1954 年年楚河发洪水时尽数冲毁，这座建筑也就成了在我国西藏土地上入侵者留下的唯一显著遗迹。整座房屋是英国庭园式风格，平房坡顶，石木结构。房屋藤萝花草缠绕，门前有宽阔的走廊，屋内地面全部铺着实木地板，中间客厅还有一座考究的壁炉。在房屋左侧约三十米处，是用板材搭建的厕所。屋后的山坡上，杜鹃花正在寂寞地开放，艳阳林涛，风景如故，却早已换了人间。山坡下面的学校传来一阵阵朗朗的读书声，健康而又清新，使我们跋涉于 20 世纪前半叶中国黑暗历史当中的心境豁然开朗。

坐落在日宾岗顶的黄教寺院东嘎寺，修建在林木森森的山坡上，掩映在浓荫之中。历史上，寺庙僧人最多时曾达200余人，也许是因为自然条件的便利，寺庙制作的藏药质量上乘，也研制了很多藏药制作秘方，出过不少医道高明的僧医，在藏区颇有名望。更使这座寺庙闻名遐迩的是西藏近代史上一个重大的事件。1950年底，西藏地方政府企图以武力抗拒解放军进藏，在藏东昌都一线布防重兵，遭到解放军的沉重打击。刚刚亲政的十四世达赖喇嘛在西藏地方政府中亲帝分子的挑唆下，从拉萨出走亚东。在这里一方面和国际反华势力勾搭，图谋外国介入西藏事务；一方面和中央政府周旋，徘徊观望，这期间，西藏地方政府派出的代表和中央人民政府签署了《关于和平解放西藏办法的协议》（“十七条协议”），亲帝分子不甘心失败，紧锣密鼓地准备实施投靠外国的计划，就在这紧要关头，1951年7月14日，成立不到两年的新中国中央人民政府代表张经武取道印度来到亚东，广泛约见了随同达赖喇嘛滞留在亚东的西藏地方政府官员和僧人代表，对他们动之以情、晓之以理，揭露了帝国主义妄图策动达赖喇嘛出走的阴谋。16日，在东嘎寺的主殿二楼，张经武与十四世达赖喇嘛举行了具有历史意义的会晤，并向达赖喇嘛转交了中央人民政府主席毛泽东写给他的信。张经武向达赖喇嘛阐述了中央对西藏的立场，详细解释了“协议”内容，打消了达赖喇嘛的顾虑。随后，西藏地方政府给毛主席发去电报，表示欢迎张经武的到来，达赖喇嘛也最终于7月底返回了拉萨。从此，东嘎寺成了历史转折的象征。

英军入侵西藏

1904年，英帝国主义在扩张野心的驱使下，借口属民（实际上

英军炮轰乃宁寺

是间谍）被西藏当局抓捕、尼泊尔的牲畜进入西藏境内被驱赶、英国利益受到威胁等，对中国清朝政府和西藏地方政府横加指责，并组成了一支火力兵力都十分强大的“使团”，对西藏实施彻头彻尾的侵略。实际上这场侵略战争是英帝国主义者蓄谋已久的，早在 1888 年，英帝国主义就通过亚东的隆吐山在西藏地区发动了第一次侵华战争。1904 年的入侵，正如当时大英帝国印度总督寇松的自白：派遣使团进入西藏的目的，难道不正是就一项新的条约进行谈判吗？所谓“新的条约”，就是把自己的意志强加于人。“大英帝国在亚洲的疆界，对我来说总是有一股特殊的魅力。”寇松一语道破了天机，其实质是想把远隔重洋的大英帝国的所谓“疆界”划到亚洲。一言以蔽之，英国入侵西藏的行动，完全是帝国主义强权政治的强盗逻辑使然，是为了进一步扩大其势力范围以获取更大利益的霸权行为。

而作为中国近邻的尼泊尔、锡金和不丹等国，趋炎附势，为虎作伥，在英军入侵西藏的行动中，扮演了很不光彩的角色。他们要么装聋作哑，要么积极为侵略军提供人力物力，更有甚者，充当马前卒，公开诱骗恫吓西藏地方政府，要其接受英帝国主义的无理要求。

帝国主义嗜血的本质在他们入侵西藏的行动中暴露无遗，接二连三的屠杀在通往拉萨的道路上一次次重复；西藏军民一个又一个不畏强暴、反抗侵略的壮举在一次次战斗中展现。百年过去，山川河流依旧，刀光血痕仿佛。虽然难以深切体验彼时情境，然而踏勘当年战场，抚今追昔，不禁使人生出几多敬仰，几分感慨。

英军的入侵行动，并不如他们想象的一帆风顺，尤其是出了亚东沟以后，陡然增高的海拔和高原冬日里的奇寒迟滞了英军北上的速度，更使侵略者胆寒的是西藏军民抵抗的意志。在亚东县堆纳乡以北的古鲁村一带，藏军两个代本（团）的一千多人部署了防线，做好了抗击敌人的准备。占据并滞留在喜马拉雅第三峰卓玛拉日峰脚下堆纳地方三个月之久的英军，要想继续北进，必须通过藏军的防守阵地，而首当其冲的，是往北 10 余公里处的古鲁村曲米辛果隘口。曲米辛果是日喀则江孜地区农业和牧业之间的分界线，藏语里的意思是“土地尽头的泉水”。这里一面是连绵的喜马拉雅山脉，一面是波涛荡漾的多钦湖，藏军在山上用石头垒起了工事，从山脚到湖边构筑了掩体，防御的正面是一马平川的荒原。双方兵力相当，按正规的战斗来说，这种形势对进攻的一方未必有利，英军正是看到了这一点，他们采取了卑劣的手段。当他们前进到距离藏军阵地不远处，看到“上千支滑膛枪和步枪正穿过墙上的枪孔瞄准他们”时，他们又玩起了惯用的谈判伎俩。藏军指挥官走出阵地，和他们谈判。在谈判进行的过程当中，英军一方面迂回部队，将缺乏战争经验的藏军包围，一方面声称为了表示谈判的诚意，要求藏军熄灭随时可以击发的火绳枪的火捻。惨剧就此发生：英军在藏军熄灭火捻、几乎毫无还手之力的情况下，用当时最为先进的马克沁机枪和梅特福特枪向完全暴露、近在咫尺的藏军疯狂扫射，失去有效反击手段的藏军只有挥舞手中的冷兵器扑向敌人，结果可想而知。但等同于被缴械的藏军战士面对敌人的杀戮，“他们没有逃跑，他们转过身去，背对着那道墙缓慢地走开。子弹像暴雨一样向他们倾泻着，许多人不断地倒下，直到他们被半英里之外的山崖挡住。”“这不是战斗，而是一场大屠杀。”后来的英国作家费莱明这样描述并为这场战斗定性说。惨绝人寰的 10 余分钟过后，“战斗”结束，藏军 700 多具尸体和近 200 名伤员横陈在自己家乡春风迟来的冰冷土地上，

油画　江孜保卫战（局部）

他们体内的热血如一朵朵红花向外绽放，融化了尚未解冻的泉水，汇成一条血河，流向雪峰下的湖泊。除了伤员，没有人被俘，面对死亡，没有人投降，一个都没有。

曲米辛果的大屠杀，激起了全藏人民的极大愤慨，西藏地方政府从各地调集人马，赶赴康马县至江孜一线，以图阻止英军的进犯。然而，装备的悬殊和战争经验的极端缺乏使得这场战争毫无悬念，虽然藏军在康马、杂昌、乃宁寺、冈底斯峡谷等地进行了顽强的抵抗，给敌军造成重大损失。尤其是在将近两个月的江孜平原战斗中，藏军官兵和从各地调集来的民兵，不仅一次次挫败了敌军的进攻，还多次组织反击，曾一度使英军陷入困境。1904 年 6 月 6 日，守卫江孜宗山的守军不慎引爆弹药库，英军乘机抢占了宗山城堡，作

曲米辛果抗英纪念碑

为拉萨大门钥匙的江孜失守。英军于 1904 年的 8 月 3 日进抵拉萨，迫使西藏地方政府签订了城下之约《拉萨条约》。

在整个侵略战争中，英军所犯下的罪行罄竹难书，他们破坏农田、抢夺牲畜、拆毁民房，焚烧了古老的乃宁寺和紫金寺等 20 余座寺庙，将其中的佛像、经卷、法器、唐卡等寺庙文物抢掠一空，还不断从寺庙和民间劫掠大量的金银珠宝和绸缎，用牦牛装箱运走。当年的《伦敦日报》报道说“英兵运其劫掠赃物至印度者，络绎不绝”而“英人住宅客厅中，已满布西藏之古董珍品”。英军占据江孜期间，当地官员和民众控告英军各种卑劣行为的文书像雪片一样飞往拉萨噶厦政府，其中一件是这样写的：

江孜宗政府列尊尼雪百拜叩首呈述：

自英国侵略军到达江孜以来，差民的土地和缴租的土地共下种 100 多克，所有庄稼都被敌人的牲畜吃、踏光了，没有一点收成。另外除去年的休耕地，还有 120 克下种的土地也被敌人的牲畜踏得无法下种。我们家里的农具、生活用品、牲口草料等物，都被敌人抢掠一空。我代仁布宗及加措西堆支出的三匹驿站上的马匹，被抢走了一匹青马和一匹黄马（黄马价值 40 两藏银）。另外在堆那冲色和强巴家里存放的驿站用品，有方形藏毯 6 床、矮桌三张、高桌子三张、火炉子 4 个等东西，最低价值 18 两 9 钱的物质被抢走。其次江孜宗各地 90 个岗（堆）所征派的马草，装满了大约 200 托长的房子，也全部被敌人抢光。另外抢走的油、柴、豌豆等物也是很多，因无法统计所以未计算在内。

以上所报属实并无丝毫虚报。如果对这些失物进行赔偿我请求恩赐给我一些。

谨呈

列尊尼雪在另外一份报告中又说：

江孜宗保管有达赖喇嘛所需之羊肉300只，机巧堪布所需之羊肉28只，又在去年给噶伦雪康代征收的羊肉65只，给噶厦政府征收的羊肉125只和宗政府自己的羊肉约100只，均晾干后放在宗山上的两间仓房内。这些肉的保管任务宗政府当时是责成我管的，当英国侵略军占领宗山的时候，就抢走了大部分羊肉，剩下的极少一部分被他们用脚踏得零零星星不能吃了，英国侵略军这种土匪行为，曾经由正、副宗本向摄政王及噶伦呈报过。另外，连存放羊肉的库房也被英国敌人拆毁了。关于损失羊肉的事没有丝毫虚报，祈求恩赦我的罪过，不能由我一人赔。

除以上情况外，我们这里称羊肉的秤也被英国敌人偷走了，如果我们自己制造一根新秤，又恐大众不服，争大论小不好办理，特申请噶厦能够恩赐一根新秤。

谨呈

呈文所反映的英军在占领期间的所作所为，只可能是沧海一粟。较之于财产损失，更令人痛惜的是国家主权、民族尊严的丧失。英帝国主义通过战争，得到了他们想要得到的东西甚至更多。1914年，英国印度外务大臣麦克马洪用欺骗手法，炮制出所谓的“麦克马洪线”，不仅非法侵占中国领土，更为中国和邻国在解决领土争端问题上留下了无穷后患。在后来的数十年间，他们利用一切手段，在西藏社会进行渗透，腐蚀拉拢西藏上层，培植亲英势力，分裂西藏地方和祖国的关系，使西藏地方政府一步步成为英国的附庸，从而使西藏社会更加动荡不安。战争及其侵略者经营的后果，如一头水怪，在百年历史长河之中，时不时总要翻起几股浊流。

今日国门

乃堆拉山口，是亚东通往锡金的重要门户。我们从海拔 2800 米处的下亚东盘山而上，约 1 个小时后，我们来到了乃堆拉国门要塞。这里海拔 4800 米，虽然明显比山下寒冷，但因有暖湿气流通过，还有些高山植物生长。战士们把它们移栽在罐头盒里，摆成了很好看的造型。山口不像我们想象的狭小，有大约数十米宽，在山口的最高点，横着一条现实生活中比较陌生的带刺铁丝网，这便是国境线，中国军人和印军士兵就隔着一道铁丝网站岗放哨。铁丝网的两端分别是陡峭的山脊，山脊上双方的地堡掩体犬牙交错，有的阵地相距最近只有不到 10 米。从 20 世纪 60 年代到 20 世纪末，印度不甘心其在西藏利益的失落，多次挑起边境争端，在战争阴影的笼罩下，边境气氛一直很紧张，而乃堆拉山口因为双方几乎是绞在一起，总是摩擦不断。近些年，随着国际大环境的改变和中印两国关系的缓和，边界地带剑拔弩张的气氛有所缓和。我们看到，铁丝网两侧哨兵的神态都还比较安然，印军士兵也任由我方人员拍照，隔着铁丝网合影。两边的士兵隔着铁丝网不时地轻松交谈，看到这种情景，使人想起西藏的一位军旅诗人以《铁丝网上的和平鸽》为题写的一首诗，其意境大概就是由此情状而生。今天的乃堆拉，除了军人、碉堡和铁丝网使人联想到战争，感受不到战火硝烟的气味，

江孜抗英纪念碑

但愿永远不要有。下山的途中，一位解放军基层指挥员说，我们的职责是守卫国门，谁要想无端踏入，那是妄想。我们知道亚东的历史，知道百年前发生的事情，这种事情我们绝不会让它重演。他的话，代表了全体中国人的心声，对百年前抗击入侵者的先驱在天之灵也是一个慰藉。

原载《中国西藏》2004 年第 3 期

从派员驻藏到直接管理
——由历史文物看清朝治藏政策的演进

索文清　雍继荣

平定罗卜藏丹津之乱

1720 年 10 月，清军驱逐准噶尔部出西藏后，在平逆将军延信的主持下，着手进行西藏政权的体制改革。清政府决定排除蒙古诸部长期对西藏的影响，转而启用西藏地方上层人物执政，通过他们推行中央对西藏的施政方针。1721 年 2 月，清政府把平准战争中立有战功的藏族官员康济鼐、阿尔布巴封为贝子，拉藏汗统治时期曾任仔本的隆布鼐封为辅国公，授命他们三人为噶伦，共同掌管西藏事务。到了 1723 年，清政府又把康济鼐的主要助手颇罗鼐和七世达赖喇嘛的强佐扎尔鼐也升任噶伦，兼管藏区事务。清政府这次对西藏政权体制的重大改变，表明今后不再承认和硕特蒙古汗王在西藏的王位继承，由此引发了蒙古贵族的一些人不满，其中最突出的便是驻守青海的蒙古首领罗卜藏丹津。

清代晚期驻藏大臣衙门门前情景

罗卜藏丹津，固始汗之孙，袭封亲王爵位，权势显赫，曾因护送七世达赖进藏坐床，自恃有功，早怀有“独占西藏，遥控青海”的野心。这次清政府在西藏推行噶伦联合掌政制度，打破了他想在西藏恢复和硕特汗王统治的迷梦，尤其清政府在奖赏平准战争中有功的青海蒙古诸部首领时，晋封了察罕丹津为和硕亲王，额尔德尼厄尔克托克托奈为郡王，唯独对他只赐赏银，未予加封，这使他十分恼怒和怨恨，蓄志要与大清分庭抗礼。

1723 年 5 月，罗卜藏丹津从拉萨返回青海，便暗地勾结新疆准噶尔部的策妄阿喇布坦，煽动当地部分寺院僧众，公开发动了叛乱。清政府闻讯马上派出川陕总督年羹尧、四川提督岳钟琪领大军进剿。双方经过激烈交战，罗卜藏丹津大败，率残部西逃，清政府为防止叛乱向西藏蔓延和罗卜藏丹津本人窜入藏地，当年十月，又派四川松潘镇总兵周瑛统领千余兵马驰往西藏。周瑛以 45 天的急行军赶赴拉萨，会同此前被清政府派往西藏办事的内阁学士鄂赖与众噶伦一道，整顿西藏兵马，合力共同御敌。

在这次平定罗卜藏丹津叛乱过程中，西藏官员和僧俗百姓始终与中央政府保持高度一致，众噶伦听候清政府官员调遣，积极参战。隆布鼐曾被派往哈喇乌苏（藏北那曲）阻截叛军；颇罗鼐开赴青海玉树一带，招抚当地上层，接着领兵攻下了玉树与康区北部；康济鼐领兵追击向西北逃窜的叛军残部。整个军事行动，噶伦们都在忠实执行命令，奋勇杀敌，配合清军有效地阻止了乱事的蔓延，最终迫使罗卜藏丹津不得不落荒西逃，去投奔策妄阿喇布坦。

颇罗鼐执政，设置驻藏大臣

罗卜藏丹津叛乱的迅速平定，说明清政府的平叛行动深得人心，清政府抛开蒙古汗王推行以藏族官员治藏的政策在当地有了广泛的群众基础。清军与藏军联合平叛，换来了西藏社会的暂时安定，僧俗百姓有了休养生息的机会。但是，清政府对西藏政局的稳定并未放心，从平逆将军延信率部离开拉萨之日起，清政府即不间断地派员进藏，或统领军务，或协助监督地方办事。派遣的官员先后有喀尔喀蒙古王公策旺诺尔布、内阁学士鄂赖、副都统宗室鄂齐和大学士班第等，这些官员们奉旨进藏，都负有安辑地方、辅佐新政权的使命，特别对噶伦内部的团结、个人权限以及他们的政治动向都十分注意。

雍正三年（1725 年）十一月，清政府划定内地辖界，将藏东洛隆宗赏给七世达赖喇嘛，特遣副都统鄂齐、学士班第进藏办理。雍正帝明确表示，今后西藏事务由康济鼐总理，阿尔布巴协理，特“颁给敕谕，晓谕唐古特人等，尽令遵奉二人约束，庶免扰乱之患”，[1] 但是

① 《清世宗实录》卷 38，雍正三年十一月乙未。

鄂齐到藏后发现，掌权的五位噶伦这时已形成两个派系，后藏出身的康济鼐、颇罗鼐为一派；前藏贵族阿尔布巴、隆布鼐、扎尔鼐为另一派，他们分别代表着前后藏不同地域贵族农奴主阶层的利益，彼此争权夺利，相互倾轧。鄂齐向雍正帝报告，康济鼐办事老实，但恃功傲慢，为众所恨；阿尔布巴赋性阴险，行动诡谲，不听康济鼐指挥。他与隆布鼐、扎尔鼐以及七世达赖的父亲索诺木达尔扎结成一党，玩弄权术，兴风作浪，还不时挑唆噶伦与达赖之间的关系。所以鄂齐建议，应将行止妄乱的隆布鼐、扎尔鼐两噶伦解职，“则阿尔布巴无人协助，自然势孤，无作乱之人矣”。雍正帝决定采纳鄂齐的建议，于雍正五年（1727 年）二月下旨，“著内阁学士僧格、副都统马喇差往达赖喇嘛处”办事。这是清政府在西藏直接派遣常驻官员办事的开始。

就在两位大臣进藏途中，西藏发生了变乱。阿尔布巴抢先发难，阴谋谋杀了首席噶伦康济鼐及其家属，接着派兵赶往后藏追杀告假还乡的颇罗鼐。颇罗鼐事发后一面火速将康济鼐被杀情形上报给清政府，一面组织集结后藏和阿里地区武装，向扑来的阿尔布巴军队应战。一场由西藏统治者内部挑起的战争——历史上称为“卫藏战争”，就此爆发。

卫藏战争爆发后，僧格、马喇来到拉萨，这时圣城已完全控制在阿尔布巴手中，但并未阻止和妨碍两位大臣前往布达拉宫见七世达赖喇嘛，他们的安全也未受到威胁。交战双方都向清政府奏报事变经过，相互攻讦，以求清政府支持。最初，清政府也把康济鼐被杀、阿尔布巴发难视为噶伦内部“自相残害之小事，不须用兵”，但开战以后，清政府却感到了时局严重，愿意看到颇罗鼐一方取胜，并按颇罗鼐“剿灭逆魁，以安西藏”的请求，于雍正六年（1728 年）五月派左都御史查郎阿、副都统迈禄带兵进藏“料理藏内军机”，实

公元 1727 年，清廷派内阁学士僧格、副都统马喇作为第一任驻藏大臣进驻西藏，图为驻藏大臣及随行人员。

际是保护两位大臣在藏的安全，镇抚地方，树立中央权威。

卫藏双方经过近一年的内战，最后颇罗鼐以强大的后藏兵力分两路夹击，打败了阿尔布巴的军队，是年七月，攻入拉萨，阿尔布巴等三噶伦被擒获。九月，当查郎阿、迈禄率大军抵达拉萨时，颇罗鼐已稳住政局，并以擒逆有功，“乞奏皇上，加恩赏赐”。查郎阿从军需钱粮内支拨三万两银赏给颇罗鼐，以示清政府的支持。随后，会同僧格、马喇和颇罗鼐本人，对阿尔布巴等进行了为期数天的审讯，最后定他们三人为“叛逆大罪”，处以极刑。凡协助阿尔布巴作乱的喇嘛人众也都分别受到惩戒。至此，卫藏双方内战告终。

卫藏战争平息后，清廷对西藏政权进行了新的调整，承认颇罗鼐的统治地位，赐给他“贝子”衔，令他总管全藏政务。与此同时，为了加强对西藏的直接管理，在拉萨正式设立驻藏办事大臣衙门。僧格、马喇被任命为第一任驻藏大臣，受命中央，长驻该地。初起二大臣职衔未分正副，职掌也不明确，直至乾隆年间才渐有区分，规定任期三年。驻藏大臣是清朝中央的代表，守卫边圉，监督管理藏务，并派有驻军，行使国家主权管辖，这是清政府在西藏统治管理制度上的重大推进。

清朝还把藏区的管辖地域做了新的划分：下令将康区之打箭炉（康定）、理塘、巴塘划归四川管辖，将西康南部之中甸、阿墩子（德钦）和维西划归云南管辖，同时又将日喀则以西直到阿里划归班禅管理。五世班禅出于政治上的原因，后来只同意管理后藏的拉孜、昂仁、彭错林三宗，这就相应缩小了西藏地方政权原来管辖的范围，达到了分化和削弱西藏统治权限的目的。雍正六年（1728 年）年末，清政府又把七世达赖喇嘛从拉萨移往理塘，建惠远寺驻锡，派兵守护，理由是防准噶尔来犯，实际是防止达赖干政，继续推行"政教分离"政策，"以杜衅端"。在完成了上述这一系列的调整政策之后，将西藏大权交给颇罗鼐全权处置，他在驻藏大臣的协助下，开始着手整顿卫藏战争后西藏面临的财政枯竭、民生凋敝的局面。

从雍正六年起，颇罗鼐即以出众的智慧和才干，大力调整吏治，清除积弊，减轻民众负担，使社会上各种矛盾得到了缓和。由于他政绩卓著，恪守臣职，又调解了布鲁克巴部落之间的相互仇杀，得到了雍正皇帝的嘉奖。雍正九年授封他为"贝勒"，赐银印一颗。印文用满、汉、藏三种文字书写。同时降诏书一道，曰："西藏事务，妥为掌管。凡汉、藏、蒙古人等无论贵贱，如违尔法令，可依法惩处。尔后，惩办其他任何贵族，均应向朕禀明处置之原由。"[①] 表明雍

① 多卡夏仲·策仁旺杰著，汤池安译：《颇罗鼐传》，西藏人民出版社，1988 年，第 391 页。

正皇帝对他的高度信任。乾隆皇帝即位后，同样因为他办事“俱极得体”，对他信赖有加。乾隆四年十二月（1740 年 1 月），乾隆皇帝晋封颇罗鼐为郡王，从此他的政治生涯进入巅峰时期。

颇罗鼐是藏族近代史上一位杰出的爱国领袖，他一生忠于国家，敬信佛教，薄徭轻赋，养民生息，对西藏社会发展和弘扬藏族文化，有过突出贡献。他的一生业绩被记录在《颇罗鼐传》中，为后人世代传颂。

废除郡王制度　建立噶厦政府

乾隆十二年（1747 年）二月，颇罗鼐去世，他的次子珠尔墨特那木扎勒受诏，袭郡王爵，继续执政。珠尔墨特那木扎勒完全不同他的父亲，是一个性情乖张、桀骜不驯的人。他刚一上台就激化与达赖喇嘛之间的矛盾，使清政府推行的治藏措施受到威胁。他对清政府的旨令，采取阳奉阴违的手法，表面服从驻藏大臣指示，暗中却大力培植私党，纵恣逞威，作脱离反抗清政府的准备。乾隆十三年，他要求清政府从拉萨撤军。清政府鉴于当时缓和西藏局势的需要，满足了他的要求。接着他得寸进尺，又以防御准噶尔为由，大练兵丁，蓄积力量，并派人去阿里，将其兄杀害，从内部清除了隐患。乾隆十五年（1750 年）三月，他前往萨海地方，调动部兵，搬运炮位，加紧军事部署，还暗通准噶尔，求其举事时发兵助战。珠尔墨特倒行逆施的谋叛企图已显露无遗，当时任驻藏大臣的傅清、拉布敦两人迫于情势紧急，来不及请示，只有先发制人，遂于乾隆十五年（1750 年）十月十三日，施巧计将珠尔墨特那木扎勒诱至大臣衙门杀死，两位大臣也在混乱中被珠尔墨特的余党杀害。

事件发生后，七世达赖立即派官员前往大臣衙门救护，亲自领导拉萨的爱国僧俗力量平叛。六世班禅闻知拉萨发生骚乱，也立即派人送粮给驻守前藏的清兵。由于这场谋叛不得人心，很快得到平息。七世达赖在采取行动制止骚乱的同时，向清政府紧急上奏详情，表明他反对叛逆的决心和立场。乾隆皇帝接到急报，立刻颁布上谕，命四川总督策楞等人领兵赴藏，绥辑地方，搜擒余党，并会同达赖喇嘛妥办善后事宜。西藏的爱国僧俗上层人士，对这次二大臣剪除叛乱元凶，平息乱事，无不由衷拥护，拍手称快。乾隆皇帝在事后总结这次叛乱教训时说：珠尔墨特那木扎勒之所以恣行无忌，“本因向来权威太盛，专制一方”，自己加恩过重，也有纵容之弊。为此，乾隆十六年（1751 年）四月，他下诏给四川总督策楞会同大臣班第等人商定新的治藏章程，废除噶伦擅权的郡王制，正式授权达赖喇嘛掌管西藏政务，由此确立了“政教合一”的管理体制。

此次清政府酌定、颁行的章程，后人把它称为《西藏善后章程十三条》[①]，其主要内容是：

一、废除郡王掌政制度，正式建立噶厦（西藏地方政府），噶厦内设噶伦四人，三俗一僧，地位平等，秉承达赖喇嘛和驻藏大臣指示，共同处理藏政。有关西藏的重大事务及驿站紧要事件，务需事前呈请达赖喇嘛、驻藏大臣酌定办理。

二、噶伦等重要官员，须经中央任命，以下补放宗谿头目等官，众噶伦不得任意私放，也要禀报达赖喇嘛并驻藏大臣酌定，奉钤印文书遵行。

三、在达赖喇嘛治下，增立译仓（秘书处），内设僧官仲译（秘

① 原件藏文。译文见《元以来西藏地方与中央政府关系档案史料汇编》，第551–555 页。

书）四人，与噶厦内的卓尼尔二人共同办事。噶厦一切公文政令，须经译仓审核，钤印后才能生效。

四、各寺院堪布喇嘛，遇有缺出或调换，均应由达赖喇嘛酌办，噶伦不得专擅办理。遇喇嘛中有犯法者，噶伦等亦应秉公禀明达赖喇嘛，请示遵行。

五、嗣后噶伦、代本等买卖交易差遣，不得擅行私出牌票苦扰百姓，即遇公事有必需乌拉之处，也务必禀明达赖喇嘛，发给印票遵行。

六、藏北三十九族和达木蒙古八旗等地方，划归驻藏大臣直接管辖，照内地例置各级官职，同时恢复西藏驻兵，均依驻藏大臣调拨，等等。

章程对西藏政务的方方面面都做了具体规定，从内容可以看出，废除郡王制以后，西藏大权已归于达赖喇嘛和驻藏大臣专主，驻藏大臣享有了与达赖喇嘛共同处理西藏地方政务的平等地位和权利。作为宗教领袖的达赖喇嘛，从此登上政治舞台，参与政权管理，这是清朝政府在总结历史经验的基础上，在西藏政权体制上的又一次重大改革。它结束了多年实行的政教分离政策，确立由达赖喇嘛领导西藏“政教合一”地方政权的合法性，这是西藏稳定发展的历史要求。此后二百年间，这一“政教合一”的政体不断巩固和完备，驻藏大臣直接管理西藏的权限不断扩大，西藏与清朝中央之间的政治隶属关系走上了更加和谐的轨道。

原载《中国西藏》2004 年第 3 期

面对日寇侵华战争的藏传佛教界

喜饶尼玛　王海燕

今年是抗日战争胜利 70 周年。中国人民的抗日战争是世界反法西斯战争的重要组成部分，是近代以来以中国全面胜利、帝国主义侵略者无条件投降而告终的唯一一场战争，也是中华民族反侵略战争中唯有的一场全民抗战，中国近代史上最伟大的民族解放战争。

抗日战争这样规模、性质、结局的战争确属空前。我们不能也不应该忘记这一段艰苦卓绝的战争。在这场决定中华民族生死存亡的抗战中，包括藏族僧俗民众在内的中国各民族、各阶层、各政党、各团体、各宗教派别同仇敌忾，共赴国难，一致御侮，彰显了中华民族的强大凝聚力和热爱祖国的伟大民族精神，为抗日战争的最后胜利做出了自己的贡献，在中国近代史上写下了光辉的一页。

抗日战争全面爆发以后，日本间谍为刺探情报，特务活动进

五台山抗日僧俗

入了一个新的高潮，几乎涉足中国所有省区，其中包括中国西南边疆——西藏。这些间谍特务活动，大致分为由军部指挥的军事间谍特务系统，由外务省领导的外交特务系统，以及由一些右翼团体组成的民间特务系统，但以前两种为主。[①] 如抗日战争时期，雍和宫住持喇嘛丹巴达扎也被日本间谍成功收买，为日本间谍卖命，收集西藏情报。早在 1939 年，丹巴达扎就与长期在中国从事特务活动的侵华日军间谍头目土原肥贤二有所勾结。由于日本间谍的拉拢、收买，使得个别西藏上层对日本产生了不切实际的幻想和一定的依赖心理，有的甚至沦落为被日本利用的工具，为日本收集西藏情报，成为日

① 秦永章 :《抗战时期日本染指我国西藏秘史》，载《中国藏学》2005 年第 1 期。

本侵略中国、向西藏渗透的帮凶①。

日本大本营陆军部参谋本部和关东军是日本军方收集西藏情报的主要机构。种种资料表明，日本间谍成田安辉潜入西藏收集情报，就得到过参谋本部福岛安正大佐的特殊关照，接受过参谋本部提供的经费。作为日本侵略中国的急先锋，关东军充当了日本向西藏进行渗透的主力角色②。这期间，日本在满铁及蒙疆的特务机关也在西藏秘密渗透，派遣特务入藏。1938和1939年，在日本人绘制的“支那现状及资源分布图”和“新东亚资源开发解说图”中，就将我国西藏地区特产的一些牲畜图样绘入。③当时日本甚至提出希望西藏能够支持日本的侵华战争，“在亚洲‘共荣圈’内要求西藏的合作”。④“日本情报机关曾多次试图派遣特务秘密进入西藏，其中成功潜入西藏的共有3人，即野元甚藏、本村肥佐生、西川一三”。⑤但是他们在西藏的特务活动因西藏人民对于日本人的高度警惕而未能顺利进行，只能以潜伏和躲藏的方式在西藏进行秘密活动，“从野元的入藏报告中可知，上个世纪三四十年代之交，西藏人民对外国人尤其是日本人保持着高度的警惕性，他一年半的潜伏生活是在惶惶不安中度过的”。⑥抗战期间，还有数名间谍潜入拉萨，有的还以僧人名义

① 杨永红：《19世纪20世纪初日本对我国西藏的情报工作》，载《西藏研究》2006年第4期。
② 杨永红：《19世纪20世纪初日本对我国西藏的情报工作》，载《西藏研究》2006年第4期。
③《日军国主义侵略罪行不容辩驳》，载《人民日报》(海外版)2001年2月24日。
④ 房建昌：《日本侵藏秘史》，载《西藏研究》1998年第1期。
⑤ 秦永章：《抗战时期日本染指我国西藏秘史》，载《中国藏学》2005年第1期。
⑥ 秦永章：《抗战时期日本染指我国西藏秘史》，载《中国藏学》2005年第1期。

混迹于三大寺，收集情报，蛊惑人心。“派遣西藏人入藏或从滞留在内地的西藏人中获取情报成为他们得到西藏情报的重要手段”。[①]日本在西藏的侵略活动从20世纪初到抗日战争结束，他们不间断地选派僧人、特务人员，扶植前往日本的西藏人进行情报活动。日本在西藏的活动引起僧侣阶层的注意，尤其是以调查身份进入西藏活动的特务人员，虽然潜入西藏某些地区进行了详细的地理风土调查，但是由于其行动受到限制，未能实现在西藏的侵略阴谋。

一些日本人长期在西藏活动，有的虽然也曾得到藏传佛教僧人的帮助，但那是因为不知情。在侵华战争爆发后，一些人秘密进行的侵略活动，西藏民众已有了足够的警惕。不仅内地的九世班禅大师清楚地认识其侵略的本质，而且西藏僧侣各阶层也对日本特务严密防范。藏传佛教僧人在抗战中民族意识的觉醒和积极行动，使日本在西藏的渗透难以取得进展，其借助宗教手段从意识形态领域对西藏民众实施的殖民计划遭到抵制。在思想领域，藏传佛教僧人也采取各种方式，揭露日本利用宗教进行侵略活动的本质。

在全国各界和各阶层人士行动起来呼吁团结抗战之时，各阶层、各民族人士值此民族危亡之时，都行动起来。佛教界是讲非暴力的，在抗日战争这一特殊历史时期，无数爱国志士奔赴战场，与侵略者浴血奋战，佛教徒以及僧伽大众应该怎么办？抗日救国与佛法教义的矛盾如何消除？在何种情况下，佛教徒可以参与？这是摆在他们面前的一个问题，也是刻不容缓的。正是在这血与火的洗礼中佛教界人士做出了自己的选择。

① 秦永章：《抗战时期日本染指我国西藏秘史》，载《中国藏学》2005年第1期。

他们一致认为，抗日救国与降魔救世的宗旨“不但不相违，而且极相顺。抗战并非以战争为本质，而为抵抗外来恶势力的侵略战争。非自己发动战争，故中国抗战，乃是为除掉战争，止息战争，而起来抵抗于战争。故抗战的本质，是自卫的，和平的，为保卫全国人民及世间人类正义和平幸福而动的。中国为保国家民族而自卫，为世界正义和平，有遮止罪恶、抵抗战争而应战，与阿罗汉之求解脱安宁不得不杀贼，佛之建立三宝不得不降魔，其精神正是一贯的”。[①] 并且认为，“和平是人类幸福所寄托的，推而至一切生物的本身，也无不靠了和合平衡才能够存在，失掉了和合平衡，就要破裂溃败甚至消灭。但是人类中常有强凌弱众暴寡的现象，以致和平被破坏，人类幸福被剥夺。在这个时候，要靠爱好和平的人士集中力量，反对侵略的行为，使侵略者知难而退，然后世界和平才能够维持，人类的幸福才能够增进。这种‘和平为体，反侵略为用’和‘慈悲为本，方便为门’，是完全相符的，也是与我们目前为抵抗暴寇的侵略而抗战的精神完全相符。换句话说，就是‘武力防御与文化进攻’。举个简单的例子来说，战国时代的墨子，主张‘非攻’，就是反对侵略维持和平。可是他并不是口头上说说的，他有力量去阻止人家的进攻，他能够‘守’，使人家的‘攻’不生效力。公输子攻宋国，就是他设法打破公输子的种种计策，使公输子放弃了攻宋国的念头。再就佛教方面来说，最显而易见的是寺里面的佛像，寺门外两旁列着武装的金刚，前殿两旁有武装的四大天王，更后又有朝向正殿的武装的韦陀，这都是表示一种武力的防御，就是表示了能守的佛力。同时，前殿有向外坐的欢喜相的弥勒佛，后殿有向外坐的

① 《海潮音》1938 年第 19 卷，第 7 页，上海古籍出版社，2003 年。

抗战期间西藏驻重庆办事处使用的印信

慈悲相的释迦佛，表示佛教设化救世的精神，更以佛法感化人类，攻去他的暴恶心，唤起他的同情心，也就是一种文化的进攻。反侵略运动就是要集合全世界的和平力量，制止一切侵略的暴行，使侵略者不能不在伟大无比的和平力量之前气馁、反省、安静下来”。[①]正是在这种思想指导下，中国佛教界身体力行，积极投入轰轰烈烈的抗日救亡运动之中。最为引人注目的是一些佛教大师如中国佛教会理事太虚等人在这场斗争中的表现。当时，太虚法师等人在整个抗日战争中，以身作则，四处奔走，发动各界人士投入其中，他不仅于 1939 年 7 月亲自担任国际反侵略大会中国分会名誉主席，写下了“古所谓攻非攻，即侵略反侵略”的名言，并且多次在传媒发表

① 《海潮音》1940 年第 19 卷，第 7 页，上海古籍出版社，2003 年。

演讲，宣传抗日救国的主张，其撰写的多篇文章如《为日本犯中国电告其国佛教徒》《佛教与救国》《告全国佛教徒》《同情沦陷区佛教徒的呼吁》《劝全国佛教青年组护国团》《出钱劳军与布施》《武力防御与文化进攻》等为人传诵，很有影响。他最终获得国民政府授予的“胜利勋章”。[①]云南、重庆、湖南、武汉等地佛教僧人就专门成立了“僧众救护队”，为抗战作贡献。[②]沦陷区的汉僧在日本法西斯淫威下也毫不屈服，如圆瑛拒绝出任日伪的“中国佛教协会”会长一职，被罗织“在沪募集抗战款项”一罪，遭日本宪兵逮捕。[③]应该说正是在一批佛教领袖的带领下，汉传佛教界人士表现出空前的团结，积极行动起来。在国难当头，民族危亡之时，汉传佛教界没有沉默，这是人所共知的事。但是，植根于西藏的藏传佛教界在这场关系中华民族危亡的战争中的情况却鲜见于史料中。西方一些人也认为在中国的抗日战争中，西藏没有介入。照此推理，藏传佛教界僧人也不可能参与。但事实上，藏传佛教界僧人在这期间的活动表明他们没有沉默，一批爱国爱教的僧人基于爱国热情和对战争和侵略的理性认识，积极投入全民抗战之中，从宗教、政治、经济、建设等方面支持抗战，关注民族和祖国的命运。他们以“大雄大悲大力”之佛教精神，用他们对抗战的特殊理解方式，与全国各族人民一道，同仇敌忾，团结合作，超荐死难的军民，祈求将临的胜利，祷慰伤乱的安定，捐款捐物，坚持抗战，为夺取祖国抗日战争的最后胜利做出了不可磨灭的贡献。

① 释印顺编著：《太虚法师年谱》，宗教文化出版社，1995 年，第 286 页。
② 释印顺编著：《太虚法师年谱》，宗教文化出版社，1995 年，第 242-243 页。
③ 释印顺编著：《太虚法师年谱》，宗教文化出版社，1995 年，第 244 页。

如西藏地方首领十三世达赖喇嘛得知日寇进犯上海后，立即命令西藏各大寺庙十余万喇嘛同为抗战胜利祈祷，诅咒侵略者，“冀中央政府取得最后胜利”[①] 在这期间，十三世达赖喇嘛“亲汉之心亦确具真诚”[②]，屡派僧俗官员到南京，加强与国民政府的联系，转达西藏人民对祖国抗日战争的支持。十三世达赖喇嘛圆寂后，西藏地方摄政热振呼图克图继续带领西藏僧人举行了多次大规模的祈祷法会。1939 年 7 月 7 日，热振活佛又致电蒋介石，表示支持抗战，电称：“兹设坛修法事，已择自国历五月陷日起经，开始在三大寺二密院各古刹诸处，一律广修玄法，同时进行唪我军得胜之经，诅倭寇立灭之咒，继续忏诵得最后之胜利。并虔祝我公万事得到福寿永臻……。”[③]

为稳固边疆地区的稳定，国民政府“特派班禅额尔德尼为西陲宣化使”[④]。九世班禅大师亲率随员前往西蒙各盟旗，召集当地僧俗首领宣慰以激励民气，并分别慰劳各寺，诵读经文，申明团结御侮、爱护国家之要旨。1933 年 10 月，国民政府明令嘉奖班禅，“上以阐扬中央之意志，下以激发蒙族之忠忱。……倾者国难未已，疆隅多故，该使力镇危疑，维系边局。”[⑤]

在这一时期，西藏僧俗民众对抗日战争的进程高度关注，较为了解，进一步加强了与中央的来往。如西藏三大寺僧人代表就特别

① 《蒙藏月报》第 9 卷第 1 期。

② 牙含章：《达赖喇嘛传》，人民出版社，1984 年，第 315 页。

③ 《申报》1939 年 7 月 15 日。

④ 中国第二历史档案馆、中国藏学研究中心合编：《九世班禅内地活动及返藏受阻档案选编》，中国藏学出版社，1992 年，第 43 页。

⑤ 中国第二历史档案馆、中国藏学研究中心合编：《九世班禅内地活动及返藏受阻档案选编》，中国藏学出版社，1992 年，第 71 页。

提到："自七七事变引起八一三全民抗战后，我军民忠勇之抗战，早为世人所赞誉"。[①] 中央政府对西藏僧俗民众"爱护国家之热忱"，也表示"素所深悉，抗战发生，念经祈祷，敌忾同仇，尤所欣慰"，给予高度赞赏。[②]

需要特别提到的是，七七事变发生后，当时正在北平的主要由僧人组成的西藏驻京代表抵制日本侵略势力的威胁诱惑，毅然南返，随同中央政府抵达重庆。我们从相关档案史料中看到："卢沟桥事变发生，西藏代表适避暑在平，不甘敌人诱胁，间道南返，政府西迁，随同来渝"。[③] 在日本侵略势力节节逼近、中央政府步步退守的艰难局势下，西藏驻京代表们不甘敌人诱胁，坚持工作，使西藏地方与中央政府间的交流管道保持通畅。

在抗日战争期间，西藏僧俗民众捐款捐物，祈祷胜利，诅咒日寇，积极参战，极大地鼓舞了全国抗日军民，为抗战做出了自己的贡献。这是藏族人民直接参加抗日战争的代表和证明，也是藏族人民对抗日战争所做的最为直接的贡献。

原载《中国西藏》2015 年第 1 期

① 蒙藏委员会档案，《西藏地方是中国不可分割的一部分（史料选辑）》，西藏人民出版社，1986 年，第 495 页。

② 蒙藏委员会档案，《西藏地方是中国不可分割的一部分（史料选辑）》，西藏人民出版社，1986 年，第 496 页。

③《元以来西藏地方与中央政府关系档案史料汇编》第 7 册：民国二十八年（1939）一月"蒙藏委员会向第一届国民参政会第三次大会所作工作报告"，第 2966–2968 页。由于档案数据所限，有关日本方面如何对西藏驻京代表进行诱胁等详情，留待日后探讨。

第二次世界大战与中国西藏
——美国总统特使的战时拉萨之行

胡岩　周新

编者按：今年是中国人民抗日战争暨世界反法西斯战争胜利 70 周年。正是在这场战争中，西藏的真实情况、其作为中国领土一部分的历史地位，开始得到国际社会越来越多的认识和了解。本刊自 2015 年第 1 期起，特编发一组题为“第二次世界大战与中国西藏”的文章，以飨读者。

第二次世界大战期间，两名美国军官携带罗斯福总统给达赖喇嘛的信函、礼品造访拉萨，打破了高原古城的宁静。美国总统特使战时的拉萨之行有着复杂的背景，其经过也充满了传奇色彩。

西藏位于亚洲内陆的青藏高原，远离第二次世界大战的欧洲战场和亚洲战场，又与外界交通不便，因而战争爆发后数年间没有受到太大影响。但从 1941 年开始，形势变了。

1941 年 12 月 8 日，日本偷袭珍珠港，随即占领香港等地，太平洋战争爆发。美国宣布与日本处于战争状态，英国也被直接卷入在亚洲与日本的战争。美国随后开始给予中国大规模战争物资的支援。1942 年 5 月第一次缅甸战役失败，滇缅公路被切断，中国失去了获取外援的重要陆上通道。中美两国因而共同开辟了“驼峰航线”，从印度空运美国援华的战争物资。但是“驼峰航线”的运力并不足以供应战争之需，仍然需要开辟陆地运输线。西藏的战略地位和重要性也就此突显。

美国一直视西藏为中国的一部分，自此开始认真考虑在援助中国对日作战中西藏可能发挥的作用，并建议中国修筑中印公路，通过西藏转运战争物资。7 月，刚刚成立的美国战略服务局（系战后美国中央情报局的前身）主任多诺万少将（Major-General William J. Donovan）致函国务卿赫尔（Cordell Hull），请求同意他派托尔斯泰上尉（Captain Ilia Tolstoy）和杜兰中尉（Lieutenant Brook Dolan）两人作为罗斯福总统的特使，携总统致达赖喇嘛和西藏摄政的信函、礼品入藏，沿途进行考察。由于西藏是中国的领土，美方向中方提出要求，得到了蒋介石的批准。

辛亥革命以来，西藏与中央的关系一直不正常。二十世纪 30 年代初情况刚有好转，十三世达赖喇嘛却溘然圆寂。民国中央政府迁都重庆后，地理上距离拉萨更近了。时至 40 年代初，虽然抗战进入艰苦的相持阶段，但是中国的国际地位日渐提高。蒋介石是当时中华民国国防最高委员会委员长、盟军中缅印战区总司令，萌生了开辟中印公路，转运战争物资，并借筑路而推动解决藏事之心。然而西藏地方当局与中央的关系此时却降至低点。热振活佛被迫将摄政职权暂交达扎活佛后，拉萨上层中图谋分裂的亲英势力坐大，于

1942 年宣布成立“外交部”，在“西藏独立”的路上越走越远。在这种形势下，国民政府蒙藏委员会属下的西藏办事处与噶厦政府接洽美国总统特使入藏一事，竟被拒绝。

美国当时与拉萨没有直接的官方联系，只好转而求助英国。自 20 世纪初起，英属印度政府就控制了印藏之间经由锡金进藏的交通线。由于康藏青藏路途偏远，匪患频仍，不通公路，即便中国政府官员进藏，有时也不得不绕道印度和锡金。英属印度政府一直把西藏视为自己的禁脔，不仅极力阻止中国政府与西藏地方当局恢复正常关系，而且不愿外人随便进藏。但是因为战时中美英是盟国，而印度又面临日军入侵的威胁，英国人这时改变了态度，乐得帮助美国人进藏。

1942 年 7 月中旬，托尔斯泰和杜兰以总统特使身份从美国动身，到达印度首都新德里后，见到了时任蒋介石的参谋长、中缅印战区美军总司令的约瑟夫·史迪威（Joseph Stilwell）将军，并在印度等候英印政府与拉萨联系入藏事宜。英国在拉萨从来没有过正式的外交机构，更没有什么“公使”“领事”之类的外交官。本来，1904 年英国第二次侵藏战争之后订立的中英之间关于西藏的条约规定，英国人仅可在江孜设置商务机构，不得常驻拉萨。1935 年英属印度政府派员入藏参加十三世达赖喇嘛的致祭活动后，却留下了一个“英国驻拉萨使团”（The British Mission，Lhasa），以抗衡黄慕松留下的国民政府驻藏机构（1940 年 4 月 1 日正式成立蒙藏委员会驻藏办事处）。这个“使团”此后便演变成了英印政府驻拉萨的实际上（而非名义上）的常设机构，在建制上隶属于英属印度政府驻锡金政治官。1942 年托尔斯泰和杜兰二人入藏时，恰值巴兹尔·古德（Sir Basil Gould）出任锡金政治官，他手下的弗兰克·卢德洛（Frank

托尔斯泰和杜兰在进藏途中展示罗斯福总统给十四世达赖喇嘛的礼品，锡金，甘托克，原图存迪克 · 古德先生（Mr. Dick Gould）处。

Ludlow）出任“英国驻拉萨使团”负责人。正是他们居间联系西藏地方当局，具体安排了美国总统特使的入藏事宜。

1942 年 12 月 12 日，托尔斯泰和杜兰到达拉萨，很快见到了时年仅 7 岁的十四世达赖喇嘛，面交了罗斯福总统的信函和礼品。随后他们走访哲蚌、色拉等大寺，布施僧人，结交噶厦的僧俗权贵，还在拉萨度过了当年的圣诞节。了解到西藏地方当局谋求“独立”的愿望后，托尔斯泰讨好藏方，表示同情和支持，还提出日后向藏方提供美国的电台，并答应帮助制造一部藏文打字机。1943 年 2 月初的一天，托尔斯泰主动告诉噶厦“外交部”的官员，他已经向自己的政府建议，战后由主权国家参加的和平会议接纳西藏派代表出席。当时在场的卢德洛也表示，假如西藏地方当局有此意向，自己愿意尽力。西藏地方当局很快表示兴趣，询问和平会议几时召开，西藏应该向谁提出申请，等等。但是，这一建议完全出自托尔斯泰个人，后来一直没有得到上司的任何答复。托尔斯泰十分尴尬，为自己多事而懊悔不已。卢德洛则由于擅自赞同托尔斯泰的建议，事后受到英印政府的严厉训斥，并且在送走美国访客后很快即被免职，奉召返印。

入藏之前，西藏地方当局弄不清楚，这两个美国人是不是重庆曾经提出要他们接待的同一批美国人。藏方担心在拒绝了国民政府之后，给英国人面子，让这两个美国人前来拉萨，会开罪重庆。后来又提出可以欢迎美国人来，但是他们不能带记者，结束访问后必须原路返回印度。托尔斯泰当时耍了个花招儿，闭口不提从拉萨前往中国内地的意图，待进藏之后，才提出进一步的要求。他们在拉萨频频向藏方示好，就是要让藏方回心转意，同意他们按原计划穿越藏北前往中国西北，以完成此次总统特使的任务。藏方因其是美国总统第一次派来拉萨的特使，自己将来或许还会有求于美国人，勉强同意。1943 年 3 月 19 日，在逗留了 3 个月之后，托尔斯泰和杜兰一行带着达赖喇嘛和西藏摄政给罗斯福总统的复信和回礼，经由藏北那曲、青海玉树前往兰州。西藏地方当局派出人员一路护送他们至当时的汉藏边境。

托尔斯泰和杜兰此行主要关注两件事：一是能不能修筑一条经过拉萨和玉树，联通印度与中国的公路；二是能不能开辟一条经过拉萨联通印度与中国的大型运输机航线。在拉萨，他们曾仔细测量拉萨城（当时的拉萨城很小，仅限于大昭寺周围，今八廓街一带）与色拉寺之间的距离，以便确定将来在高海拔的拉萨修筑飞机跑道的可能位置。离开拉萨后，在从藏北至兰州的途中，他们还测量并绘制了多幅地图。

托尔斯泰和杜兰逗留拉萨期间，重庆国民政府蒙藏委员会驻藏办事处的主任孔庆宗几乎完全被撇在一旁，不能与闻美国人、英国人与西藏地方当局的交往和活动。只是在得知他们准备从拉萨前往中国内地时，才为他们穿越汉藏边境一事与重庆联系，做出必要的安排。但是孔庆宗十分警觉，一直在想方设法打探消息。后据孔庆宗多方了解，托尔斯泰在拉萨曾向西藏地方当局提出“沿英人例，在拉萨领取官地，并修筑房舍”的要求，西藏地方当局则欲“以购美军火为交换条件”。1943 年 1 月，国民政府外交部行文蒙藏委员会，请搜集美英两国供应藏方军火的证据，以便日后提出交涉。一直等到托尔斯泰和杜兰离开拉萨两个多月之后，孔庆宗才得知美国人在拉萨支持“西藏独立”活动的种种言行，向蒙藏委员会报告。

在抗战方殷、中美英结为盟国那样一个特殊的历史时期，美国总统的两名特使通过英国人的帮助，在开辟运输线、帮助中国抗战的名义下，与谋求“独立”的西藏地方政府噶厦建立了直接联系，此事的确让国民政府十分为难。美国的所作所为无疑已经损害了中国主权的完整，但是国民政府因为在抗战中要仰赖美国的援助，又无法知晓美国军官在拉萨的活动细节，不好直接与美方交涉。

1943 年 6 月抵达兰州后，他们这次西藏之行的情况才逐渐为外界所知。7 月，美国驻华大使馆派驻兰州官员的报告称：当时正在兰州的谢伟思（John S. Service）得知，托尔斯泰和杜兰在拉萨时，“其态度非常亲近西藏，而对中国则多加批评……（认为）美国应该支持西藏面对中国。”国民政府获悉后当然不能继续保持沉默。外交部次长胡世泽在与美国大使馆官员的谈话中表示，他已获得如下报告：

托尔斯泰曾告诉藏方，美国愿支持西藏维持“独立”于中国的愿望。因为美国在西藏问题上一向持十分正确的态度，中方对此表示非常惊异。胡世泽还说，他将获得更多资料，在适当时机转交美方。

从民国初年到 20 世纪 40 年代初，美国政府与西藏地方当局不存在任何官方联系。太平洋战争的爆发，改变了这种局面。尤其是托尔斯泰—杜兰“使团”的拉萨之行，开了美国政府派员入藏与西藏地方当局直接建立联系、插手中国西藏问题的先例。

对于战争期间美国人在中国的活动，当时在延安的中国共产党人从总体上说是欢迎的。1944 年毛泽东告诉访问延安的谢伟思：由于美国军人和物资来华，美国对中国的干涉是实际存在的。党中央希望“每一个在中国的美国士兵都应当成为民主的活广告”，也乐于让美国人到处走走。但是党中央并不知道，托尔斯泰跑到西藏去，竟然会鼓动西藏地方当局从事“西藏独立”活动。

托尔斯泰和杜兰二人随身携带的达赖喇嘛的复信和回礼，于 1943 年 7 月送达罗斯福总统。当时的美国报纸还报道了这一消息。遗憾的是，多份报纸把十四世达赖喇嘛误为“14 岁的达赖喇嘛”。只有一份美国费城的报纸比较靠谱，把达赖喇嘛的年龄说成是 9 岁，并且给出了他的身世——“一个中国农民的孩子”。

原载《中国西藏》2015 年第 1 期

松赞干布

甫人

松赞干布铜像

公元七世纪初叶，值唐朝建国初年，在中国西南方辽阔的青藏高原上，兴起了一个实力强盛的吐蕃王朝。唐朝和吐蕃王朝，几乎是在同一时期建立的。当时全国正处在由分裂到统一的历史形势下，也是全国各民族走向共同发展的新的历史时期的一个开端。

吐蕃王朝的创建者是古代藏族的民族英雄松赞干布（617—650年）。

早在公元六世纪时，松赞干布的祖父达布聂赛、父亲囊日松赞已

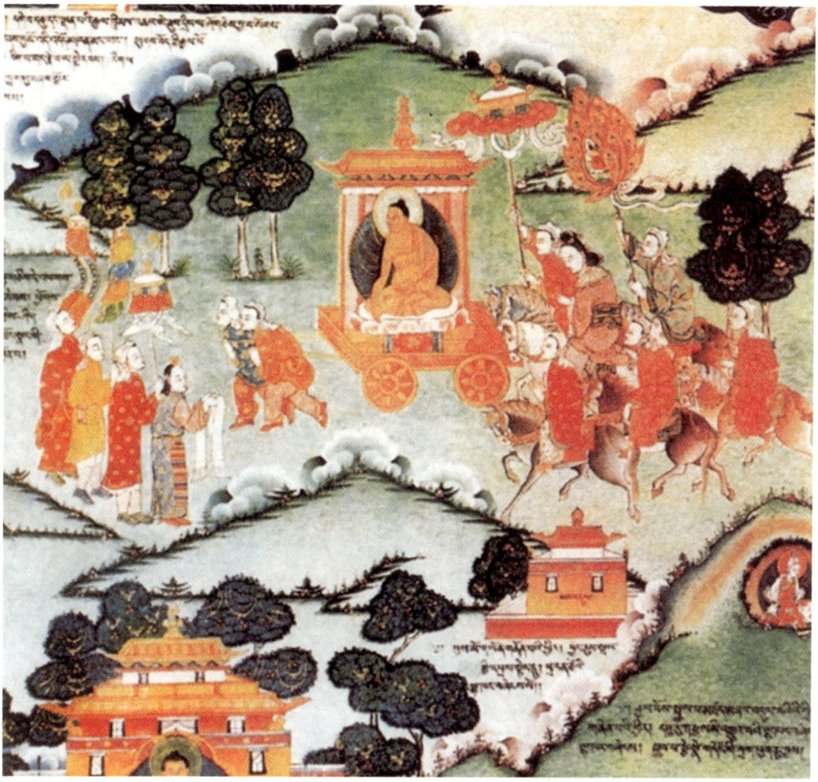

罗布林卡新宫壁画所绘文成公主入藏联姻图（局部）

经在今天西藏山南地区的琼结、泽当一带，形成了一个奴隶主阶级的统治集团。因为他们兴起于雅鲁藏布江的支流雅隆河流域，所以有人称之为“雅隆部”，他们的自称是“博”。

囊日松赞时，雅隆部的实力更加发展壮大，他用武力征服了拉萨河流域的一些地方势力，把雅隆部的统治范围扩展到了拉萨河流域。囊日松赞被他的臣下尊称为“赞普”，意思是有权势的君主。从此，赞普就成了此后吐蕃国王的专用尊号。囊日松赞还对作战有功的臣下，封赐了土地和奴隶。这时，雅隆部的根据地也迁到拉萨河

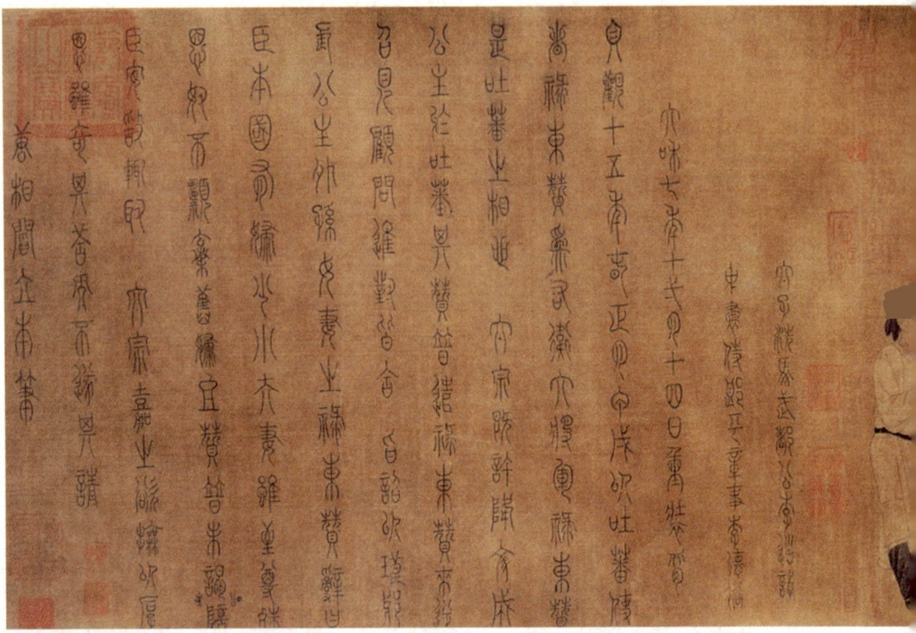

《步辇图》为唐朝画家阎立本所绘，描绘了唐太宗在长安接见吐蕃请婚使臣禄东赞的场景。

上游，今墨竹工卡一带。

唐贞观三年（629 年），囊日松赞被他的属臣毒死，一些贵族和原来臣属于雅隆部的地方势力，纷纷发动叛乱。囊日松赞的儿子松赞干布，当时只有十三岁，他在形势险峻的严重关头，登上了赞普的宝座，开始了他显赫一生的政治生活。

松赞干布即赞普位后，首先平息叛乱，诛灭了毒杀父王的凶手。接着，他在社会生产力发展和邻近各部之间的往来不断增多的形势下，决定把根据地迁到拉萨（唐代汉文史籍称逻些）。大约在贞观七年（633 年），松赞干布在拉萨建立了奴隶制的吐蕃王朝。这时，吐蕃社会的农牧业生产，由于得到了一个和平安定的新环境，而有了

更大更快的发展，吐蕃王朝的实力，也随着强大起来了。

松赞干布在吐蕃社会稳定，生产发展的基础上，把邻近一些较有实力的古代羌人诸部，如苏毗、羊同、白兰、党项，以及属于鲜卑人的吐谷浑部等次第兼并，然后分别把它们变成吐蕃的属部。松赞干布的武力征伐，是为了扩展吐蕃王朝的实力，然而在客观上，他的降服兼并邻部，结束了以往各部分散、落后和孤立发展的局面，促使它们和吐蕃结为一体，推动了它们之间的一次大融合，使它们走上了共同发展的道路，这对青藏高原上各族人民的历史发展，起到了积极作用。

松赞干布很早就对经济、文化获得高度发展的唐朝，给予了密切的注视。当时唐朝正致力于重新统一全中国的大业，各民族的领袖人物在这一历史潮流的推动下，纷纷归附于被尊称为“天可汗”的唐太宗。松赞干布为了加强和唐朝的亲密关系，学习中原地区的先进文化，贞观八年（634 年），他向唐朝“遣使入贡，并请婚”，但是唐太宗没有答应。请婚不成，松赞干布便两次用兵于唐朝和吐蕃接界的一些地区。这时唐朝也意识到吐蕃的确是一支不可忽视的力量。贞观十二年（638 年），松州战役后，松赞干布遣使向唐太宗再次请婚。唐太宗李世民终于应允与吐蕃联姻。贞观十四年（640 年），松赞干布派大相噶·东赞（《新唐书》作禄东赞）到长安，献上“黄金器千斤”及其他珍宝以作聘礼，唐太宗答应把宗室女文成公主嫁给松赞干布。

文成公主彩塑像

贞观十五年（641 年），文成公主由唐朝礼部尚书、江夏王李道宗护送入蕃，西行经日月山、倒淌河（这些地名都和文成公主的故事有关）到达黄河源附近的柏海。这时，松赞干布也从吐蕃远道赶来迎接，并以子婿之礼和李道宗相见。然后，李道宗返回长安，文成公主由松赞干布陪同前往吐蕃。松赞干布特地在拉萨为文成公主修建了宫室，对自己“得尚大唐公主”，感到“为幸实多”。

松赞干布在迎娶文成公主之前，先迎娶了尼泊尔（当时称泥婆罗）的尺尊公主。这两位公主都信仰佛教，她们入蕃时，各自携带了一尊释迦牟尼像。后来，这两尊佛像分别被供奉在由她们主持修建的拉萨大、小昭寺内。这是佛教在公元 7 世纪初正式传入吐蕃的明显标志。从松赞干布开始，佛教由于受到吐蕃王室的大力扶植，而日益发展。

随着尺尊公主和文成公主先后与松赞干布联姻，尼泊尔和中原地区的先进的生产技术和科学知识，也陆续传到了吐蕃。作为吐蕃奴隶主阶级的代表人物松赞干布，对待周围的先进的封建文化，并不是采取闭关锁国的政策，而是以卓越的远见和胆略，主动向不同国家和地区的封建文化敞开大门。更为可贵的是他并不是原封不动、生搬硬套邻区的一切，而是从吐蕃社会的实际情况出发，有区别、有选择地吸收这些文化的精华，使之为己所用。

松赞干布仿照唐朝的府兵制，在吐蕃建立了一套严密的军事组织，划吐蕃全境为五个“如”，“如”是藏语“部”的意思。“如”以下又设各级组织，都设有专职军官。《新唐书》记载吐蕃“胜兵数十万”，实力雄厚。松赞干布又仿照唐朝的官制，为吐蕃王朝设置了职官制度。赞普以下主管王朝政治事务的是大相、副相；主管王朝属部及对外侦察、征讨等事务的是都护；主管王朝内部事务的是内大相、内副相、内小相；主管王朝司法事务的是整事大相、副整事、小整事。整事大相一职在拉萨大昭寺前的“唐蕃会盟碑”中，又译作刑部尚书。

据说，公元 7 世纪初，松赞干布派遣他的大臣吞米桑布扎，到克什米尔一带学习梵文和西域各国文字，然后进行比较，创制了一

唐蕃会盟碑，又称甥舅会盟碑。此碑是唐蕃第八次会盟后，于公元 823 年立于西藏拉萨大昭寺前，它是汉藏两族团结友好的历史见证。

唐蕃会盟碑碑文拓片

种有三十个字母的拼音文字。藏族自从创制了文字，接着就有了本民族文字的著作和译述，藏族文化也随之得到了广泛的传播和发展。此外，松赞干布还为吐蕃王朝制定了法律，统一了度量衡。

值得一提的是，松赞干布与文成公主联姻后，吐蕃和唐朝的关系日益密切，开始了一个崭新的历史时期。

贞观二十年（646 年），唐太宗征辽东，班师还朝，松赞干布再次派大相噶·东赞到长安，奉表献礼。贞观二十二年（648 年），唐朝派王玄策出使天竺（今印度），途中遭到中天竺的袭击，王玄策向吐蕃求援，松赞干布立即“发精兵与玄策击天竺，大破之。”松赞干布还遣使到长安献捷，贞观二十三年（649 年），唐太宗去世，唐高宗李治即皇帝位后，授给松赞干布“驸马都尉”的官职，封给他“西海郡王”的爵位。松赞干布受封后，写信给唐朝的大臣长孙无忌说：“天子初即位，若臣下有不忠之心者，当勤兵以赴国除讨”，还奉献金银珠宝十五种，请求安放在太宗灵座之前祭奠，唐高宗又加封他为“賨王”，赐给杂彩三千段，还把他和其他少数民族领袖人物共十四人，刻成石像，一同列在唐太宗的陵墓旁。

由此可见，早在公元 7 世纪初，在松赞干布的影响下，吐蕃与中原地区之间的经济、文化交流，得到了长足的发展，为此后形成的藏族和祖国各民族之间互依互存、不可分离的关系，奠定了坚实的基础。

永徽元年（650 年），松赞干布在拉萨逝世。唐高宗在长安为他举哀致祭，又派专使带着盖有皇帝玉玺的诏书，前往拉萨吊唁。

松赞干布是一位具有雄才大略和远见卓识的古代藏族的民族英雄，他的光辉业绩，在中国的历史上，占有显著地位。他的功绩对后期历史的影响十分深远。他是中华民族历史上的杰出人物之一。

原载《中国西藏》1989 年春季号

萨班贡噶坚赞大师

李冀诚

公元 12 世纪末至 13 世纪初，西藏历史上出现了一位赫赫有名的人物，这就是萨班贡噶坚赞。

萨班贡噶坚赞（1182—1251 年）是萨迦派五祖中的第四位祖师，也是藏传佛教萨迦派的著名大师。他学识渊博，因而被世人尊称为“萨迦班智达”，简称“萨班”，意为萨迦派的大学者。

他于藏历第三饶迥水虎年，即 1182 年，出生在后藏萨迦地方，原名巴丹顿珠。其父贝钦沃布（1150—1203 年）是萨迦三祖札巴坚赞（1147—1216 年）之弟。幼年从伯父札巴坚赞受沙弥戒，赐名贡噶坚赞，习学佛法。后来又跟从迦湿弥罗（今克什米尔）班智达那西拉学习声明和佛经论著注释等，颇精注疏。据说他 9 岁时就能为人讲经说法。17 岁始习《俱舍论》。23 岁时，正值印度那烂陀寺末任住持释迦师利跋陀罗及其弟子僧伽师利等人应噶举派僧人卓浦译师之邀来西藏传教，贡噶坚赞闻讯后前往从释迦师利学习法称著

有故事的土地（尼玛泽仁绘）

的《释量论》等因明七论，以及《现观庄严论》、声明、工巧、天文历算、诗词、韵律、歌舞、修辞等大小五明。1206 年，他从释迦师利受比丘戒，学习显密教法，并造《明藏论》及《分别三律仪论》，“尽破当时之恶说及邪执”。当时印度学者绰切噶瓦等 30 余人闻名来藏与贡噶坚赞进行辩论。萨班贡噶坚赞在基仲会见了他们，双方辩论长达 13 天之久，结果绰切噶瓦等承认失败，并削发做了萨班的弟子，皈依佛法，从此贡噶坚赞“美声令誉，遍于大地”。1216 年，他 35 岁时，任萨迦寺座主。在他住持寺院期间，修缮殿堂，招徒说法，讲授印度诸大论师的著作。在密宗方面，他以欢喜金刚修法为主，兼授其他密法，使萨迦派在宗教方面的声望日隆。

贡嘎坚赞写给乌斯藏僧俗首领的信，此信又称“萨班致蕃人书”。

萨班生活的年代正是蒙古族军事力量在中国北方崛起的时期。1239 年，驻扎在凉州（今甘肃武威）的成吉思汗之孙阔端派大将多达那波带领一支蒙古军队进攻西藏，从青海一直攻到藏北，烧毁了 1056 年兴建的热振寺和 1012 年兴建的杰拉康。多达那波进军西藏的目的并非仅仅是为了寻找一位有学问的高僧去蒙古传布佛教，更重要的目的是为找到一位可以代表西藏前来商讨西藏如何归顺蒙古事宜的人物。这从多达那波给阔端写的回信中可以看得清楚。据《西藏王臣记》记载，多达那波在信中写道：“在边地西藏，僧伽组织以噶当派的最大，顾惜脸面以达垅噶举派的领袖最甚，排场华丽以止贡噶举派的京俄为最，教法以萨迦派班智达最精通，迎请何人请示明谕。”当时西藏的情况也确实如此，寺院僧人以噶当派为最多，达垅、止贡等噶举派的支系也比较有实力。至于萨迦派，特别是作为该派的教主萨班，学富五明，精于政治，在西藏很有声望。因此多达那波提出这几派来，建议阔端选择其中一人作为商讨西藏归顺事宜的代表人物。于是阔端在处理完其父窝阔台（卒于 1241 年）的丧事之后，决定迎请萨班。1244 年，他又派多达那波和杰曼携带他写给萨班的信和礼物前往西藏邀请萨班到凉州来会面。邀请萨班的信全文如下：

长生天气力里，大福荫护助里，皇帝圣旨。

萨迦班智达贡噶坚赞贝桑布知之。我为报答父母及天地之恩，需要一位能指示道路取舍之喇嘛。在选择之时选中了你，故望不辞道路艰难来此处。若是你以年迈为借口（不来），那么以前释迦牟尼为利益众生做出的施舍牺牲又有多少？（对比之下）你岂不是违反了你学法时的誓愿？你难道不惧怕我依边地的法规派遣大军前来追究会给无数众生带来损害吗？故此你若为佛教及众生着想，请尽快前来，我将使你管领西方的僧众。

赏赐给你的物品有：白银五大锭，镶缀有六千二百粒珍珠的珍珠袈裟，硫磺色锦缎长坎肩，靴子（连同袜子）环纹缎缝制的一双，团锦缎缝制的一双，无色锦缎二十匹。着多尔斯衮和本觉达尔玛二人赍送。龙年八月三十日写就。

（《萨迦世系史》，676 页）

萨班接到阔端的邀请信时，已有 63 岁，要走上从西藏到凉州这条艰难而漫长的道路，困难是可想而知的，但是萨班为了西藏众生免遭涂炭和西藏的前途，毅然作出决定，携带着自己的两个侄子，10 岁的八思巴和 6 岁的恰那多吉，由萨迦动身，经拉萨前往凉州。途经拉萨时，萨班令八思巴等人先赴凉州，他自己和卫藏各地方势力首领协商关于归顺蒙古事宜后，于 1246 年也抵达凉州。萨班和阔端在凉州之永昌县举行了具有历史意义的会见。

阔端与萨班会见后，对萨班这位不仅有萨迦派教主的地位，而且佛学知识渊博的大师非常崇敬。阔端下令，在祈愿法会上也里可温（基督教士）和萨满不能再坐上首，而是由萨班坐在僧众上首，并由佛教僧人首先祈愿。另外，阔端还特地在凉州为萨班建立了一座名为幻化寺的寺庙，作为驻锡之所。据说萨班又是位精于医道的人，有一次阔端身患重病，多方延医诊治无效，最后由萨班为其治病，方才霍然而愈，因而更增加了阔端对萨班的崇敬心情。

阔端同萨班具体协商了西藏归顺蒙古的条件，在取得一致意见以后，由萨班写了一封致西藏各地僧俗领主的公开信，即著称于世的《萨迦班智达致蕃人书》。

萨班在信中首先叙述他到凉州后如何受到阔端的尊重和优待。他竭力赞扬阔端信仰佛教的虔诚，接着用很大篇幅奉劝西藏各地领主，权衡利弊，归顺蒙古。他指出，归顺蒙古是大势所趋，还举例说明归顺者如何得到了好处，拒不归顺者则遭到了惩罚性的进攻，最后还是要被迫投降。他劝说西藏人不要以为路途遥远，蒙古人不会进军，因而抱有幻想；也不要把自己的力量估计得过高，不切实际地准备抵御。总之，无论如何考虑，都以从速归顺蒙古方为上策。

关于归顺的条件，信中也指出，西藏地区的僧俗官员和百姓属民都要承认自己是蒙古的臣民。世俗行政事务由蒙古派人来管理，宗教和寺院僧人的事务由蒙古委派萨迦派的领袖人物来主持。在此前提下，西藏各地的僧俗官员都可照常供职，并由蒙古派出的官员对他们重新加以委任，给以达鲁花赤的名义。凡愿意归顺者，均须造三种表册，一是地方官员的姓名，二是百姓属民的数字，三是缴纳贡物的品种数量。三种报表要写成三份，一份送阔端，一份送萨迦，一份由各地方官员自己保存。一定要在文字上写清楚，谁者是归顺了的，谁者是没有归顺的，以备将来蒙古军队进入西藏以后加以区分，凡是归顺者，就会受到保护，凡是没有归顺者，就是讨平的对象。

贡嘎坚赞给乌斯藏等宣慰使司所属官员的训令

从萨班的这封公开信可以看出，通过阔端和萨班的谈判确定了如下前提：西藏是蒙古汗国的属地，西藏僧俗官员和百姓都是蒙古大汗的臣民，都要履行作为蒙古属民应尽的义务，萨迦派在西藏佛教各个教派中占据领导地位，历史表明，自13世纪40年代起，西藏地方即已处于蒙古汗国的统治之下。

在凉州，萨班经常讲经说法，传布佛教。他还曾应阔端之请求，用蒙古语采用维吾尔文字母的字形，创造过一套蒙古文字母。后来八思巴奉忽必烈之命仿照他的这种文字重新创造出“蒙古新字”，即八思巴文，受到忽必烈的嘉奖。

萨班的一生不仅为政教大事努力奋斗，而且还撰写了不少著作，其著述范围涉及拼写、显密教、天文历算、医药、词藻、诗歌、声明等达数十种。

百塔之首——萨班灵骨大塔

其中在西藏影响较大的有《分别三律仪论》《正理藏论》《智者入门》《萨迦格言》。特别是《萨迦格言》，乃是以封建社会的处世理论为内容的极具哲理性的格言大集，它不仅在藏族人民中广为流传，而且还翻译成汉、蒙等多种文字，受到国内外学者的高度赞赏。

1251 年，萨班和阔端先后卒于凉州，萨班的肉身灵塔建造于他生前驻锡的幻化寺中。

对于萨班这一历史人物的评价，首先应看他所处的特定的历史时期，然后再考察他在这一历史时期中所起到的历史作用。历史表明，萨班在 13 世纪中叶为实现祖国统一的大业作出了很大的贡献。由于他的努力，蒙古对西藏基本上没有进行军事征伐，没有发生大规模的战争，西藏地方正常的生产和生活秩序得到了保证，藏族社会的封建经济也由此得到持续发展，这些都是符合藏族人民的根本利益的。萨班坚持自己的政治主张，审时度势，竭力说服持种种不同意见的人，将自己的晚年献给祖国统一大业，这些都是顺应了当时全国历史发展总潮流的，因而是值得充分肯定的。萨班不愧为一位具有远见卓识的大师！

原载《中国西藏》1989 年秋季号

藏族古典诗人米拉日巴

吉米平阶

唐卡：米拉日巴

米拉日巴是藏传佛教噶举派的代表人物，1040年生于贡唐（今日喀则吉隆的北边），俗名叫米拉日巴·脱巴噶，藏族人一般叫他得道者米拉日巴。

在米拉日巴祖辈时，祖父多杰僧格跟着父亲从琼波地方来到现在日喀则吉隆，他一边给人诵经，制作贡品，一边从事经商活动，后来和当地一个富家女子结婚，生了一个儿子起名米拉喜饶坚赞。这家人从倭尔马的一家人那里买下了最好的一块三角地，还买下了三角地旁边的一处地基，建起了华丽宽敞的住宅，他们家成了当地有名的米拉家族。

不久，多杰僧格的侄儿侄女都投奔到了吉隆，多杰僧格不仅给他们提供住处和生活用品，还教给他们经商的本领。后来，长大成人的米拉喜饶坚赞和当地的一个叫作娘蔡噶坚的美丽贤慧的姑娘结了婚。1052 年的秋天，怀胎十月的娘蔡噶坚分娩了，当时，米拉喜饶坚赞正在外地经商，娘蔡噶坚托人带信给他说：“现在家里有了喜事，我们得到了一个儿子，要给他起名字，还要举行命名宴会，请你赶紧回来。”米拉喜饶坚赞听到这个消息，高兴得不得了，他说：“我一听到这个消息，内心就充满欢喜，我的儿子就叫脱巴噶（意为闻喜）吧。”

这个叫脱巴噶的孩子，就是后来成为藏传佛教噶举派第二代祖师、西藏历史上著名高僧、诗人米拉日巴。

米拉日巴诞生的地方是今天日喀则吉隆县宗嘎乡的哲隆村，村边的公路旁，有一座由片石垒成的古塔，叫申久格西东杰塔。据说这座塔已经有 800 多年的历史，是后来的人为了纪念米拉日巴而修建的。在哲隆村的西北角有一块呈三角形的青稞地，当地人说这就是著名的“倭尔马三角田”。

米拉日巴 7 岁时，父亲米拉喜饶坚赞得了重病，他自知危在旦夕，便当着众位亲友的面，立下了子承父业的遗嘱，并将全部家产托付给米拉日巴的叔父和姑母。谁知道，叔父和姑母的心肠歹毒，不仅强行霸占了本来属于米拉日巴和他的母亲、年仅 3 岁的妹妹一家三口的全部财产，还把他们像牲口一样的役使，夏天给叔父家耕田，冬天到姑母家理羊毛，吃狗吃的东西，穿破烂不堪的衣服，拿茅草绳作腰带，到后来，母子三人干脆被赶出了家门。

米拉日巴一家受到了极大的伤害。怀着刻骨的仇恨，米拉日巴的母亲四处筹钱，亲自送米拉日巴出门拜师去学习咒术。米拉日巴

吉隆米拉日巴故居

发誓要报仇雪恨，他刻苦学习，很快掌握了施咒的本领，在叔父为他的儿子举行婚礼时，米拉日巴施放咒术，使叔父家的房屋倒塌，三十多个参加婚礼的人都被压死了。米拉日巴还应受尽村人凌辱的母亲的请求，在村里施咒降雹，使那些村人的庄稼都颗粒无收。

血海深仇报了，但米拉日巴并不感觉到快乐，看见房屋坍塌后的惨状和面临饥荒的村人，米拉日巴追悔莫及，他不敢再回家乡，从而走上了一条自我修炼、弃恶从善的艰辛之路。他四处寻访，38岁那年终于投奔到了噶举派的创始人玛尔巴大师门下。

但是，玛尔巴大师开始并不教米拉日巴修法，只是命令他在周围的山坡上修建碉楼和做许多苦不堪言的差事。米拉日巴经受了种种难以忍受的考验而求法之心不变，终于感动了玛尔巴。玛尔巴对米拉日巴说：并不是我不传授教法给你，我知道你是一个有缘弟子，只是你的罪孽过于深重，只有这种苦行才能得以洁净。从那以后，玛尔巴将平生所学毫无保留地传授给了米拉日巴。

米拉日巴在玛尔巴大师那里修行了 7 年，在 45 岁那年回到了故乡吉隆。这个时候，展现在他眼前的，是一片衰败的景象：他原来的家，外面已经杂草丛生，曾经金碧辉煌的房舍早已腐败，满地粪便，成了鸟雀和老鼠的巢穴。厨房里，一团破布和灰土掺杂在一起，上面生着许多青草，拉起来一看，一根根白骨从上面落下。这时米拉日巴才知道，母亲已经去世多年，妹妹乞讨不知去向，这一切都让米拉日巴体会到了什么是人生无常。他遵照玛尔巴大师的教命，在深山中潜心修行。

在一个潮湿的岩洞里，坐在一个又小又薄的垫子上，米拉日巴发出了不再进村的誓愿："我如果没有证到无上殊胜，在此期间，就是在山上饿死，也不会为了找吃的进村子里。哪怕是冻死，也不会为了寻找穿的进村子里。或者就是愁死，也不会让思想散乱动摇。又或者是病死，也不去寻医问药。为了让这一生能够有所成就，身体不动摇，思想不散乱，一心一意修习成就，一定要达到目的。"

米拉日巴苦苦修行，留下来许多故事。有一次，预定一年一斗的糌粑，已经吃完了，维持生命的东西，一点也没有了，这个生命眼见着就要走向尽头……是进村里找吃的呢，还是继续修行？这两样哪个好呢？想过来，想过去，米拉日巴既不想违背誓言，到村子里去求食，又不愿饿死在修行的地方，怎么办呢？最后，米拉日巴想到应该去求苦行之食，就是那些在大自然中生长的野菜之类。他来到洞口的白岩前面，在那个地方，日光温暖，水色清冽，有许多麻草，茂密繁盛，一见即生愉悦之感。于是米拉日巴迁移到那里，只吃麻草，继续修行。由于外面没有衣服，身体又缺乏营养，米拉

米拉日巴修行

日巴的身体消瘦，骨瘦如柴，颜色就像麻草一般，毛发也变成了一丝丝绿色。

又有一次，米拉日巴所有的衣服都坏了，他就想把亲戚给的一件如同尸骸一样的破衣服和空的糌粑口袋、一些破布片缝合起来，做一个坐垫，但是又想，假如今天晚上就死去，缝了坐垫也没用，还不如继续观修的好，于是就放到了一边，把那件尸骸一样的破衣服铺开成垫子的形状，遮盖住身体的下部，用另外一片空口袋缠在身体的上部，再把那些破布片盖到其他该盖住的地方。到那件衣服到了不堪一用的时候，米拉日巴心里又很踌躇，想缝一缝，但找不到针线，于是拿了茅草捆上三条布袋，褡在身上腰部和下部，把茅草绳接长了拴在腰上，勉强将就着过日子。

上面两段故事是米拉日巴给他的修行派弟子日琼巴亲口讲述的。从这两段故事我们可以看到杰出的人物在成长的过程中怎样不断地战胜自我，最后取得成功。米拉日巴反对空谈，主张实修苦行，形成了噶举派的修行派。米拉日巴在苦修 9 年之后，终于成为德行高深的一代大师，并开始了他以诗歌传道的辉煌历程。

米拉日巴从小喜欢唱歌，又生就一副好嗓子，大家都喜欢听他唱歌，到后来成为一代高僧之后，他便用诗歌的形式，向众弟子和信徒们宣传佛法，从而创作了许多证道性质的诗歌，后人将它们集结成集，称为《米拉日巴诗歌集》，也翻译成《米拉日巴道歌集》，是西藏文学史上较早的一部作家诗集。

《米拉日巴诗歌集》共 58 节，将近 400 首诗歌。但是，其中也不完全是诗歌，而是在记录诗歌的同时，把唱这首歌时的前因后果、来龙去脉也一起加以讲述，与诗歌交织在一起，成为有故事情节的叙事文体。比如《诗歌集》第 35 节讲到，米拉日巴的弟子日琼巴第二次从印度留学回来，产生了自得傲慢之心，米拉日巴知道后，便去迎接他。师徒相见时，日琼巴心想：我去印度学习了这么多新的知识回来，老师定然十分重视，再说，老师除了慈悲和加持力比我大之外，在经文和知识方面，我现在更为精通啊，因此，在接我的时候或者会还我的礼吧！但是，当日琼巴见到老师并施礼时，米拉日巴却连回礼的意思都没有。日琼巴因此心里很不高兴，连脸色都变了。师徒二人走在回去的路上，看见一只牦牛角，米拉日巴让日琼巴捡起来拿着，日琼巴心想：我的老师说世间的东西什么都可以不要，但这时贪欲却又这么大，连一只牦牛角都不放过，有什么用

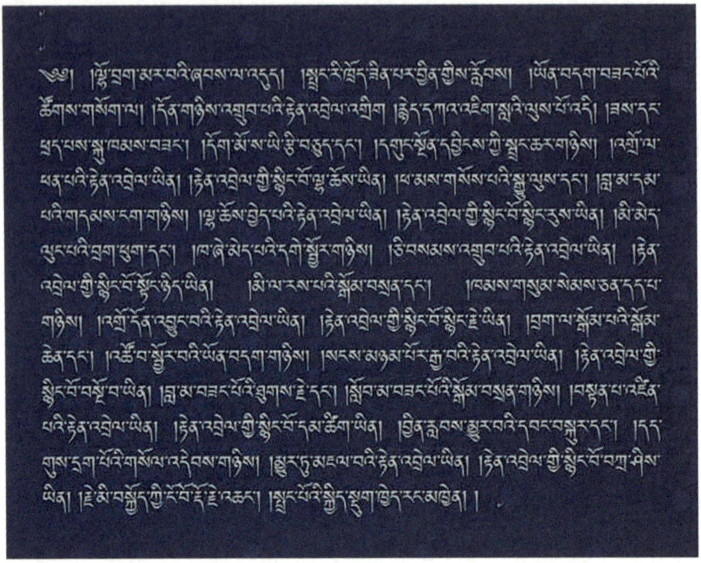

《米拉日巴道歌集》片段

呢？于是他说："这个又不能吃，又不能喝，还是扔了吧。"米拉日巴说："有需要它的时候。"说完自己捡起来拿着走。走到一个平坝时，突然下起雹子来了，日琼巴赶紧双手抱着头蹲在那里，过了一会，冰雹稍停，日琼巴起来找老师，却看不见人影。正在这时，日琼巴听见地上那只牦牛角里老师在说话，便想捡起来看，不料牦牛角像粘在地上一样。日琼巴趴在地上往牦牛角里看时，只见牦牛角并没有变大，老师也没有变小，就像镜子里面的影像一样，米拉日巴安坐在牛角中，并叫日琼巴也进去。日琼巴要进去时，发现不要说人，就是拳头也放不进去……后来，又经过"向牧民老奶奶化缘""日琼巴看百匹野母马生马驹"等事件，对日琼巴进行了引导教育，使日琼巴消除了骄傲情绪。在散文的叙述中，加入诗歌，从某种意义上，《米拉日巴诗歌集》实际上也是米拉日巴故事集，这跟我国古代其他民族的诗歌相比，是一个鲜明的特色。

米拉日巴幼年时代遭受豪强的叔父、姑母的欺辱与奴役，备尝人间辛酸，他又是一个彻底的出世主义者，对世间光怪陆离的人和事洞若观火，入木三分。所以在他的笔下，所谓的权贵和高僧大德常常受到讥讽。比如一次外出化缘，看见一个盛大的宗教集会，应主持人的邀请，米拉日巴对参加大会的信众们唱道：

……
这个人世间是大海吗？
不管怎么舀也舀不干！
佛法僧三宝是须弥山吗？
无论谁也不肯负担！
说的誓言是风中的鸟毛吗？
无论谁也不能坚守！
坐垫之下有针刺吗？
高僧大德不肯安坐！
山林静处有盗贼吗？
修行者们常游村镇！
……
上方极乐世界有痛苦吗？
前往之人多么稀少！
下界十八地狱有幸福吗？
权贵争相拥挤奔跑！

按照佛教的规矩，既然是高僧大德，自当稳坐在法座之上，宣讲佛教圣法，为众生指出解脱之道，但是，他们却抛却了自己应尽的责任而混迹于市井，跻身于官场，追名逐利，蝇营狗苟。这就充分揭露了一些上层喇嘛假借佛家之名，而实际上不安心奉佛的欺世盗名的虚伪面目。

米拉日巴从小受人凌辱，深感社会的不平等，所以，他对受苦人极为同情。比如有一次他去化缘，碰到一位老妇人，看来这位老奶奶对化缘的僧人没什么好感，她一看见化缘的米拉日巴，便指着他骂起来："你这个瑜伽乞丐，夏天来时讨要白的（指奶制品），冬天来时讨要酸的（指青稞酒），……你还要瞅着空讨要我女儿和媳妇的首饰吗？"说着还要往米拉日巴身上撒灰，于是米拉日巴给她唱了一首歌，歌中说道：

……
清晨起来要最早，
夜晚睡下要最迟，
没完没了家务事，
条条都要你操持，
你是没有工钱的女奴役。
一家之长最尊贵，
无钱也要收的税，
不可缺的子孙辈，
这些都要好供奉，
只有你是没有份的女佣人。
要向儿媳献殷勤，
得听子女恶语声，

孙子争吵耳朵鸣，
所有都要你承担，
你要假装耳聋修忍性。
干活费力有如拔马桩，
走路弯腰好像鸡一样，
坐时无力身倒体踉跄，
力不从心衰老临身上，
你是弯腰驼背的伤心妇。
吃的喝的冷又脏，
身穿褴褛破衣裳，
睡的破皮毛全光，
种种滋味你要尝，
你是忍气吞声的老女仆。
……

在旧西藏，劳动妇女的地位最卑下，负担最沉重。在家里，妇女要背水、熬茶、做饭、织氆氇、打扫清洁、洗衣服。在家外，拔草、割青稞、打场、捡牛粪等等，哪一样不是妇女艰辛地担负起来，默默无言地操劳。但她们却总是被人歧视，受尽欺辱，遭受到极其不公平的对待。这一切，米拉日巴都看得细致准确生动，又那么真实，充满了对受苦女性的同情和怜悯之心。

米拉日巴之所以同情这些被旧社会歧视、凌辱、抛弃的受苦人，和他本身的生活遭遇是密不可分的。米拉日巴在《诗歌集》中，也讲述了自己所遭受的不幸：

……

家中所有财产和牲畜，
全被叔父姑母抢夺走，
母子三人成了他奴仆。
吃的都是猪狗食，
穿的全是褴褛衣，
浑身颤抖寒风里。
常遭叔父打不停，
须看姑母脸阴晴。
当牛做马为奴仆，
母子三人受苦楚，
悲惨凄凉日难度。
……

诗中控诉了恶人的罪行，倾诉了母子三人的不幸，展示了一幅旧社会以强凌弱、弱肉强食的可怕图景。这种遭遇和感受，正是米拉日巴同情弱者的一个重要原因。

由于米拉日巴长年独居在山野丛林之中，对自然万物有深切的感受，对西藏的山林景色有细腻的观察和独特的体会，反映在他的诗歌中极其优美新鲜。比如他在白巴尔山上修行时，几个弟子来看他，请他宣讲在山上修法时的感受，米拉日巴借用山林的景色向他们讲述了所谓“人生无常”的道理：

白巴尔这个安静地方，
雪山高耸在山谷之上，

山谷口的居民信念强。
这里后山就像白幔帐，
前面有九条欲望丛林，
青青的草地宽阔敞亮。
馨香的莲花赏心悦目，
六条腿的蜜蜂采花忙。
叮咚山泉水涓涓流淌，
喝水的青鸟四处张望。
林中果树已枝繁叶茂，
美丽的小鸟啾啾飞鸣。
和煦的山风轻轻吹拂，
树枝婀娜随风舞不停。
高高的果子挂满枝头，
采摘的猿猴灵巧嬉戏。
平展的草坪茵绿如碧，
觅食的牛羊四散而行。
放牧牲畜的小小牧童，
婉转的歌声伴着牧笛。

这虽然是一首道歌，讲的是出世的道理，但其中优美的语言，生动的形象，写生的手法，描绘出了一幅高原雪山峡谷中，林密泉涌，鸟鸣枝头，蜂飞蝶舞，牛羊散落，牧笛悠悠的恬静而美妙的自然风光，使人读后无限神往。

雪山是藏族人民生活中重要的组成，也是藏族文人们竞相描绘的形象。下面是米拉日巴一首赞美雪山的诗。

这座山你们知不知？
它是吉祥长寿仙女峰。
山峰高耸蓝天空，
恰似三角美螺供。
山腰银溪如宝珞，
旭日照耀光闪烁。
山顶有如水晶髻，
亭亭玉立白云际。
山腰以下山峦起，
常罩漫雾与轻烟。
霏霏细雨密密降，
艳艳红霞常常升。

雪山

这是家畜吉祥兆，
驯兽成群绕山林。
鲜花丛生耀眼明，
入药百草此间生。

诗歌描绘雪峰，但通篇不见一个雪字。诗中用“美螺”形容雪山的洁白，用水晶发髻比喻山顶的玲珑剔透，真是形神兼具。如果不是久居山林，长期观察，哪有这样的传神妙笔！米拉日巴还有一首著名的《暴风雪之歌》：

是天和地商量好的吗，
派出这狂风的使者。
掀起地水风火四种狂浪，
浓云迷雾笼罩四野。
太阳月亮被关进牢笼，
二十八星宿也遭吞没。
八大星曜黯然无光，
天上银河拴在木橛上。
满天的繁星冻得瑟瑟颤抖，
墨风黑云把万物遮挡，
这场雪下了九天九夜。
大雪好像搅成团的羊毛，
如飞鸟一般盘旋而下。
中雪有如纺线的纱锭，
如蜜蜂一样飞舞降落。

小雪恰似细细的介子，
如面粉糌粑洒洒飘临。
纷飞的大雪怎样形容？
雪山长成了擎天之柱，
参天森林弯下了腰身，
翠绿的山谷银装素束，
翻腾的湖面冻结成冰，
滔滔的河水只能冰下奔流，
地面平展展洁白一片。
天上降下这样的大风雪，
黑头藏人们被禁锢在家里。
四条腿的家畜都遭饥荒，
山间的驯兽也无处觅食。
天上的飞禽踪影皆无，
洞里的土拨鼠全被埋没，
猛兽的洞口也都被封住。
……

好一场高原的暴风雪啊，诗歌声势磅礴，酣畅淋漓。虽然说米拉日巴是一个彻底的出世者，但面对高原雪山迷人的风光，绮丽的景致，诗人还是情不自禁地唱出这么多迷人的妙曲，从而透露出他对家乡的热爱，对人生的眷恋。米拉日巴的诗歌给后世以极大的影响，形成了作家诗歌中的一个流派，在整个藏区广泛流传，受到人们的重视和喜爱，有一首民歌这样唱道：

吉隆风光

你是想要赛马吗?
去把枣红烈马牵来。
你是想要驮东西吗?
去把宽背牦牛牵来。
你是想要对歌吗,
请把《米拉诗歌》带来。

原载《中国西藏》2010年第2期

藏族著名建筑师、藏戏创始人
——汤东杰布

丙申

汤东杰布木刻画

藏历第六饶迥阴木牛年（明洪武十八年，1385年），汤东杰布诞生于乌斯藏昂仁宗沃加拉孜地方（也有说今山南隆子县龙许乡一个叫“汤东”的地方）。原名措吉达真，幼时家境贫穷，被迫与家人一同放羊。兄弟三人，他排行末次。16岁时，汤东杰布应征从军，数年后遵父旨意做小本生意。某次，在兜售商品的途中，他看见几

清代，汤东杰布（1385—1464）明代著名建筑师，藏戏创始人。藏族历来把他看作是创造藏戏的戏神和修建桥梁的铁木工匠的“祖师”。（叶星生提供）

人由于犯法将被处以极刑，怜悯之心油然而生，于是他大胆上前，将自己的牦牛尾巴及麝香等物献给执法者，请求宽恕犯人们。好心终于如愿以偿，可是他空空两手回到家中，却遭到了父亲的严厉斥责。从此汤东杰布削发为僧，依强定寺住持尼玛森格受沙弥戒，得

汤东杰布塑像

索南多布杰作品，汤东杰布，2008年，泥塑，高20厘米。

僧名尊珠桑布。学习期间，他刻苦发奋，尤其修习显、密二宗佛学，很快得到醒悟，成为有一定造诣的学者和得道者，被众人誉为汤东杰布。

14世纪初叶，汤东杰布于游说谒佛途中，亲眼看到、亲身感受到乌斯藏地域辽阔，山高水险，交通极不发达，给人民的生产、生活带来了很大的不便。一次，他由蔡公堂地方向拉萨摆渡的时候，因没有向船夫送礼，结果挨了三记耳光，还落入河里。相传又有一次，他在拉萨河畔见到了一位身挎弓箭的青年人，便借了他的弓箭，向对岸射了一箭，结果箭落在河中。汤东杰布当即想到，莫不是吾为众人遇河架桥设舟，排忧解难的好兆头。有鉴于此，他不畏辛劳，跋山涉水，先后踏足于工布、波乌、洛隅（均为今西藏东部地区）

汤东杰布唐卡

等地，广泛地向众百姓及善男信女们讲明搭桥的意图，赢得了许许多多人的信赖和支持。他们采集了大量铁矿，请铁匠贡嘎、桑杰等人加以冶炼。当消息传至当地宗本那里时，感动了宗本及宗政府官员，在他们的帮助下，筹集了大量的钱粮，派出建桥工匠及民工，终于在明宣德五年（1430 年）首建曲水铁索桥。

以后，汤东杰布为了募集更多的资金修桥、造船、补路，邀请了山南琼结县白纳家的七名貌似天仙、能歌善舞的姊妹，共同组成了歌舞演唱队，他亲自教授她们演唱自己创作的作品，把自己设计的各种款式不同的服装，装扮在这些美丽的姑娘身上，外加虎皮袍褂，由两人扮猎人，两人扮王子，两人扮仙女，一人敲钹击鼓，随处表演。七姊妹俊俏的容貌、婀娜的舞姿、优美清新的唱腔，为观众们所赞叹不已。看到这精彩的艺术表演，大家惊奇地称赞："莫不是'阿加拉姆'（仙女大姐）下凡了吧！"从此，她们的剧团便被人们誉为"仙女七姊妹剧团"。诚如藏文《云乘王子》剧本的作者在《序言》中所云："昔，我雪域之最盛成就自在汤东白（即汤东杰布）赤列尊者，以舞蹈教化俗民，用奇妙之歌音及舞蹈，如伞纛复盖所有部民，复以圣洁教法，以伟人之传记，扭转人心所向，而轨仪殊妙之'阿加拉姆'遂发端焉……"智慧过人，能歌善舞的汤东杰布把演戏化缘得来的钱粮，作为专用资金，而后积极组织，调集了设计和冶炼的工匠以及大量民工，因地制宜，连年施工。在他一生中，共建造了58座铁索挢（当然这些铁索桥远非能与今之相比，其结构是把铁索凌空悬吊大河两端，上铺木板，构成简单的桥面。其载重量也仅限二人通行。传说汤东杰布一生还修建了60座木桥和118条船，只是后来由于兵燹战乱，特别是18世纪初叶，蒙古准噶尔部对卫藏的侵扰，这些桥梁被全部毁坏）。上述铁索桥的建成，反映了五百余年前的生产技术水平，也显示出古代藏族劳动人民的聪明智慧。鉴于汤东杰布的伟绩与贡献，人们亲切地赞誉他为"甲桑珠古"（意为铁桥活佛）。

14世纪中叶，汤东杰布在募集资金，解除众百姓交通不便之苦，造福人民与后世的过程中，又完成了佛教跳神（羌姆）舞蹈向藏剧的过渡。他在群众喜闻乐见的白面具藏戏艺术形式的基础上，将佛

藏戏表演场地高悬藏戏鼻祖汤东杰布的画像，以示对藏戏祖师的尊重和怀念。（尼玛次仁摄）

教经典中的传记同民间传说神话故事等内容融合在一起，创作出一种说唱结合的表演艺术形式——“喇嘛玛尼”。这种民间说唱艺术既不同于唱民歌，更不同于讲故事，它与角色化的戏剧也不尽相同。其表现形式是通过跳神仪式，由一个僧人挂起绘有神佛本生传的“唐卡”（佛画轴），讲演者手持木棍指点着一个个画面，用固定的诵经调演唱故事内容并结合适当的表演，以吸引群众。同时，汤东杰布还汲取了一些其他藏族歌舞艺术形式，加工提炼，使之成为适合于表现故事，刻画人物性格的戏曲艺术，并逐渐发展成为具有今天规模的蓝面具藏戏。这样，过去那种单一的跳神舞逐渐地戏剧化，表现手段不断加强，并从宗教形式中分离出来，形成了藏剧艺术的雏形。因此，藏族人民把汤东杰布尊为藏戏的开山鼻祖。

藏历第八饶迥木猴年（明天顺八年，1646 年），汤东杰布圆寂，享年 79 岁。

汤东杰布一生为开拓西藏交通、造福人民，为藏戏的创立发展建立了不朽的功绩，受到了人民的尊重爱戴和后人的缅怀。至今，在西藏的一些寺庙里，常可看见供奉着一位白须白眉、神态安祥、和蔼可亲、手持八节铁索的汤东杰布画像或塑像。人们还用各种形式歌颂他、纪念他。在许多藏戏演出场地中间的桌子上，均供有汤东杰布的塑像和画像，开场戏中有为祭颂他而编的藏戏故事内容；看戏的观众在捐赠东西之前，首先要在汤东杰布的像前敬献哈达，以示谢恩等等。汤东杰布的故乡昂仁及拉孜、萨迦等地的群众，甚至还保留着一种纪念、缅怀其卓越功绩的传统仪式，每逢大家观看藏戏表演时，定要带一些清油和羊毛，将这些礼物送给戏班子，表示用羊毛清油涂擦铁索，以保护好早已不复存在的汤东杰布所建铁桥，使其不锈，永存于世。这一方面表达了人民群众对汤东杰布的无限崇敬之情，另一方面也说明了铁索桥的兴建与藏戏起源的历史渊源关系。

原载《中国西藏》1991 年春季号

杰出的史学家和文学家
——朵喀夏仲·策仁旺杰

喜饶尼玛

朵喀夏仲·策仁旺杰（1697—1784 年）是藏族历史上著名的史学家和文学家。

清康熙三十六年（藏历第十二饶迥阴火牛年，1697 年）策仁旺杰出生在拉萨北面的达陇地方（今西藏林周县境内），属呷司家族。这个家族按照他们自己的说法，为吐蕃时期六大种系中的“热”种系，是辅佐松赞干布的噶尔·东赞域松（即禄东赞）的嫡系子孙，可谓名门望族。他的祖父曾任达隆寺法台，在旁多和林周两宗享有一定威望。父亲阿旺仓巴，曾于康熙五十六年（1714 年）在门达旺为抵抗外敌入侵立下战功。母亲系蔡巴万户，名淌钟。后来，因其家族不睦，地方政府将其领地没收归公，并取消了他祖父对达隆寺和旁多、林周两宗的管理权，只留下一份封地（庄园），名叫朵喀彭措饶丹，家族名始改称朵喀。

策仁旺杰呱呱坠地之时，正值家道衰落，但作为一个世袭贵族的子弟，他仍受到了良好的教育。从 8 岁起，他便随父亲学习藏文的书写和拼读；10 岁开始学习历算和阅读经卷，刻苦学习为今后的深造打下了坚实的基础；15 岁时，策仁旺杰离家求学，南行至雅鲁藏布江南岸的敏珠林寺（1871 年由宁玛派修建，于今西藏扎囊县境内）进修，拜当时著名的大学者达玛师利为师。敏珠林寺高僧云集、经卷如山，是山南地区的宗教圣地之一。策仁旺杰在这里如鱼得水，除从师学习《诗境论三品》、星算学、语音学等外，还阅读了大量文学历史著作。达玛师利对这个学习用功的小伙子格外偏爱，亲自为他取名叫仓塞吉白罗登，直译为梵子喜智。在这里他结识了对其一生影响较大的师兄颇罗鼐。

康熙五十五年（1718 年），19 岁的策仁旺杰走上了艰难的仕途。他先在日喀则担任税吏，以后因理财有方，受到上司的赏识，提升为日喀则宗本。但是，这个时期的乌斯藏，统治集团内部政治斗争愈加尖锐，风波迭起。翌年，策仁旺杰因拉藏汗（蒙古和硕特部固始汗之曾孙）的被杀，而丢了乌纱帽。后因他与新任第悉达孜娃的姻亲关系，才又走马上任，为甲则直贡宗的宗本。此时的策仁旺杰已逐渐看穿了政治迷雾后面的一切，深感宦途可畏，如履薄冰，开始将主要精力放在了文学创作上。名著《旋努达美》正是在那个动乱的年月开始动笔的。不久他受达孜娃之邀，赴拉萨担任卓尼（即秘书）等职。雍正元年（1723 年），他担任了日贡嘎布宗本，以后还任过藏北总管。

雍正五年（1727 年），阿尔布巴、扎尔鼐、隆布鼐等为夺取西藏地方政权，挑起内乱，杀死康济鼐，使西藏陷于血与火之中。颇罗鼐起兵奋起抵抗，最终在清朝大军的协助下，平定了此次内讧。

在颇罗鼐的推荐下，清朝政府赐予策仁旺杰头等扎萨克台吉（是由朝廷理藩院给以印信的）之衔、并升任噶伦，为此颇罗鼐送他全套蒙古官服，以示祝贺。

策仁旺杰在动荡不安的时局中荣升噶伦，使他受宠若惊，对颇罗鼐感激涕零。他担任噶伦不久，为表明心迹，报答提携之恩，开始创作长篇历史人物传记《颇罗鼐传》。雍正十一年（1733 年）全书完稿，后以拉萨刻本传世，版藏布达拉宫。

《颇罗鼐传》是策仁旺杰的精心之作，全书 395 页，通过对爱国民族英雄颇罗鼐一生业绩的记叙，描绘出一幅十七至十八世纪的西藏社会全景。其中有统治阶级内部尔虞我诈、争权夺利的纷争，统治者腐化、贪婪的嘴脸；也有颇罗鼐力挽狂澜，在政治上坚持统一、反对分裂，经济上为民谋利、发展生产；文化上继承传统的建树。因作者和颇罗鼐系舅表之亲出一师，共事多年，关系密切，书成之后，颇罗鼐亲自过目，而且作者身居高位，自然深悉官场内幕和社

策仁旺杰所著《颇罗鼐传》汉译本（噶哇扎西摄）

策仁旺杰所著《颇罗鼐传》汉译本扉页（噶哇扎西摄）

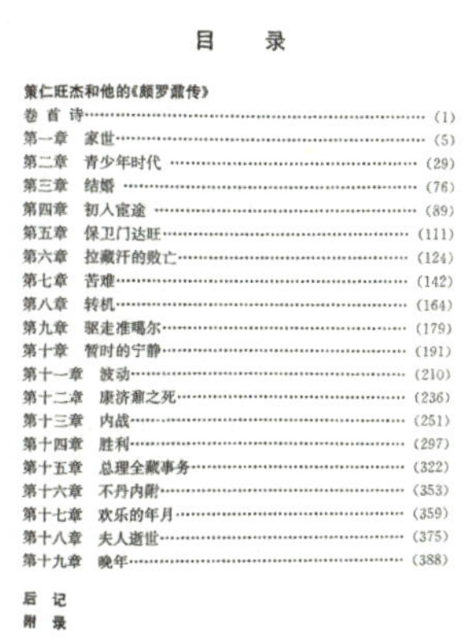

目　录

策仁旺杰所著《颇罗鼐传》汉译本目录（噶哇扎西摄）

会轶闻，因此，它不仅仅是一部传记文学，且是一部极有价值的历史典籍。书中作者巧妙地把散文和偈赞相间运用，形成了全文词简语赅的语言风格。他抛开传统的直述描写，以人物在历史事件中的活动、对话，塑造出一个个典型生动的形象，既展开了历史的画卷，又突出了人物的性格。这部传记，一反西藏一般传记中宗教色彩较浓的旧习俗，使人耳目一新，在藏族传记文学的写作上走出了一条新路。诚然，此书对颇罗鼐赞誉过分、对劳动人民有轻蔑、鄙视之意，但仍不失为一部成功之作。

策仁旺杰的另一部长篇作品就是《旋努达美》（译为“青年达美的故事”），也颇受人们好评。这部文学作品记叙了旋努达美和益雯玛反对封建包办婚姻、争取美满爱情生活的曲折经历。女主人公身上集中体现了作者反对封建陈腐制度和颂扬自由恋爱的进步思想，这也是作品的主题所在。同时，作者还通过国家之间的婚姻纠纷，客观地反映了统治阶级内部错综复杂的矛盾斗争，揭露了其残酷本性、表达了人民对反动统治者的仇恨。故有人认为此书是以十八世纪初期准噶尔袭扰西藏、杀死拉藏汗，造成西藏局势动荡不安的历史事实为背景而创作的。男主人公旋努达美身上集中体现了作者积极的人道主义思想。他最后走入山林静修，充分反映了作者为维护统治阶级利益、宣扬轮回的宗教思想，旋努达美反对封建婚姻制度和宣传佛教、维护统治阶级利益的双重性，正是作者思想矛盾的集中表现。这部小说与《颇罗鼐传》一样采用了散文与偈赞相间的体裁，大量运用了夸张、比喻及出色的细节描写，使作品颇为生动感人。但应该指出的是，与《颇罗鼐传》一样，作者为追求典雅，使用年阿文体造成多数读者不易阅读，自然影响了作品的读者面。

策仁旺杰才华横溢，著作颇丰。雍正十一年（1739 年）他编写了《藏梵对照辞书》，以后写出了梵藏合璧的《佛本生记》以及其他一些语言学方面的著作。清乾隆二十七年（1782年），年过花甲的策仁旺杰又完成了自传《噶伦传》。此书拉萨刻本69页，叙述了阿尔布巴事件与珠默特那木扎勒叛乱事件，因系作者亲身经历之事，可靠性较强，补充了藏汉文史料的不足。

乾隆二十九年（藏历第十三饶迥阳火猴年，1784年），策仁旺杰殉职于噶伦位上，终年67岁。

原载《中国西藏》1996年第1期

博东·乔列南杰的超然气质

羊本加

据传是藏于西藏吉隆县拜姆曲顶寺属寺（位于尼泊尔境内）的博东乔列南杰大师像

在藏传佛教中，有一种境界叫作“八风不动，八法一味”，也就是说人对生命中的得失、苦乐、是非、毁誉等世界八风同等看待，没有差别。一个人到了这种境界，对尘世万象就能泰然处之，真正实现了所谓的出淤泥而不染。

藏族著名学者博东大师就是这样一个人。

博东·乔列南杰，1376 年生于西藏日喀则地区定日县玉古地方。是十四世纪出现的藏族著名佛学大师之一。博东是地名，乔列南杰是他的法名。藏族人一般尊称他为博东大师。博东·乔列南杰一生广参名师，学富五车。他生活的那个时期，藏传佛教呈现出空前繁荣的局面，许多大师也按照弟子们的心愿，对佛陀的某一方面的教义进行过释疑，但还没有人对佛陀的所有教义进行诠释。许多经典尘封在庙宇殿堂的阁楼里，成了让人顶礼膜拜的风景，其中奥秘却不为世人所知。博东大师在 21 岁时就已经基本上研读过大多数反映佛陀思想的著名经典，拥有了对佛陀所有教义的无惧心态，渐渐生起为佛教服务的雄心。他暗下决心，立志要对佛陀的所有经典按照释迦牟尼本人的思想进行一次全面的诠释，这无疑是一项几乎不可能完成的任务，但他一生都在为这个理想而奋斗，到三十多岁时，他开始着手这项前无古人，后无来者的浩瀚工程。据说他同时给 20 多位笔记官分门别类地讲述不同的内容，像大江东流般缓缓讲来，条理清晰，内容不混，令世人叹为观止。经过一生的不懈努力，终于撰就了洋洋 110 卷帙的《摄真实论》，被后人称之为藏传佛教大百科全书。

《摄真实论》内容包括：入门书四种，即《童子入门》《智者入门》《显宗经部入门》《密宗入门》。

“这部文集分内外四门、内外五处，在讲修方面分主枝和近枝一百个部分，按外境一年的天数分为三百六十章；为了功德的增益，按人体内部风息两万一千六百处，分为两万一千六百节；按人体内部血管七万两千根，分为七万两千口诀，摄集所有法蕴的八万四千段。按每函五部书编排，《摄真实论》广本有一百一十函，普通本有二十函，简略本有两函。”这样巨大的文集，别的人不要说撰写，就是阅读一遍也是非常困难的事情。今天我们能够见到的《博东文集》有 140 多卷帙。这些作品无论其佛学造诣、诗韵才华、学识丰富，

或者从卷帙数量等方面来看，在西藏乃至整个世界范围内都是空前少有的。

博东大师晚年广建佛寺，自成一派，在其祖上叔辈上师传承法脉的基础上创立博东教派，为佛教在西藏的传播和改进作出了不可替代的贡献。在600多年以后的今天，一听到他的名字，藏族学者们无不心怀敬意。

苦乐皆生活

博东·乔列南杰生性善良，看到弱小的生命遭受苦难时忍不住热泪盈眶。七岁时，看到有人将身上的虱子捉住任意丢弃后，他毫不犹豫地将这些虱子捡起揽入怀中，有些调皮的小孩为了考验博东·乔列南杰大师，捉

位于西藏日喀则地区拉孜县扎西岗乡玉托村的博东艾寺（远景）

位于西藏日喀则地区拉孜县扎西岗乡玉托村的博东艾寺（中景）

住许多虱子后放到两块石头中间夹死，年幼的博东看着泪雨滂沱，尽自己所能，从家中偷来糖果和酥油等物从这些小孩手中赎回虱子的命。不仅如此，还将这些虱子放到自己身上，让它们任意享用其血肉，导致其身上常有虱子成群结队，人们开玩笑送给博东·乔列南杰一个外号叫“养虱侄子”（博东·乔列南杰祖上曾出现历代藏传佛学泰斗，邦译师·罗追丹巴、大译师强秋孜木、大译师扎巴坚赞等都是博东祖上叔辈，此三人都曾历任博东艾寺的堪布，在藏学界声名显赫，所以当时的人们习惯称博东·乔列南杰为“侄子学者”）。

博东·乔列南杰自小视尘世的繁华都是过眼云烟，时常以一个悲悯者的眼光审视这个世界。他写道：“看这花花世界，使人处处生起厌离心，没有任何可以恒久信任的事物，没有信任感的疯子多么可怜。”

博东·乔列南杰成年后每天早晚都有向本尊礼拜的习惯。有一

位于西藏日喀则地区拉孜县扎西岗乡玉托村的博东艾寺（近景）

次在拉堆羌地方受了风寒，流了许多鼻血，身体非常虚弱，但他早上仍坚持给本尊神行全身大礼。身边的人劝他改从心里向本尊行礼，但他继续磕头，终因体力不支，摔倒在地，半晌连话都说不出来。

又有一次，博东·乔列南杰受后藏领主拉赞杰之邀，前往朗科尔寺（今西藏日喀则定日县境内）研读各种经典。朗科尔寺属藏传佛教希觉派，希觉派始祖帕当巴·桑杰曾在此传宗弘法。读着读着，博东·乔列南杰总感觉这些经典阐述的理论与其他教派普遍流行的显密说法不太一致，怀疑这些作品不是帕当巴·桑杰的著作，于是想写书驳斥这些观点。但是当他刚铺开纸就出现许多不好的征兆，喉咙发紧，呼吸困难。他放下纸笔开始从头到尾认真阅读希觉派的所有经典，反复钻研后才发现希觉派的许多说法是按照怙主弥勒的说法，尽管说法有别，但希觉派包含了显密经咒的深刻思想，他也逐渐理解了帕当巴·桑杰的思想真谛。

为了表示忏悔，他来到朗科尔寺大殿的帕当巴·桑杰像前，长时间磕头礼拜，失声痛哭，一次又一次地把自己的身体重重地摔在地上，来弥补自己的过失。说来也怪，喉咙疼痛等征兆也自然消失了。这还不算，他还拜当时精通希觉派教法的噶细巴·南喀奥赛为师，认真学习了希觉派的所有经典。

是非由他去

23岁时，博东·乔列南杰在15位青年随行的陪伴下，从博东艾寺（今西藏日喀则拉孜县扎西岗乡境内）启程前往前藏拉萨、山南等地，开始他的游学辩经旅程，旅途中博东·乔列南杰白天讲述一些哲理漫谈，每到一个新地方，都要即兴赋诗加以赞美，不时还将这些优美的诗句用悦耳的声音朗诵。

随行的格西普热巴·扎西班丹和牵马倌扎西札非常着急，“别人对游辩一部卷帙都要日夜温习，而我们的仲巴（旧时，西藏对于大贵族子弟出家者所用敬称）要游辩13部卷帙，却没见他怎么看书，也没见他清晨诵课，所以还是请仲巴开始温习吧！”

博东·乔列南杰回答：“这对我来说是件容易的事，你们就不用担心了。”

快到山南泽当大寺时，邦译师（罗追旦巴，西藏著名的大学者，1276年生于后藏拉堆洛地方，自幼丧母，由羊奶养大而送外号“羊羔”。先后七次赴尼泊尔求学，晚年曾到前藏各大寺讲经。62岁时出任博东艾寺堪布，1342年逝世在博东艾寺。其法脉传承给了自己的侄子大译师强秋孜木。有许多贤哲曾依止他的门下学经，著名的有藏传佛教夏鲁派祖师布顿·仁青珠、觉囊派创始人笃布巴·西绕坚赞等大师）的侄子学识渊博，到前藏巡辩经典的消息早已不胫而

藏于博东艾寺的博东·乔列南杰大师像

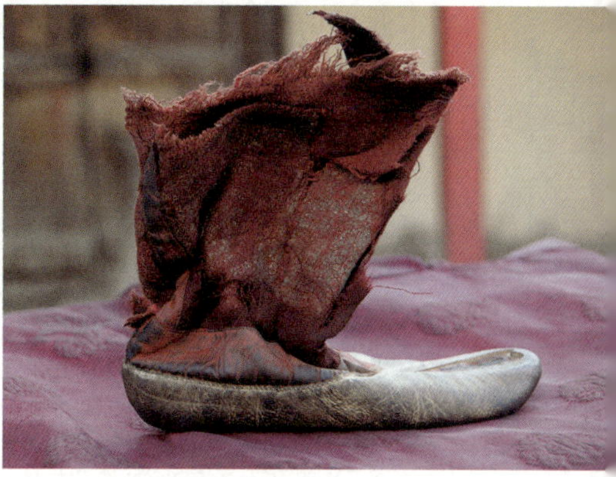
据传是博东·乔列南杰大师 8 岁时穿过的靴子，现藏于博东艾寺。

走。正式巡辩前夜，牵马倌扎西札含泪劝道："你来巡辩却不曾预习，万一明天出不来那可怎么办呢？"说着，捶胸顿足起来。

翌日，在拥有 3000 僧众的泽当大寺，博东·乔列南杰没有任何惧色，连续数日一气完成了对原先就有准备的《释量论》《现观庄严论》《律经根本律》《大乘阿毗达摩杂集论》《经庄严论》《辨中辨论》《究竟一乘宝性论》《中论》《入坛行》《四百颂》《般若波罗蜜多心经》《二谛自释》《入菩萨行论》等 13 部卷帙的巡辩外，又即时增加了《量理宝藏》和《中观庄严》，总共对 15 部大论进行了巡辩，引起轰动。

时任泽当寺大堪布云丹仁青等学者异口同声地说："《释量论》如此难解，至今在我这等大寺中还不曾有学者能像今天的侄子'噶居巴'（藏族人对精通五论本注僧人的尊称）这样将《释量论》解释剔透。"

青年博东开始声名鹊起。此时，牵马倌扎西札说道："我终于放心了，大成就者你想睡觉那你就睡吧。"

此后博东·乔列南杰一行又到前藏各圣地朝拜，到桑普内乌寺（今西藏拉萨市曲水县境内）时恰逢萨迦派大师亚楚·桑吉白也在寺中。

亚楚·桑吉白问道：“侄子轨范师，听说你这次携诸多经典前来游辩，是哪些经典，有没有对《量理宝藏》进行辩论？”博东·乔列南杰回话道：“这次约对15部经典进行了巡辩，其中也包括《量理宝藏》。”亚楚·桑吉白双手合十表示敬意：“非常奇妙，大译师父子（指博东·乔列南杰祖上邦·罗追旦巴、强秋孜木、扎巴坚赞等大译师）的侄子果然出落成了一位无与伦比的大学者，当初来萨迦寺就《释量论》（博东·乔列南杰在16岁时曾到萨迦寺对《释量论》进行过巡辩）巡辩时就看出有这等潜力。人说轨范师噶居巴·达玛仁青（宗喀巴的大弟子与宗喀巴、一世班禅——克珠杰·格勒白桑并称为藏传佛教格鲁派师徒三尊。在藏族学者中首次以十部卷帙进行巡辩，‘噶居巴’的称号由他传承。博东·乔列南杰比他小12岁，尽管他以15部经典巡辩，但第一位‘噶居巴’的名号藏学界仍公认为是达玛仁青）当初以十部卷帙巡辩时就已名震四方，令人称奇，如今这位侄子轨范师的年龄和经典卷帙的数量相等，怎不令人称奇！”

博东在24岁时觉得萨迦班智达·贡噶坚赞所著的《量理宝藏》有自相矛盾的成分，遂在昂仁寺（今西藏日喀则昂仁县境内）贴出告示，公开声明自己将抵制这自相矛盾的言论，请萨迦派人士商议回答他的论证，并一一把对手辩败。当时在萨迦派理论方面最具权威的人士数亚楚·桑杰白和茸东·希夏贡热（西藏那兰托寺的创始人）两大学者，被尊为亚茸两位大师，都在和博东的辩论中败下阵来。当时，年仅16岁的克珠杰·格勒白桑（一世班禅）自告奋勇前来挑战，也被博东辩败，但他非常欣赏这位少年天才的辩才。传说博东后来还专门写了一首诗，称赞克珠杰才华横溢，思维缜密。为自己的手下败将写赞美诗，恐怕也就只有博东·乔列南杰大师才能做得出来。

博东·乔列南杰在出任协噶尔寺堪布时，后藏北方领主加央希怂恿博东和一位叫索南杰的格西进行辩论，结果索南杰不是博东的对手。他气急败坏地说："昨天格西索南杰没能辩胜他，但是绝不能就这样放过他。你们昂仁寺（今西藏日喀则地区昂仁县境内）这么多僧众，无论如何要让协噶尔的那个贫嘴和尚出点丑。你们好好商量一下，不要找很多经典和他辩论，只要从《释量论》中找出一些问题设法驳倒他就行。如果做不到这些，你们就不要待在我的地盘上云云。"

当然，博东·乔列南杰参加辩论是为了清除真理中掺杂的某些歪理邪说，而这些个人的是非恩怨，自然不在他的考虑范围之内。

博东·乔列南杰当时所在的协噶尔寺位于定日县境内。这里海拔高，气候严寒，许多弟子提议能不能饮酒取暖。众所周知，饮酒乃佛家大忌。他听了弟子们的请求后却说："我今天同意你们饮酒，固然会招来众人的非议，但出家人重在加强对内心的修养，外在的表现只不过是某些形式。"

得失无所谓

博东·乔列南杰长期担任博东艾寺、朗科尔寺、协噶尔寺、贡塘寺、江本寺、普热寺的堪布，每笔收入和开支他都要召集全体僧人公开进行。他对随身器物的得失看得很淡，即使是自己的日用品也从不认为是自己独有的。身边的许多人总喜欢把他的物品据为己有，公然无忌，他也从不过问。

虽贵为许多寺庙的法台、堪布，但他戒谨言行，严于律己。他从不用金银器具来饮食，平时只带一个化缘的钵。衣着也不用绸缎丝类，只穿粗布法衣，并长期使用一个普通坐垫。

弟子们调侃说：“以前来的许多喇嘛在讲经布道时，在袈裟和大氅的缝里都会有金银器物掉下来，他们一边享用一边得到解脱。而我们的这位大堪布穿粗布法衣，用缺口陶碗，吃一般饭食，就已经很满足了。”

到了晚年，许多地方领主和首领都自愿让博东·乔列南杰在自己的地盘上选址建寺，利乐众生。许多寺庙也请他出任堪布，讲经布道，但他却不为所动。按照藏传佛教的仪轨，寺庙选址有许多讲究，当然也要

《博东文集》，共四卷帙，由中国藏学出版社出版。

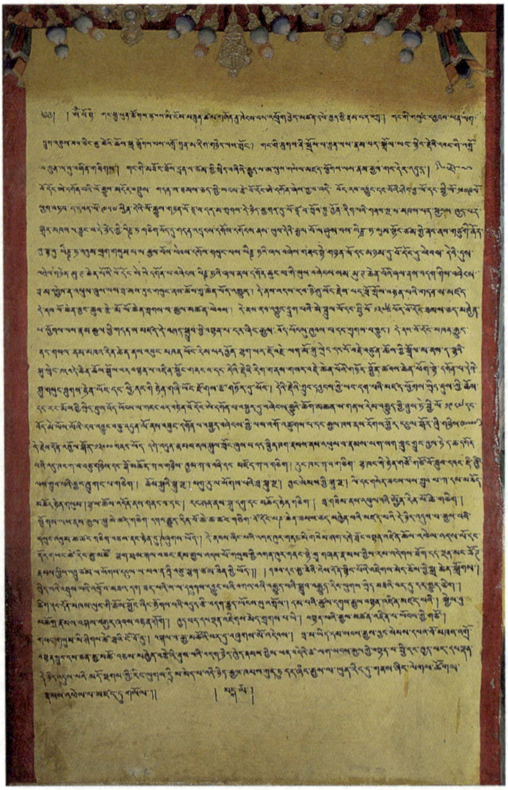

博东艾寺集会殿门前墙壁上的博东艾寺简志

考虑周边群众的经济实力和信仰习惯等，但他却选了一处偏僻得几乎无人涉足过的地方修建了白姆曲顶寺（今西藏日喀则地区聂拉木县境内）。当一位叫顿珠白的堪布问他为什么要选择这个地方时，博东·乔列南杰说："大地的任何地方，都被靠施主们建设的寺庙和各位上师占满了，我到那个地方，都会成为他们教育徒众的障碍。为了避开这些，我选择这个几乎无人问津的地方。"

博东·乔列南杰晚年长期在此主持，直至逝世，他完全放弃了对寺庙周边环境和施主实力的考虑。

毁誉任人说

博东·乔列南杰生活的十三、十四世纪是藏族文化百花齐放、百家争鸣的又一黄金时期，真可谓是群星灿烂的时代。

夏鲁派的布顿·仁青珠大师，萨迦派的亚楚·桑杰白和茸东·希夏贡热两大学者，宁玛派的隆钦·绕见巴，觉囊派的笃布巴·西绕坚赞，噶玛噶举派的噶玛巴·饶迥多杰，格鲁派的宗喀巴及大弟子贾曹杰·达玛仁青、一世班禅——克珠杰·格勒白桑、一世达赖喇嘛——根敦珠巴，以及苯教的第二祖师年麦·喜饶坚赞等大师都几乎生活在同一时期。他们雄居一方、各成一派，完成了藏族文化的第二次伟大繁荣。

博东·乔列南杰当然也有自己的学术思想，他带领徒众创建桑丁寺（今西藏山南地区浪卡子县境内）开宗立说，形成自己的博东派。当时，新旧学派如雨后春笋般出现，许多宗派排斥异见，各自为政。博东·乔列南杰对此却不以为然。传说有一天他遇到一位流浪乞丐在诵读《缘起颂》，越听越有同感，就问那位乞丐这是谁写的，回答说是洛桑扎巴（即宗喀巴）所写，敬佩之情油然而生，恨不得马上就去拜访这位比自己大 19 岁的大师。博东·乔列南杰带了许多礼物到前藏甘丹寺（今西藏拉萨市达孜县境内）拜访时，宗喀巴已经圆寂，他就把礼物全部供献给了甘丹寺，并行祈愿。

时任帕竹王·扎巴坚赞、帕竹王·扎巴迥乃等先后发来邀请函请博东·乔列南杰到山南。他都以寺庙刚建、许多作品也没有结尾等由婉然拒绝。

到了 72 岁高龄时，众徒弟一再恳请到前藏去弘法，他回答说："如今，我生命的光辉已经落下，疾病缠身，年岁也已到头，不时就会死亡，所以去前藏也就没有多大的必要了。"

1451 年 3 月 23 日，与博东·乔列南杰有常年积怨的一位叫曼盖杰的人前往博东住所，欲强行进入博东府邸。博东的近侍挡住他说："大师即将去世，被病痛折磨在病床，此刻实在不便与你见面。"支走曼盖杰后，近侍们一起嘀咕，大师到了这步境地，曼盖杰还不

作者向现年 78 岁高龄僧人次仁嘉措请教博东艾寺的历史，摄于 2010 年 10 月。

放过大师，实在是太自私了。后来这件事辗转传到博东大师耳中，知道曼盖杰被挡在门外后，他说：“再过七个夜晚，我的生命将陨落，你们应该让他进来，遂了他的心愿。”

1451 年 3 月 29 日上午，博东·乔列南杰大师在白姆曲顶寺自己的寝室中突然听到一种从未听过的鸟的叫声，就问身边的奥松格西有没有听到刚才的鸟叫声，奥松格西回答说他也听到了。

“我得赶紧走了！”

听到博东大师的这句话，奥松格西不禁潸然泪下。看到此情景博东·乔列南杰开导他说：“这怎么是一件伤心的事情呢，这应该是所有幸福的精华。”

1451 年 3 月 30 日，博东大师说：“许多上师都穷其一生坐禅求道，渴望在死后出现安乐相，认为这样就证得了光明。其实那只是崖窟之光，并不是真正的光明天。我今天走了，明天早上就将遗体火化，火星中四散的烟灰也会对无数众生有益。”

留下这最后的一句话，博东·乔列南杰大师溘然长眠，享年 76 岁。

原载《中国西藏》2012 年第 1 期

甲玛赤康的历史记忆

噶哇扎西

我和旅伴因人所托，赶往了离拉萨市区不远的甲玛赤康庄园遗址。“甲玛赤康”是藏语，甲玛意为百里挑一的富地，赤康意为万户之所。这个庄园位于拉萨市墨竹工卡县甲玛乡，记得最早来的时候，庄园周边的围墙已经坍塌，甲玛乡的村民还有好几户住在遗址里。但这次甲玛庄园的围墙已经重新按照原貌建了起来，在庄园里的住户已经迁了出去。庄园正在为下一步的旅游开发做好准备。我们从正门进去，里面已经得到了保护性的整修，正在努力让这个历史遗迹恢复原貌。

睹物思史，看着静静矗立在庄园中的遗迹，此地蕴含的丰富历史信息像洪流一样灌满了我的头脑。为什么这样那？其实这片不算大的地区，可以说凝聚了西藏地方历史从公元 7 世纪吐蕃王朝的建立到近现代历史风云中的多个重要历史节点和人物，某种程度上可以从甲玛赤康的角度概括西藏的发展历程。

甲玛赤康庄园远眺

藏王松赞干布诞生地

在甲玛赤康庄园西南方向，有强巴敏居王宫遗址。该宫建于吐蕃王朝藏王松赞干布的父亲囊日松赞当政时，松赞干布就出生在这座宫殿里。斗转星移，一千多年过去了，原来的建筑早已不复存在。为了纪念松赞干布，如今在这里重建了一座仿古宫殿，以绛红色为主调、雄伟气派。

从甲玛赤康的地名就可以看出，这里曾是一片水草丰美的兵家必争之地，吐蕃王朝还是雅砻部落时，这里曾被苏毗部落联盟占据，而翻过位于甲玛地方南面属于冈底斯山脉余脉的几座大山后，就是当年吐蕃王朝建立者雅砻部落的所在地——泽当。可以想象当初囊日松赞正是施展雄才武略占据了甲玛地方，才为后来他的儿子松赞

松赞干布塑像

干布建立统一整个青藏高原的吐蕃王朝打下了雄厚的基础。或者说没有这一步，雅砻部落还只是屈居一隅的小部落联盟，后来被苏毗、象雄等强大部落吞并也不是没有可能。所以可以说，甲玛地方是吐蕃王朝真正走向强盛的关键一步，是当时的兵粮仓库。公元6世纪时，松赞干布的父亲囊日松赞越过雅鲁藏布江北岸的一道山口，来到墨竹工卡甲玛地方，在此暂作小居，一举兼并了拉萨以北的苏毗部落，并建立强巴敏居王宫。

十三万户

甲玛赤康村可以说是西藏目前仅存不多的古代“万户府”遗址。万户制度源于蒙古在统一西藏的过程中建立的制度。吐蕃王朝时期，西藏并不存在万户一级的地方行政机构，在西藏建万户是蒙古人的创举，它是蒙古统治者针对当时乌思藏分裂、割据的客观形势，因地制宜地采用的一项颇为策略的政治措施。

元代沿袭的是金代的万户制度，当时在全国都设立了万户府。在内地的万户府都是军事编制，分别隶属于各个行省，最终归枢密院主管。在藏族地区设立的万户府，军民都归其管辖，分别隶属于各个宣慰司，最终归宣政院主管。公元 1268 年（至元五年），元朝中央政府在西藏建立了正式的万户制度。根据《西藏王臣记》记载，当时前藏有六个万户：嘉玛、止贡、蔡巴、塘波且巴、帕竹、雅桑；后藏有六个万户：拉堆洛、拉堆绛、古尔摩、曲弥、襄、霞鲁；前后藏间有羊卓，共计十三个万户府。其中嘉玛即我们所说的甲玛赤康。

因十三万户具有一定的可行性，得到了元明两代统治者的持续推行，这种行政体制一直延续到明代万历年间才被废除。可以说，十三万户的建立是中央政府有效统治西藏地区的开始，也为之后历代中央王朝进一步施政奠定了牢固的基础。因此，作为目前西藏为数不多的万户府遗址，也作为古代西藏十三万户中排在首位的万户，甲玛赤康可以说承载了一个重要的、划时代的意义。

颇罗鼐

说到甲玛赤康，就不能不提一下颇罗鼐。因为甲玛赤康庄园还有一个名字叫霍尔康庄园。

1730 年，西藏地方和不丹之间的发生了几次冲突和战争，其中有位叫热丹顿珠的贵族青年立了大功，被清朝雍正皇帝授予扎萨头衔，当时西藏地方主政的七世达赖喇嘛格桑嘉措遂将甲玛赤康等地分封给霍尔康·热丹顿珠家族，从此以后甲玛庄园成为霍尔康家族庄园至1959年。

“霍尔”在藏语里有蒙古人的意思，但这位热丹顿珠本身并没有蒙古血统，是后来和父亲、兄弟一起入赘到霍康家族的，据说当时霍康家族在那一代没有了男丁继承头衔和庄园，这在旧时代的西藏贵族家庭间是一种很常见的现象。而这位热丹顿珠的哥哥就是西藏历史上赫赫有名的颇罗鼐。

颇罗鼐（1689—1747），清代西藏贵族，西藏江孜人，本名琐南多结。乾隆四年（1739）颇罗鼐被封为郡王。颇罗鼐执政期间，实行了安定西藏社会秩序，促进藏族政治、经济、文化发展的措施。西藏“政教蕃盛，人物庶富，百姓安乐”，多次受到清中央政府嘉奖。

甲玛赤康庄园中的建筑

1747 年，颇罗鼐病故，其次子珠尔默特那木札勒袭封郡王。珠尔默特那木札勒表面上顺从驻藏大臣，暗中联络蒙古准噶尔部，伺机起兵反叛。1750 年，驻藏大臣傅清、拉布敦迫於情势，诱杀珠尔默特那木札勒。随后，清朝廷派四川总督策棱领兵入藏平叛。

1751 年，清朝颁行策棱所奏的《西藏善后章程》十三条。清政府驻藏大臣制度最终确立，不再册封噶伦为札萨克。章程扩大了驻藏大臣的职权，并首次正式规定了达赖喇嘛的世俗权力，形成了驻藏大臣、达赖与班禅的僧官系统、噶厦俗官系统三者制衡的状态。正式设立噶厦政府，驻地在拉萨大昭寺，长官为噶伦，秉承驻藏大臣、达赖喇嘛旨意办事。

因此，甲玛赤康庄园过去的主人族系中的这位人物颇罗鼐，牵涉到了又一个西藏历史上的重大事件和转折点。其次子珠尔默特那木札勒事件的解决，直接促成了我们后来耳熟能详的西藏历史上的驻藏大臣、达赖与班禅、噶厦等制度的形成。

阿沛 · 阿旺晋美

说到甲玛赤康庄园中出过的又一位重要人物，就是已故曾任全国人民代表大会常务委员会副委员长，中国人民政治协商会议全国委员会副主席的阿沛 · 阿旺晋美先生（1910—2009）了。

1910 年 2 月，阿旺晋美诞生在霍尔康家族里，在甲玛赤康庄园度过了他的童年。14 岁时，拜在格西喜饶嘉措门下。格西喜饶嘉措大师刚正不阿、疾恶如仇、热爱祖国，反对“西藏独立”，鄙视贵族们尔虞我诈，这些对少年时期的阿旺晋美产生了很大的影响。

17 岁时，阿旺晋美回到甲玛庄园，代替母亲管理庄园，对农奴和奴隶从不吆三喝四。20 岁时，他应征进入藏军“仲札兵营”当兵。

甲玛赤康内的建筑，这间就是阿沛阿旺晋美诞生的房间。

1935 年，阿旺晋美与出生于宇妥家的阿沛·才旦卓嘎结为伉俪。婚后，他以阿沛家族继承人身份向西藏噶厦政府申请出仕获准，正式承袭了阿沛名号，改名为阿沛·阿旺晋美，进入贵族官员行列。他先后担任西藏地方政府昌都粮官、民事法官、孜本（审计官）、昌都总管、噶伦等。1951 年任西藏地方政府赴北京谈判的首席代表，同中央人民政府代表签订了关于和平解放西藏办法的协议。

霍康·索朗边巴

说道甲玛赤康庄园近现代历史上的重要人物，还有一位必须要提。那就是霍康·索朗边巴。霍康·索朗边巴是西藏显赫一时的大贵族、旧西藏地方政府的四品官，担任过古松如本、粘谢巴、山南多瓦宗宗本、昌都颇本、扎萨等职，昌都解放后，又任中国人民解

甲玛赤康庄园遗址中的噶当大佛塔（噶哇扎西摄）

放军十八军军需财务处副处长、昌都解放委员会委员、西藏军区藏干校教员。

在当时的西藏，霍康·索朗边巴不但是学识渊博的学者，还是一位令人敬重的名人。他身居高位，家道殷实，但在社会交往中，从不以金钱和地位取人。他是一位特别喜爱结交学者、帮助学者的藏族上层贵族。

旧时的西藏，贫富悬殊，阶级分明，贵族和平民之间，思想感情、生活境遇、甚至语言谈吐无不大相径庭。那时的许多贵族官员，大多一身霸气，骄奢淫逸。霍康却不然，嫖赌烟酒他一样不沾，读书学习却是他的所好，生活简朴，平易近人，常为人们称道的，是他经常慨然解囊，资助知识分子朋友和民间艺人。他自己就是一位满腹经纶的文人，深知对方学问的深浅，需要什么样的帮助；那些穷困的书生，也乐于和他交友，得到他的支持。正是他的善举，才使得更敦群培、格西曲扎等西藏近现代史上赫赫有名学者的著作得以问世。

格西曲扎

学过藏文的人，应该都对一本1946年出版的《藏文大辞典》有印象，这本词典的编撰人是一位蒙古族学者格西曲扎。在后来张怡荪出版《藏汉大辞典》之前，这本词典是用来学习藏文的仅有藏汉大词典之一。可以说《藏文大辞典》内容十分丰富、准确，直到现在，仍为人们使用。这是格西曲扎用了20余年的时间，几易其稿，留给人间的一份珍品。

格西曲扎1898年出生于俄国斯贝亚一个布里亚特蒙古人家庭。格西是他编纂了《藏文大辞典》之后得到的学位，曲扎是他的简名，真正的名字叫曲吉扎西。曲扎六、七岁时在家乡措卡林出家为僧。因该寺为藏传佛教寺院，所以他努力攻读藏文。1923年，25岁时曲扎和同寺年轻人按习俗，秘密离乡，至拉萨色拉寺修行。当时生活极为艰苦，靠化缘和当藏文教师维持生活。从那时起，曲扎就有志于编纂词典，开始搜集词汇。

根据《藏文大辞典》木刻版上霍康·索朗边巴亲自写的序，我们得知，1936年他们会见时，曲扎就曾提出他一直以来都有编写一部藏文辞典来便利大家学习的愿望，但因资金困难和学经不暇中断多次。霍康·索朗边巴听到后，认为这件事意义非凡，也很认可曲扎的学识，当即就表示可以为这项事业提供一切条件。因此，几经中断的编撰辞典事业得以继续并最终完成。1946年，在霍康·索朗边巴全方位的支持和资助下,《藏文大辞典》编著完成，1949 年制成木刻版，在拉萨印行。因在这些方面的突出贡献，曲吉扎西也得到了拉让巴格西学位，被称为格西曲扎。

更敦群培

更敦群培是 20 世纪西藏近现代史上的佛门奇僧、学术大师、启蒙思想家。1903 年，更敦群培出生于青海热贡。1928 年，到达拉萨学习，以画谋生，并因才艺出名。1929 年，入哲蚌寺果莽扎仓学经，并以雄辩著称。

1934 年，受印度学者罗睺罗赏识邀请，对西藏寺院、梵藏经典进行考察。1934 年 11 月，更敦群培随罗睺罗到印度大吉岭，学习

甲玛赤康庄园内景（噶哇扎西摄）

梵文、英文、巴利文等。此时，发表许多作品，完成《入行论》《法句经》《青史》的翻译，创作《欲经》。1946 年，更敦群培返回拉萨，不久被捕，一直到 1950 年才获释，此时创作《白史》。1951 年 8 月，更敦群培去世。

更敦群培学识渊博，才艺绝伦，但在旧西藏，怀才不遇，过着穷困潦倒的生活。霍康·索朗边巴向他伸出了援助之手，派人按时给他送去所需钱物，解除其后顾之忧，为他一心修史创造了良好的条件环境。特别是旧西藏地方政府以莫须有的罪名，将更敦群培逮捕入狱时，霍康挺身而出，对狱中的更敦群培送去关怀和温暖，才使得《白史》的前半部分得以在狱中完稿。《白史》全书撰写完毕，霍康又慷慨解囊，出资木刻印刷。正是这样，更敦群培毕生呕心沥血的代表作《白史》才得以问世。这些事迹，在旧时西藏文化界，成为佳话。

在西藏的各处旅行，经常会经过一些风景壮丽雄浑抑或毫不起眼的高原山水和小镇，其中会残留着一些充满沧桑感的古堡和建筑遗迹。对西藏历史稍有了解并充满好奇的人，一定会想知道这些遗迹后面蕴含着的动人故事，但往往人们的想象有时候根本比不过历史的传奇和丰富。这些雄浑壮观或毫不起眼的景点遗迹，背后所含历史信息的丰富和分量，会让真正想了解的人头脑发热，激动莫名。在高原这片土地上发生的故事，是这样的富有诗意和传奇，经常让人感慨万千。

原载《中国西藏》2017 年第 1 期

20 世纪初期的西藏摄影人

索穷

1936 年，三个酷爱摄影的年轻人在巴黎的一家小咖啡馆里相遇，他们是 28 岁的法国人布勒松，23 岁的匈牙利人罗伯特·卡帕，25 岁的波兰人大卫·西默。他们刚刚参加完巴黎新闻社的招聘考试，都落榜了。三个人边喝边聊，谈起各自的摄影志向，并相约以后要办一个真正具有独立报道精神的图片社。那就是后来闻名世界的马格南图片通讯社，"生产"了大量伟大的照片，被称为那个年代经营最成功的摄影图片合作社。

然而，布勒松们也许并不知道就在几乎同一个时期，在遥远的东方国度，在中国青藏高原的拉萨城里，也有三个志同道合的西藏青年冲破重重宗教迷雾，犁开雪域摄影的初女地，开创了西藏摄影的新纪元。他们是当时才二三十出头的德穆·丹增嘉措、擦绒·东堆朗杰和车仁·晋美松赞旺布。他们的名声没有布勒松们响亮，但他们用手中的相机忠实记录了西藏的一段历史。

穿着法衣的德穆活佛（旺久多吉提供）

德穆·丹增嘉措

德穆·丹增嘉措是他们中间的先行者，他是拉萨丹杰林寺九世德穆活佛，是十三世达赖喇嘛的侄儿，是西藏有资格出任摄政的四大呼图克图之一。

那是 1912 年秋季的一天，一个到拉萨游历的欧洲人提出要给年仅 13 岁的德穆活佛拍一张肖像。大概是胶片感光速度太慢，殿内

50 年代初正在用电影摄影机拍摄的车仁·晋美松赞旺布（陈宗烈摄）

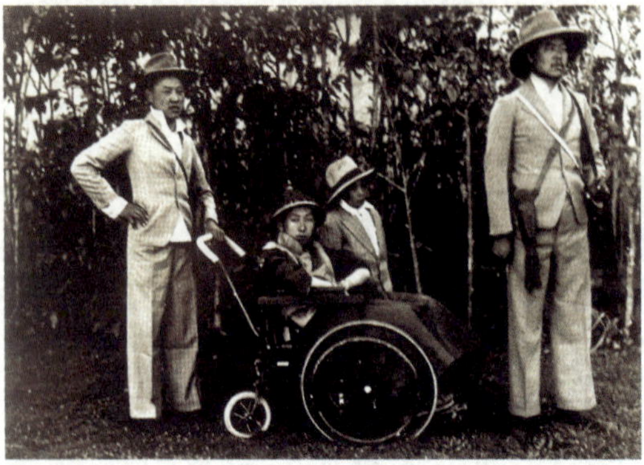

坐在轮椅上的摄政热振活佛和他的警卫，德穆活佛摄于 20 世纪 20 年代末。(旺久多吉提供)

哲蚌寺，德穆活佛摄于 1931 年。(旺久多吉提供)

光线也不好，欧洲人架好机器后，要求侍从喇嘛用绳子把德穆活佛捆绑在太师椅上，以防他在照相的时候手脚晃动。在当时的西藏社会，对活佛只有顶礼膜拜，谁敢把他捆绑起来，个个都吓呆了。欧洲人怎么解释也白搭。管家认为他有意亵渎尊神，是大逆不道，当场一顿臭骂，把欧洲人赶出了寺庙。后来德穆活佛很遗憾自己没能留下一张童年时期的小照。但从那以后却埋下了对摄影的兴趣。

到了 20 世纪 20 年代，一个尼泊尔人带着相机到拉萨开设了照相馆，由于市民怕被摄去魂魄，价格又极其昂贵，都不敢来拍照，生意十分冷清。这个在尼泊尔也算从事新潮职业的摄影师，在圣城拉萨却栽了跟头，郁郁寡欢，竟落下一场病。在生命的最后阶段，他得到德穆活佛无私的关照和慰藉。临死前，他把一套英国产的卡尔宾 (Caybin) 相机作为报答送给了德穆活佛。

思想新潮的德穆活佛于是开始了兴致盎然的摄影创作。他在拉萨、后藏及自己的家乡工布等地拍摄了大量的照片，自设暗房洗印和扩放设备，堪称高原上的第一代本土摄影师。

20 世纪 20 年代，西藏进口了两辆小汽车，一辆为达赖喇嘛专用，另一辆为土丹贡培专用，图为其中一辆。摄影时间为 20 世纪 40 年代。（索穷提供）

他用手中的卡尔宾 、徕卡（Leica）、蔡斯康（Zeisslkon）等国外高档相机留下了大量的图片。 随意、即兴的拍摄使他的作品题材广泛、包罗万象。据他的儿子、著名藏族摄影家德穆 · 旺久多吉介绍，以前他的作品数量很多、内容庞杂，可惜“文化大革命”当中流失很多，如今只剩下 300 多张。

其实，当时的西藏还非常封闭和保守。偶尔有人提起国外的科学见闻，也往往被视为“森布”（ 鬼怪 ）作法。摄影更被看作“邪术”，认为它会勾走人的魂魄，给人带来灾难。据说有一次德穆活佛在拉萨准备偷偷拍摄一场大型的宗教节日，他的举动被维持会场秩序的铁棒喇嘛发现，被追得满街乱跑。摄影这门艺术最初传到高原的时候像瘟神一样被诅咒和招人厌恶。

可以说 ，勇敢的德穆 · 丹增嘉措是千百年来雪域高原的第一位本土摄影师。

此后，西藏的很多权贵大户纷纷仿效德穆活佛，从国外购买相机，用于消遣和娱乐，贵族间互相串门拍照，一时形成风气。

当然，这其中也有把摄影当作事儿，认真经营和操作的，例如擦绒·东堆朗杰等。

擦绒·东堆朗杰

早在 1924 年 9 月，擦绒·达桑占堆有一次印度之行，一些拉萨的老人认为擦绒可能就在那一次为自己的儿子置办了成套的摄影器材。当人们知道擦绒手中积累着大量的摄影资料时，已经是 20 世纪三十年代。根据当时担任擦绒秘书的甘典先生回忆，1935 年，擦绒家就有很多他们自己拍摄的拉萨有名的寺庙、城堡、宫殿、佛堂以及西藏的康区、后藏、工布、门巴、阿里等地区藏族的服装、牧民的穿着佩戴、牧区的牦牛、各教派僧侣的服装和使用的各式各样的法器照片……

不久后的 1937 年，因堆龙沟洪水暴涨，冲垮桥梁，交通阻碍，西藏地方政府任命擦绒·达桑占堆和另一位官员为架设“赤桑桥”的总管，任命喇恰车仁·晋美松赞旺布为设计师，协助总管工作。架桥石料和民工由堆龙德庆宗筹办，石匠、木匠由拉萨出，所需木材在附近的各豁卡砍伐，钢筋和水泥从印度购进。上述诸项，擦绒派他的秘书代为办理。两位总管每隔几天去工地视察，处理一些重要事务。当桥基升高到一米左右时，擦绒总管便搬到桥头林卡住下，每天到工地具体指挥。

赤桑桥竣工后，恭请热振摄政亲临主持落成典礼，并奖励了工程总管，接见了架桥民工……就在那次工程期间，擦绒·达桑占堆带着照相机，安排自己的儿子东堆朗杰和姻亲车仁·晋美松赞旺布拍摄赤桑桥从开工、搬运材料、挖掘、下料、架设到完工、开通的整个过程，给西藏桥梁建造史留下了一份珍贵的资料。这些珍贵的历史图片现藏于西藏自治区档案馆。

参加朗玛吉度活动的乐师们。擦绒·东堆朗杰摄于 20 世纪 40 年代。（索穷提供）

此外，擦绒父子还记录了拉萨方方面面的很多情况。例如拉萨音乐行会——囊玛吉度活动的情况。擦绒本家与五世热振活佛交往的情况等。

20 世纪 20 年代，西藏进口了两部奥斯汀小卧车，一部为达赖喇嘛专用，另一部为土登贡培专用，擦绒父子也用镜头留下了两部卧车的“倩影”。

现在，流回国内的擦绒作品逐渐多起来，擦绒·东堆朗杰的作品多署名“D.N.Tsarong”。60 多年后再欣赏这些图片，给人一种恍若隔世的历史感，更是给后人提供了重要的研究资料。

在西藏自治区档案馆的历史档案室里，我们看到一张身佩相机的藏族青年在北京摄下的留影，照片中的青年人穿着一件传统的夏季长袍藏装，脖子上挂着一台 120 相机，倚着汉白玉栏杆，微笑着面对镜头。他就是车仁·晋美松赞旺布（以下简称车仁），是西藏早期的著名摄影师。

车仁·晋美

身为锡金王室后代的车仁·晋美从小留学国外。1932 年春天从印度学成归国，在 1933 年四面怙主节期间被任命为西藏地方政府官员，历任军官、喇恰、扎萨等职。

在留学印度期间，车仁喜欢上了摄影，并开始了有意识的摄影创作。他拍摄了印度的建筑、风光、人物，拍摄了噶伦堡藏族社区的生活和人际交往等。从印度回到拉萨，他的拍摄范围扩大了。他拍摄了车仁本家在拉萨兴建宅第的情况，从划线、下挖、打地基、起楼、盖顶以及这期间所办的各项仪式全部进行了详细认真的记录。

从 30 年代中期到 50 年代末，他创作了大量的作品。西藏自治区档案馆历史档案处保留的很多摄影作品均出自他手中。作品有 20 世纪初期留学印度的藏族少年的合影，日喀则基宗、白居寺、江孜宗山、甘丹寺建筑等，班禅、达赖喇嘛参加佛事、政务活动的图片，印度、内地、西藏的风光、山水、人物、建筑，藏族的婚礼、服饰、民俗和贵族的起居生活等。拍摄了拉萨西郊赤桑桥建造过程以及涉及噶厦、官员、贵族、活佛、军事、体育、农业、牧业、商业、动物、植物等的相关内容，还有车仁自己及家人在江孜、拉萨、北京、印度、锡金等地参观旅游的留影。

根据曾在原西藏地方政府担任公职的夏扎·甘登班觉回忆，最初车仁只是把摄影作为个人爱好来发展的。后来，由于摄影技术越来越精，求他照相的人越来越多，以致引起噶厦政府的重视。有人说他是达赖宫里的专职摄影师，实际情况不完全是这样。当时，达赖宫内备有照相机和电影摄影机，但是会用的人并不多。每当达赖喇嘛有重要的宗教和政务活动时，宫里就会派人通知车仁先生，请他代为拍摄，留下了非常珍贵的影像资料。后期的车仁甚至领导着一个小型摄制组，配备有专职助手，经常为西藏地方政府及达赖喇嘛的有关活动提供摄影服务，并参与了中央代表、中国人民解放军进藏初期有关活动的摄影工作。因此，说他是藏族第一位电影摄影师并不为过。

在繁忙的公务和拍摄之余，车仁先生陶醉于建筑和园艺艺术，留下了不少颇具匠心的建筑杰作，堪称一个多面手。当然，他的摄影作品更是赢得了很多人的关注。

理想的归宿

西藏自治区档案馆从 1959 年开始收集这些照片，到目前已经积累了非常丰富的图片资料。特别是最近几年，他们专门腾出时间，组织专家，并邀请夏扎·甘登班觉等健在的原西藏地方政府官员和摄影师的部分亲属对其中的一些图片进行辨认、考证，对这些特殊的馆藏品分类整理、登记，有望在几年后取得阶段性的成果，为这些珍贵的历史档案找到理想的归宿。

应该讲，作为西藏摄影界的先驱，他们记录了一个时代，一段历史，为后人留下了特殊年代的特殊记忆。由于摄影的直观性和纪实特性，从某种角度讲，他们留下的真实图片具有文字和口述历史无法取代的优势，有着特殊的史料价值。因此，人们不应该漠视他们曾付出的努力。

原载《中国西藏》2005 年第 1 期

活佛建筑师
——木雅·曲吉建才

珠玛

木雅曲吉建才（右）与藏族古建筑高级技术员德庆在布达拉宫维修现场（马竞秋摄）

木雅·曲吉建才，这是一个含义颇为丰富的名字。曲吉建才的藏语原意为“法幢”。这个典型的佛教称呼一般译为汉语时作“曲吉坚赞”，而这个名字的主人偏要把它译为“曲吉建才”，为的是取后两个字“建筑之才”的词义。在他的名片上关于身份是这样写的：西藏自治区建筑设计院建筑师、中国佛教协会西藏分会理事。

甘孜古瓦寺活佛的转世灵童

在我国四川省甘孜州的康定县，有一片开阔美丽的丘陵，山坡上树木葱葱，山脚下流水淙淙。那一带地区的人们通称作“木雅”。坐落在山腰间的藏传佛教格鲁派寺院古瓦寺，始建于公元十六世纪，以后的几百年间一直香火旺盛。本世纪 50 年代初的一个秋天，一位老奶奶领着一个 4 岁的多病儿童来这里朝佛祛病。因为那孩童的种种异样表现，寺里的老喇嘛、老格西们把他认定为几年前去世的本寺住持活佛的转世灵童，从此，这个名叫曲吉建才的男孩做了九世木雅・夏仲活佛。而两年前为他取了这个名字的宁玛派老活佛，正好是八世夏仲活佛生前的一位好友。

曲吉建才成为建筑事业的人才是在三十年以后。

聪明省事的小活佛

1957 年，康定县开始了民主改革。古瓦寺的喇嘛们面对着一场全新的变革束手无策，不知道寺院在几百年间积累和承袭下来的农庄、牧场该不该上交和归还给人民，他们破例地以此重大问题去询问未成年的小活佛。曲吉建才人虽小，但在聪明省事方面非常出色。他认为自己的寺庙应该响应政府的号召，拥护民主改革，在他的提议下，古瓦寺把寺属农庄、牧场全部无条件上交。他们的举动为全县乃至全州的寺庙作出了表率。那时，甘孜州内不大平静，康定县群众组织起民兵队伍协助解放军平叛。作为一个活佛，曲吉建才所能做的事情就是给民兵们赠送护身符。他说，不管有无实际的作用，在当时是表达了自己的心愿。

桑耶寺（于丹摄）

进哲蚌寺学经

在古瓦寺里，曲吉建才曾日复一日每天刻苦地读经，并同时学习藏语的书写和文法。到10岁的时候，他已初步掌握了佛经和藏文的基本知识。按活佛成长的传统惯例，他还要到拉萨哲蚌寺里开始更系统更深入地学习，以便考取格西学位，而后再回到自己的寺院。曲吉建才向当地人民政府提出申请，得到批准。1958年的元月，在喇嘛和信众们依依惜别的簇拥下，他缓缓地告别了自己的寺庙和故乡。同年5月，他把从家乡带来的一卡车物品进献给哲蚌寺，并以措钦活佛的身份正式加入该寺。

生活道路和方式发生变化

然而，学经不到一年，拉萨发生了武装叛乱。此后，同生活在这里的其他许多人一样，曲吉建才的生活道路和方式也起了根本的变化。在寺庙整顿的过程中，他进入为拉萨三大寺的小喇嘛开办的“色拉寺小学”学习，所设课程有藏文、汉文和数学。1963年，他又加入自治区统战部与佛教协会专门为十几名青少年活佛组织的学习班，继续学习文化知识。“文化大革命”时期，曲吉建才和其他几位年轻的活佛一起，到山南地区的农场参加劳动。在艰难的环境中，他们学会了各种农活，当过木工、瓦工和船工。曲吉建才的建筑师生涯恐怕就是从那时开始的。

1979年，曲吉建才被西藏自治区建筑设计院正式录用。因为在开设了三年系统课程的建筑专业学习班中，曲吉建才是学习成绩最好的学生之一。而且，他经常边学习边为教师担任翻译，这种能力是西藏建筑行业非常需要的。

曲吉建才本人对于建筑产生兴趣早在农场劳动时期已经开始了。这种兴趣再加上他的聪明，使得他虽然半路出家，不是名牌科班毕业，却还是成才了。

他很会择路，也有不错的机遇

到设计院之后，他曾经参加几座建筑的设计和绘图工作。没过多久，国家建设委员会下达了整理研究西藏古建筑资料的任务。自治区设计院成立了古建筑科研室，曲吉建才的学识当然是最适合该项工作的。于是，从1980年起，曲吉建才与三位建筑学界的前辈一起，先后对大昭寺、罗布林卡和古格王朝遗址进行系统的测绘、研究。其中翻阅藏文资料，采访工匠、艺人等，主要靠曲吉建才。又因为他年轻、手脚快，爬上爬下的测量及相关的绘图工作有相当一部分也落在他身上。以这三处古建筑为题，他们共同完成了三本建筑学专著，由北京建工出版社出版，并曾分别获得自治区科技成果四等奖。六年前，布达拉宫又成为他们的研究课题。经过艰苦细致的工作，一部上中下三册的长篇论著已脱稿，国内建筑行业的著名专家充分肯定了其价值，现已列为文物出版社重点书目。

对具有民族特色的寺庙建筑及其他建筑群落、建筑方式进行现代意义的科学研究，揭示其在文化积淀和技术独创方面对文明发展所作的贡献，这是曲吉建才在若干年的工作中所体会到的最大快乐，也是他对工作倾注巨大热情的动因。这期间，他还撰写过若干篇论文，阐述自己对西藏建筑某些特点的理解，并做出诠释。其中 1986 年在西南五省区建筑讨论会上宣读的两篇论文——《藏式建筑的外墙色彩》《藏式建筑的构造做法》可为其代表。特别是在第一篇论文中，他从环境、风俗、心理等不同方面和层次上对藏式建筑外观红、白两种主要颜色，以及黄色的应用进行了很有说服力的解释，得到了与会专家们的赞赏。

参与修复桑耶寺的设计工作

1986 年底，坐落在泽当附近雅鲁藏布江畔的桑耶寺开始全面修复，曲吉建才接受了修复工程的设计任务。其中主殿金顶拱架技术难度最大，东西、南北跨度均为 15 米，中间无任何支柱，在藏式木结构建筑中是出类拔萃之作。曲吉建才仅靠一张原内部结构的照片和喇嘛的描述开始了复原设计。为求稳妥，他指导古建筑维修队的工人用相同木质，以 1：10 的比例精细地制作了设计模型，而后正式确定方案。如今，桑耶寺的金顶已在葱郁的山谷中熠熠生辉。

“我们的工程师！”

使曲吉建才难以忘怀的是十世班禅大师在世的时候曾经给予他许多关心和帮助。每次去北京出差，他都要到大师家去拜望。大师总是详细地问起基层的一些具体情况，他便很认真地向大师讲述。1987 年，班禅大师点名要他到在北京开办的中国藏语系高级佛学院学习。因为大师知道他是西藏宗教界唯一的建筑人才，认为他应具备更多的佛学知识。一年学习期满后，大师问他希望从事佛学还是从事建筑，他说打算专门搞传统建筑和寺庙建筑的研究。大师说：“这样很好。”大师每次见到他，总是笑着称他为“我们的工程师”。他当时的技术职称还是助理建筑师，所以不止一次地向大师解释：“我还不是工程师。”可大师偏要固执地叫他：“我们的工程师！我们的工程师！”

如今，这位真正的建筑师正在参加布达拉宫维修工程的技术设计工作。

还应向您介绍的是，曲吉建才于十几年前与一位年轻貌美的拉萨姑娘结了婚。现在，他们有一个聪明的儿子和一个文静的女儿，全家每个人都有自己的一份愉快。

而他几次休假回乡的时候，家乡的老人们依旧把他当作活佛叩拜，尽管他一再告诉他们自己是个很普通的人。

原载《中国西藏》1990 年春季号

清军中的八位藏族爱国将领

陈小强

十八世纪末，随着西方殖民势力的不断侵入。我国逐渐沦为半殖民地社会，中华民族面临着灭亡的危机。在这种深刻的历史背景下，各民族人民深受爱国主义精神的鼓舞，开展了轰轰烈烈的反对外国殖民势力入侵的斗争。藏族人民在这场反侵略的爱国斗争中表现得尤为英勇，不仅反对西方殖民主义者对广大藏区的经济、文化侵略，更为可贵的是，藏族将士还多次直接参加了抵御外侮的反侵略战争。藏族将士参加的反侵略战争，有些是在藏区进行的，如 1904 年的抗英江孜之战，其事迹早为人们所熟知，另有一些反侵略战争，则是在清中央政府的统一布置下，藏族将士与其他各族官兵并肩作战，在我国的其他边疆地区进行的。这就说明了藏族人民的反侵略斗争与我国其他各族人民的反侵略斗争一直是息息相关的，大家利益一致，同仇敌忾，共同构成了中华民族反侵略反压迫斗争的长城。充分显示出我们统一的多民族祖国坚强的向心力和凝聚力。

以下，我们介绍几位清军中的藏族爱国将领。他们在清政府的统一部署下，参加了我国边疆各地的抵御外侮的战争，是藏族人民积极参加反侵略斗争的杰出代表。

木塔尔

木塔尔是四川小金川地区的藏族，原为当地部落的小头人，1772 年（清乾隆三十七年）小金川之役时他率领亲属及部下投附了清军，受到清政府厚遇。因功被提拔为三等侍卫，赐孔雀翎。清军彻底平定大小金川之乱后，木塔尔再次被提拔为头等侍卫，并予“赞巴巴图鲁”的称号，被评为平定大小金川的功臣，列“后五十功臣”中，绘图形于皇帝的紫光阁。

1788 年（乾隆五十三年），台湾发生林爽文起义，干扰了清政府对台湾的统治。木塔尔因此率部下赴台湾参与平乱，当时调到台湾的金川屯练降番达 2000 人，这应当是我国藏族人首批进入宝岛台湾的记载。台湾平定后，木塔尔因功劳卓著，再次被绘图形于紫光阁，列为平定台湾的“前二十功臣”之一。

1791 年（乾隆五十六年），当时统治着尼泊尔的廓尔喀势力入侵我国西藏地方，攻陷了后藏地区的聂拉木。在此危急时刻，木塔尔又奉命率部赴藏参战。战争一开始，木塔尔就因防守木萨桥有功，并俘获敌酋格别达喀叽哈，被加封副都统衔。在清军进攻济咙时，木塔尔与侍卫哲森保一起，先攻克了险要的东南山梁，再乘胜移兵追击败敌，因而一举收复济咙，木塔尔率部共歼敌兵数百人，歼敌酋 7 人。此后，清军攻向雅尔赛拉、博尔东拉，木塔尔率兵从噶多普迁道渡河突袭敌军，占领石卡、木城。在廓尔喀入侵彻底被平定后，木塔尔再次被绘图形于紫光阁，列为平定廓尔喀“后五十功臣”

之一。由于功高劳苦，乾隆皇帝特意令木塔尔赴京晋见，赐酒加以慰劳，并赏给银两、绸缎等物。

1795 年（乾隆六十年），木塔尔病卒于四川资阳，朝廷特加抚恤，赐白金百两以安葬。

阿木穰

阿木穰是四川金川地区的藏族，其家族为当地的世袭土司，他本人被清政府封为大金河千总职，并加副将衔、巴图鲁勇号。

1842 年（道光二十二年），英国殖民侵略军发动的鸦片战争进一步扩大化，英军侵入江浙沿海地区。随着东南沿海前线战事的进一步吃紧，清政府作出部署，调集各族军队联合进行反击。在这种危急的形势下，阿木穰等数位藏族将领率领藏族屯兵 2000 余人，跋山涉水、历万里征程，于当年 3 月在浙江宁波、镇海和慈溪等地，参加了鸦片战争中著名的宁镇战役和大宝山战役。当时，阿木穰与另一位藏族将领哈克里率藏族屯兵 700 人，隶属于四川营参将王国英指挥。3 月 10 日夜，清军按原计划向占据宁波的英国殖民军发起猛攻，阿木穰率领藏族屯兵 400 人担任强攻宁波城西门的先锋。战斗一打响，阿木穰率领的藏兵精神抖擞，着藏袍，戴虎皮帽，由望京门强攻入城，然后直扑向城中鼓楼，不幸在城中遇伏被围。由于人单势孤，而援军又不济，阿木穰不敢恋战，急率部属奋战突围。在撤退中，终因所处地形不利，寡不敌众，阿木穰与部下藏族屯兵百余人战死，光荣为国捐躯。

浙东战事结束后，清政府赐恤牺牲的将领，对阿木穰家族进行了封赏。而在饱受了战争之苦的浙江慈溪，当地人民感念那些牺牲的爱国将士，特建祠于当地，命名为“高节祠”，阿木穰与另一位为国捐躯的藏族将领哈克里被祀奉于祠中。

哈克里

哈克里是四川阿坝地区的藏族，其家族世为当地头人，他本人被清政府封为瓦寺土守备。

中英鸦片战争爆发后，哈克里也奉命率金川藏族屯练士兵赴浙东前线参战。1842 年（道光二十二年）3 月 10 日夜，清军反攻宁波、镇海、招宝山的战役打响后，哈克里率藏族屯兵 300 人，担任攻取招宝山等地的先锋，向镇海城北的招宝山英军炮台阵地发起猛攻。藏族屯兵们多来自山区，他们利用擅长登山的优势，敏捷地沿着敌军炮火的俯射化角向山上进攻。在战斗的前半期，藏兵们前进得很顺利，伤亡很小，眼看就要攻入炮台，胜利在望了。这时，忽然有一艘敌军舰向招宝山海岸驶来，军舰开动所有炮火，向暴露在山坡阵地上的仰攻的藏族屯兵猛烈轰击，造成很大伤亡。这时山上炮台阵地中的英军又汇合了援兵，从山上向下反攻。在这种夹击进攻下，藏兵伤亡更大，终于寡不敌众，在经过一场激烈的肉搏战以后，哈克里及手下藏族屯兵全部壮烈牺牲，光荣为国捐躯。

浙东战事以后，清朝政府照例对哈克里的家族进行优恤封赐，以表彰他的爱国业绩。同时，浙江慈溪人民感念其功，也将他祀奉于当地的“高节祠”中，以纪念他勇敢为国献身的精神。

索文茂

索文茂是四川阿坝地区的藏族，被清朝政府册封为瓦寺土舍。

中英鸦片战争爆发后，索文茂奉命率领藏族屯兵 4000 余人赴援浙东，协同陕甘军金华协副将朱贵部作战。1842 年（道光二十二年）3 月 10 日夜，清军反击战打响后，索文茂率领部属，协助陕甘军抗英名将朱贵沿慈溪一线阻击敌军。当英国殖民军沿慈溪江溯流而上，企图迂回攻入慈溪时，索文茂所率的部队与之接火。索文茂带领藏兵利用地形上的隐蔽优势、用山间的林木作掩护，采用流动作战的形式，用扛炮猛烈轰击暴露在视野里的敌人，而自身处于隐蔽状态中，使敌人找不着攻击的目标，因此有力地牵制了敌人的进犯，并创造了以少胜多而自身无伤亡的奇迹。

浙东战事结束后，清朝政府论功行赏，索文茂受到表彰，被授以花翎，功加一级。

桑吉斯塔尔

桑吉斯塔尔是四川藏族，自幼随家族归附清政府，隶于满洲正蓝旗。清军平定大小金川之乱以后，桑吉斯塔尔响应出征，因功被授封，从此成为活跃人物。后来桑吉斯塔尔又参加了石峰堡战役，奉命赴西藏参加了抗击廓尔喀入侵的战役，因战功被赐予“察尔丹巴图鲁”的称号，授头等侍卫，改隶于内务府满洲。此后，桑吉斯塔尔又多次参加了清军对各地反叛和起义的征讨，由于屡立战功，被授予骑都尉世职，任正蓝旗汉军副都统，1818 年（嘉庆二十三年）病逝于北京。

喇嘛噶绕活佛

喇嘛噶绕活佛，全称为“察汗呼图克图·至尊先巴图道布更噶加参”。清代的有关史料中记为“棍噶札拉参”。他是甘肃卓尼地区的藏族，生于 1835 年（清道光十五年），自幼在父母安排下出家为僧。

喇嘛噶绕活佛从青年时代起就活跃于漠西蒙古地区，曾在新疆塔尔巴哈台等地传教说法，扩大藏传佛教的传播影响，并注意在当地的上层人物中活动，与当地的清朝政府官员们建立了密切的关系。

1864 年（同治三年），新疆地区爆发了回族和维吾尔族人民的反清起义。先后攻占了天山南北各地。此后，由于当地封建主的介入，反清队伍逐渐成为进行封建割据的武装力量。此时正在北疆边境地区进行弘法传教的喇嘛噶绕活佛深为地方局势的变乱而担忧，他便主动与当地的塔尔巴参赞大臣锡霖会晤，商讨对策。同年 11 月，沙俄殖民势力趁新疆地区变乱的有利时机，突然派兵侵入当时归我国管辖的阿尔泰乌梁海库什业莫多及塔布图地方进行滋扰，企图从混乱局势中渔利。面对沙俄的侵略和在各地的疯狂掠夺，喇嘛噶绕活佛义愤填膺，毅然决定站出来领导抵抗。次年喇嘛噶绕活佛在当地的西耐衍寺举行了仪式，奉还了出家的律仪，破戒从戎，招兵买马，积极训练，准备与侵略者作武装对抗。1865 年（同治四年）6 月，喇嘛噶绕活佛率兵千人解了塔城之围，并在乌尔扎尔（今肇丰县）和加木图乌大败敌军。为此，清政府下诏册封喇嘛噶绕活佛为“阿吉图呼图克图”，但喇嘛噶绕活佛淡泊名利，谢绝并退还了封号。次年，同治皇帝再次封赐“呼图克图”银印和金册，并册封喇嘛噶绕活佛为将军。

此后，喇嘛噶绕活佛又参加了平定布伦托海之乱，一度替清政府代管伊犁索伦营兵和塔城额鲁特兵。由于战功显赫，1870 年（同治九年），清政府再次册封喇嘛噶绕活佛为“棍噶扎拉参呼图克图”，并赐金印，噶绕活佛所在的阿勒泰寺院被赐名为“承化寺”。

1876 年（光绪二年），沙俄侵略分子塔波宁等人，私自携带武器闯入我国境内，骑马肆意闯入承化寺，被喇嘛噶绕活佛逐出寺院。

沙俄以此为借口，向清政府施加压力，想要除掉他们的眼中钉。结果在沙俄的压力下，喇嘛噶绕活佛被清政府罚俸一年，但他并不为此感到灰心，仍然频繁活动于北疆各地，鼓舞各族人民抗击沙俄的侵略和掠夺。

1878 年，清军在左宗棠的统帅下，驱逐南疆阿木柏及北疆沙俄侵略势力，收复了除伊犁外的新疆领土。到了这个时候，喇嘛噶绕活佛才得以与清政府恢复联系。1879 年（光绪五年），时任伊犁将军的荣全设宴为噶绕活佛庆功，并奏请清政府恢复噶绕活佛的将军职务，颁赐将军金印。

此后喇嘛噶绕活佛以僧人身份前往西藏朝圣。在藏期间，他曾受清政府和达赖喇嘛委托，成功地调解了尼泊尔与西藏地方的纠纷，保证了国家利益不受侵犯，对稳定地方社会做了很大贡献。当时的四川总督极力向清政府推荐喇嘛噶绕活佛担任西藏地方摄政，但被他坚决拒绝。

这以后，喇嘛噶绕活佛又长年活动于北京、甘肃与新疆各地，为维护祖国统一、抵御外侮做出了不懈努力。

1895 年（光绪二十一年）9 月 30 日，喇嘛噶绕活佛病逝于甘肃家乡。

原载《中国西藏》1994 年第 3 期

忆黄明信老先生

金雷

（一）

初次见到黄明信老先生，是2007年12月29日，当时我在读博士二年级，随从导师陈庆英教授，参加了在国家图书馆红厅举办的“黄明信老先生九十华诞暨《黄明信藏学文集》出版座谈会”。那天，黄老精神矍铄，神采奕奕，我还分吃到黄老的生日蛋糕并得到一套《黄明信藏学文集》，算是跟黄老结了缘。

2009年6月临近博士毕业之际，得知国家图书馆首次招聘博士后，当时简章上并未设导师和研究方向，我打电话咨询时，工作人员说可自选国家图书馆的学者作为导师，将研究项目报给国图博士后办公室。我立即跟导师商量，陈老师建议我找黄老作为博士后合作导师，这是跟黄老学习的一个契机，继续做“多罗那他”相关课题，去申请国图的博士后。但这得有一个前提，那就是黄老也愿意带学生。于是，在惴惴不安中，我给黄老打了个电话，果不出意料，黄老当即拒绝，说对我不了解，也不清楚国图招聘博士后的事情，无能为力。我把这个情况跟陈老师汇报后，陈老师给黄老打电话，介绍了我的情况和我的博士论文，黄老终于同意见我一面。

隔日十点钟，我带着国图招聘博士后的简章、自己的简历、博士论文和《多罗那他详述自传》部分译文，到了黄老位于北京舞蹈学院院内的家门口，忐忑良久，敲了三下，屋内传来一个苍劲的声音："谁呀？"

"是我，金雷，陈庆英老师的学生。"

黄老的夫人李老师开了门，黄老坐在椅子上，说，"我腰不好，起身不方便。"我内心极愧疚，急忙向黄老道歉，并表明来意。介绍了对多罗那他的研究，以往的学者对多罗那他有误解，认为他 1614 年建了达丹丹曲林寺后去蒙古喀尔喀部传法二十年，圆寂在库伦，

黄老在"黄明信老先生九十华诞暨《黄明信藏学文集》出版座谈会"上

转世为哲布尊丹巴呼图克图。但从《多罗那他详述自传》中，多氏从未离开西藏，不曾去蒙古传教。而且，达丹寺规模极宏大，自1614年开始筹建，至1629年才完工，多氏自传也于1633年搁笔。因为紧张，我有点语无伦次。黄老一直认真地听着，眼睛始终盯着我，目光深邃。黄老看了我带去的材料，说他已上网查了有关中国的博士后制度。我十分惊讶，上网？黄老已九十二岁了，上网？我注意到黄老的书桌上有一台笔记本电脑。黄老看出我的惊讶，说他的外孙是电脑工程师，上网和打字都是跟外孙学的。这让我感慨不已，学习，是黄老践行了一辈子的事，活到老学到老，黄老做到了。

黄老对我所报课题的可行性和国图能否会批准他担任合作导师作了一番分析，说，可以试一下，但不要太乐观，尽人事，听天命。原来，黄老为这一次会面提前做了功课，再次感慨黄老的严谨和理性，以九十二岁高龄，如此清醒，说话有条有理，除了腰腿不太好、耳朵略背些，黄老与普通老人实在不一样。

此次会面，还知道了另一个令人震惊的消息，就在此前一周，黄老的小儿子因心脏病去世了，刚刚四十出头。黄老说起此事，也依然语态平和，看不出情绪的波动，而我的内心，却已是波涛汹涌了，感叹世事无常，感慨黄老命途多舛。

后来，果如黄老所料，在国图做博士后一事没成。我去中国社会科学院世界宗教研究所做了博士后。

（二）

2009年至2013年，因女儿每周日在北京舞蹈学院考级中心学跳舞，每次接完女儿我都去探望黄老夫妇。每次见黄老都带些礼物，黄老多次说，来则来已，不必拘于老礼，非要带礼物。考虑到一周也只去见一次黄老，不好意思空手，必是要带些礼物。黄老说，你还不算是参加工作，不容易，非要拘礼，只带四个苹果就好了，表示四季平安。黄老如此替人着想，令我感动不已。

一次，接完女儿去看望黄老，黄老问起女儿的学习，感叹学校的语文课也极少中国传统文化的精华了。我说女儿报了吟诵班，每周六都以中国传统吟诵的方式学习《孟子》，已学完两章，正在学习第三章。黄老说："《孟子》我小时也学过，当时我父亲是辅仁大学的副教授，考虑到新式学校传统的经典教的少了，父亲与他的一个朋友相商，双方易子而教。每周有几天晚上父亲去朋友家教他家的子弟，他的朋友来我家教我们兄弟姐妹和我的两个姑姑。我们放学后就要跟着家庭教师学习四书五经和书法。《孟子》我还记得。"说着，背了起来：

子见梁惠王。王曰："叟不远千里而来，亦将有以利吾国乎？"孟子对曰："王何必曰利？亦有仁义而已矣。王曰'何以利吾国'？大夫曰'何以利吾家'？士庶人曰'何以利吾身'？上下交征利而国危矣。万乘之国弑其君者，必千乘之家；千乘之国弑其君者，必百乘之家。万取千焉，千取百焉，不为不多矣。苟为后义而先利，不夺不餍。未有仁而遗其亲者也，未有义而后其君者也。王亦曰仁义而已矣，何必曰利？"

黄老一口气背了一大段，我和女儿目瞪口呆，黄老从当初学《孟子》到此时，中间间隔大概也有八十年了吧，居然还可以大段背诵。黄老说，当时家庭教师要求极严，光会背诵是不够的，一定要能默写下来才算合格。中国传统文化是手眼相传，眼睛看手要写，能默下来才能掌握。黄老教育人，从不以说教的方式，而是以讲故事或是亲身经历来告诉人怎么做。可惜我愚钝，当时没听懂，黄老用他亲身的经历在告诉我教育子女学习传统经典应重视默写的方法。果不其然，当年没有要求女儿默写，只讲吟诵，现在她已将所学的四书都还给古人了。

（三）

黄老有些书是藏学方面的经典，已在市面上买不到了，于是我跟黄老借去复印，黄老就一再嘱咐，复印的时候不要过分的按压书籍，要不然书就会散开了，复印完就快点给我送回来，对书籍的爱惜溢于言表。为了不使黄老担心，我每次复印都很小心，复印完就马上给黄老送过去。

当时我参加了中国社科院梵文研究中心的梵文班，主讲老师是黄宝生老师、葛维钧老师和郭良鋆老师。黄宝生老师把他校勘并重新翻译的《入菩提行论》送给每位学员，我有幸多得了一本，就拿去送给了黄明信老先生。黄老非常高兴，说当初在拉卜楞寺学经时，藏族的僧人特别重视《入菩提行论》，他的一位师兄就能把全篇都背诵下来。《入菩提行论》在汉藏佛教中重视程度不同，主要是翻译水平的不同造成的，“入行论”译成汉文是宋代，当时来华的梵僧不太通汉文，与他合作的汉人笔授也不大懂梵文，双方配合得不好，以至于《入菩提行论》汉译本晦涩难懂，但藏译本就译得非常好，梵文本是偈颂体，藏译本也是偈颂体，内容上也能契合梵本原意，这三个本子应结合起来相互对照、深入研究。黄老的建议是极好的，可惜本人心有余力不足，还好现在西藏社会科学院贝叶经研究所的一位青年学者正在做此课题。

对博士后出站后的去向，当时考虑到女儿的教育，很犹豫是否还回西藏工作。黄老建议，既然学的是藏学，还是要到藏学的大本

作者与黄老的合影，在黄老家中。

营去。黄老提到，20 世纪 30 年代他想随九世班禅进藏而不得，现在我有这么好的机会留在西藏还是要认真对待。思之再三，我于 2013 年 7 月回到西藏社会科学院工作。

2014 年冬季我从西藏休假回京，给黄老带了一斤酥油和五斤糌粑。酥油是我的藏族朋友从康玛老家带给我的，纯正的酥油。黄老非常高兴，说起他当初在拉卜楞寺学经时，所吃的酥油常常是变了颜色长了绿毛的，他把这一小团酥油捧着，闻了闻，然后递给保姆，说："放到冰箱里，明天早晨我吃酥油糌粑。"

如今，黄老仙逝，回想黄老的点点滴滴，痛不可言。

黄老治学严谨，为人谦逊，即使年迈，亦不断学习，不落时代步伐，面对人生的坎坷，坦然、平和，"高山仰止，景行行止，虽不能至，然心向往之。"黄老是我人生榜样！

原载《中国西藏》2017 年第 5 期

张怡荪教授与《藏汉大辞典》

李豫川

西陲文化院是原四川大学文科研究所所长、《藏汉大辞典》主编张怡荪教授（1893—1983 年）在民国时期组织成立的私立藏文化研究机构，与当时成都、重庆两地成立的汉藏教理院、华西边疆研究所和康藏研究社并称为民国时期四川“四大藏学研究机构”。张怡荪为实现其编纂一部《藏汉双解大辞典》，“为后来者搭下一座桥梁”的心愿而创办西陲文化院，研究边疆文化。在西陲文化院时代，张怡荪主持完成了包括编撰《藏汉大辞典资料本》在内的多项研究，奠定了 1985 年 7 月由北京民族出版社正式出版的《藏汉大辞典》的基础，为汉藏人民文化交流做了一件大好事，也为藏文化研究和藏学发展作出了杰出贡献。

20 世纪三十年代初，日本发动“九一八”事变，侵占东北三省，将侵略矛头指向华北，中国面临的国家生存与民族危机更加严重。1935 年“华北事变”发生后，国内形成新的抗日救国高潮，一批学

1958 年藏汉大辞典编写组合影（前排中为张怡荪）图片源自南充晚报

者开始专门研究中国边疆民族及中西交通史料，致力于专门的边疆研究。

与边疆危机日益加深相关的另一个促使边疆研究兴起的原因，是外国人在中国边疆研究中的领先地位。英、日、美等国对中国边疆进行过深入的考察研究，并写下诸多调查报告和著述，国内学者对它们作了搜集与整理。通过比较，国内学者对边疆研究有了比较清晰的认识，看到了国内外的差距，并视为国家前途之忧虑。

1932 年，太虚法师（1890—1947 年）在重庆北碚缙云山创办了汉藏教理院。1941 年，西南民族学院的创始者之一、华西协和大学社会学系主任李安宅教授（1900—1985 年，后任四川师范学院外语系主任）在成都创立了华西边疆研究所。1946 年，中国近代藏学研究的奠基人和先驱者之一、四川大学农学院教授任乃强（1894—1989 年）在成都募捐成立了康藏研究社，发行《康藏研究》月刊。这些研究机构是近代中国边疆研究中的重要力量，它们对我国西部地区的社会、宗教、文化等方面的调查研究，推动了边疆研究高潮的形成。张怡荪创办的西陲文化院就是在中华民族危难存亡的背景之下，应运而生的边疆学术研究机构。

张怡荪在 1936 年开始筹备，1937 年正式成立的“西陲文化院”，是当时边疆研究热潮中的私立藏学研究机构之一，并得到了国民政府的认可。“西陲”指“西康藏卫”，包括今天的四川甘孜藏族自治州、青海玉树藏族自治州、云南迪庆藏族自治州和西藏自治区。

对于西藏语言、历史与文化的研究，是被现今中外学术界称为“藏学”的重要组成部分。张怡荪创办西陲文化院的原因既是出于他对西藏语言、历史与文化的浓厚兴趣，也与太虚法师和陈寅恪的影响不无关系。

太虚法师是一位知识渊博的佛学通家和弘扬佛法的积极的社会活动家。他于 1932 年秋季创办了汉藏教理院，以培养合格的住持僧为办学宗旨。在他的倡导带领下，涌现出了一大批弘法的优秀僧伽人才，张怡荪教授即是其中的出类拔萃者。

由于西藏文化是以苯教文化为基础，佛教文化为主导，并吸收其他民族文化，结合本地区本民族的特点融合而成的，因此西藏文化与佛学密不可分。张怡荪在了解佛学的过程中，开始关注西藏文化。

1928 年 8 月，国民政府将清华学堂升格为国立清华大学，任命罗家伦为校长。是年底，张怡荪被清华大学聘为国文系讲师。在清华大学，张怡荪遇到了一位同事，历史系、中文系、哲学系合聘教授陈寅恪。可以说，张怡荪最终走上研究西藏语言文化的道路，作为中国藏学研究的奠基人之一的陈寅恪对他的影响不可低估。

著名学者陈寅恪（1890—1969 年），年轻时游学欧、美、日各大学，1926 年归国后任清华国学研究院导师，此后执教于清华大学、西南联大等校，对历史学、宗教学、藏学、蒙古学等学科均有精深的研究，被誉为藏学研究的奠基人之一。张怡荪晚年回忆他受陈寅恪影响，萌生编纂《藏汉大辞典》的情况时说：“早在 1928 年于清华大学任教时，我就在陈寅恪先生那里接触到藏文资料。后来，又阅读过不少国外藏学方面的著作，思想颇有感触。西藏是我国领土，藏族是我国的一个民族，国内却少有人致力于藏族文化的研究。于是，我决定染指于西藏文化这一领域，一面拜师求教，学习藏文；一面收集国内外藏学研究方面的资料；同时又加入佛学研究团体，钻研佛教哲学。而要揭开藏族文化宝库，就必须有一部完善的工具书，既便于自己使用，也可为后来者搭下一座桥梁，这样，我遂萌下编纂《藏汉大辞典》的念头。”

1932 年夏，在山东大学任教的张怡荪，在开讲九门课程、事务非常繁忙之余，一直在进行搜集、翻译西藏文化研究成果的工作。1936 年 10 月，张怡荪回到北平，不再担任何教职，而是全身心投入编纂藏汉辞典的准备工作，从此与藏语言文化研究结下了长达半个多世纪之久的不解之缘。

编纂辞典是一项极为浩大的工程，非一人之力所能为。于是张怡荪邀集愿意从事西藏文化研究的一批同事（主要是他的学生），如北京大学毕业的金鹏、李荫亭，清华大学毕业的贺华予，山东大学毕业的李鉴铭、隋廷莹等人共同努力。他们先在北京圆恩寺，后又在喇嘛众多，藏书也很丰富的雍和宫租用部分房屋，作为工作地址，并聘请喇嘛们讲授藏文。

1937 年 5 月，“西陲文化院”在北平成立。编纂者之一的金鹏回忆道：“那时与现在不同，如今编纂辞典主要靠国家拨款接济，当时我们仅凭一腔热情自筹资金。”正当西陲文化院同仁决心在北平大展经纶之时，发生了“卢沟桥事变”，抗日战争全面爆发，平津及沿海重要城市相继沦陷。其后，张怡荪等人只好携带《藏汉集论词汇》和《藏汉语对勘》稿本南行至上海求印，未果，又被迫去香港。途中，张怡荪为这两本书写成“序言”，到香港后，由大东书局香港印刷厂石印成书，它们是西陲文化院最早出版发行的两本书。由于抗战初期沿海重要城市相继陷落，局势日益紧张，他们在香港的处境并不乐观。

1933 年底，刘湘在蒋介石的支持下统一了四川，次年底，国民政府明令改组四川省政府，1935 年 2 月 10 日，刘湘在重庆就任四川省政府主席，7 月，省府迁往成都。虽然刘湘统一四川得到蒋介石的帮助和支持，但他对中央势力控制四川的现实极为不满，决定采取措施加强自己的实力，其办法之一即为大力赞助省内各研究机构，以赢得知识界和学术界对他的支持。

刘湘早已知悉西陲文化院和张怡荪的情况，此时听说该院面临窘境，当即委托财政厅厅长刘航琛（1896—1975 年）去请张氏回川，任职省政府。刘见到张，说明自己的来意后，张怡荪回绝道：“我一介书生，哪懂为官之道？”刘航琛立即回答：“先生回川不做官当然可以，您尽可从事您热爱的事业。听说先生在北平办有西陲文化院，何不迁回四川开展工作呢？四川毗邻西藏，具有得天独厚的研究条件，只要先生愿意回川继续经营文化院，我们政府将给予大力支持。”见刘航琛态度诚恳，张怡荪联想到自己和西陲文化院的现实处境，在与同事商量后，答应了刘航琛的邀请。1937 年底，张怡荪率同事们从香港来到成都，正式在厅署街挂出了“西陲文化院”的招牌，刘湘立即拨款予以支持，并资助成立了西陲文化院印刷厂。有了这些支持，张怡荪等人才能以西陲文化院为基地，开展藏学研究活动，编成《藏文书牍轨范》《汉藏语汇》《藏汉译名大辞汇》和《西康省分县地图集》等书。他还专门邀请藏族著名佛学大师喜饶嘉措到西陲文化院主讲佛经，了解藏地佛学。此后，又从《杂集论》《瑜伽师地论》《俱舍论》等藏汉文佛典里收集词汇、短语，于 1945 年汇编为《藏汉大辞典资料本》，分装成 10 册，成为当时全国藏汉辞书中资料最丰富的一部书稿。

1950 年，张怡荪将自己编纂的辞典和地图集赠送给进藏部队，被聘为四川大学中文系教授兼文科研究所所长，在其主持下，用 3 年时间编成《藏汉大辞典》样本。

1951 年春，张怡荪聘请隆莲法师参加《藏汉大辞典》的编写工作。隆莲法师以出家人的身份对《藏汉大辞典》资料本作了某些修改，增加了一些汉文注释。

1958 年，中国科学院四川分院成立后，《藏汉大辞典》编纂委员会从四川大学划归四川分院领导，张怡荪调到分院。是年，分院派张怡荪率领辞典编纂组前往拉萨收集资料。

在拉萨，《藏汉大辞典》编纂委员会得到了各方面的大力协助，著名藏族诗人江金·索朗杰布和著名藏族学者洛桑图旺、洛桑多吉均积极参加工作，张怡荪十分兴奋，在与副主编祝维翰商量后，决定改弦易辙，打破原稿规模，扩大收词范围，变藏汉对照为藏汉双解，使辞典的编纂更加规范化、科学化。

张怡荪治学谨严，对大辞典的每个词条都要仔细审阅，常说：“编纂辞书是一项严肃的工作。辞典就是老师，要为读者释难解惑。词目的释文，要给人以简明、确切、具体而全面的概念。我们辞典编纂人员要以严肃认真的态度对待工作。”他历来重视民族团结，对共事的藏族学者十分尊重，并能充分地发挥他们的专长。他在拉萨一住四年，生活虽然艰苦，但心情却很愉快。

1962 年，张怡荪回到成都焦家巷 38 号宅院家中，正式着手编纂大辞典。1964 年，他将编好的书稿送到北京，请各位专家学者审查。中央民委对大辞典作出了这样的评价：“《藏汉大辞典》收词相当丰富，解释比较详细。它已经超过了现有藏文辞典的水平，有出版价值。”并拨款五万元（相当于今天的二百万元），由民族出版社出版试印本 1000 部。

张怡荪从北京回到成都后，立即组织编纂人员进行修订，并如期将书稿送到北京。不久“文化大革命”开始，《藏汉大辞典》的编纂工作被迫中断，张怡荪本人也受到冲击，但他深信编纂辞典的工作对人民是有益的，终将得到恢复。1977 年底，他给邓小平和方毅写信，提出恢复《藏汉大辞典》编纂工作的要求，邓、方做了批示，中央统战部和国家出版局在北京联合召开了关于恢复《藏汉大辞典》编纂工作的会议，并向四川省有关单位正式下达公文。1978 年 5 月，编纂工作重新上马，1979 年出版了《藏汉大辞典》征求意见稿。这时，张怡荪已届 85 岁高龄，但他精神矍铄，仍亲自抓编纂工作，不时过问编务。此后，又经过五年的努力，辞典内容更加丰富，质量也有较大提高，基本上达到了预期的目的。

1985 年底，新华书店北京发行所为《藏汉大辞典》出了一期专辑，并作了这样的介绍——

“由张怡荪教授主编、民族出版社 1985 年 7 月出版的《藏汉大辞典》，是一部汇集藏族语言、日常生活和文化科学等方面的词语、知识，按藏文字母次序编排的藏汉双解辞书。它是我国第一部供读者阅读藏文典籍，研究藏学课题以及解决实际问题使用的综合性工

老版藏汉大辞典（才仁摄）

藏汉大辞典（扎西摄）

具书，全书约三百五十万字，收词 53000 余条，以词语为主，兼收百科。词语部分收有基本词和合成词两大类；百科部分收有语法、文学、历史、地理、诗歌修辞、同义藻语、佛学、因明、医药、历算等。此外，还收有旧时公文、封建法典、藏区风习、农牧生产、器用服饰、工艺建筑、赋税差徭等方面的词目。本书还附有‘动词变化表’‘干支次序表’‘藏族历史年表’以及具有浓厚藏族风格的彩色图片百余幅。这部辞典不同程度地反映了藏族文化的各个方面，收词范围广泛，解释比较详细，具有较高的学术价值和实用价值，是藏语文工作者、教育工作者、研究工作者和具有中等以上文化程度的读者阅读藏文典籍必备的工具书。”

张怡荪教授耗尽毕生心血主持编纂的这部凝聚着汉藏学者智慧的辞典，为祖国的藏学事业和世界文化的发展作出了重要贡献，该

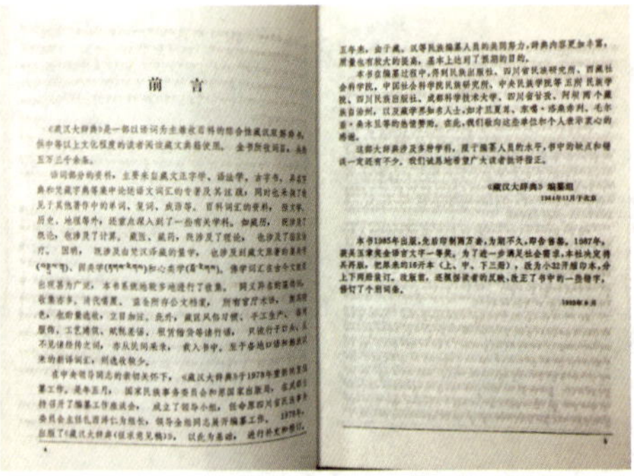

藏汉大辞典前言（扎西摄）

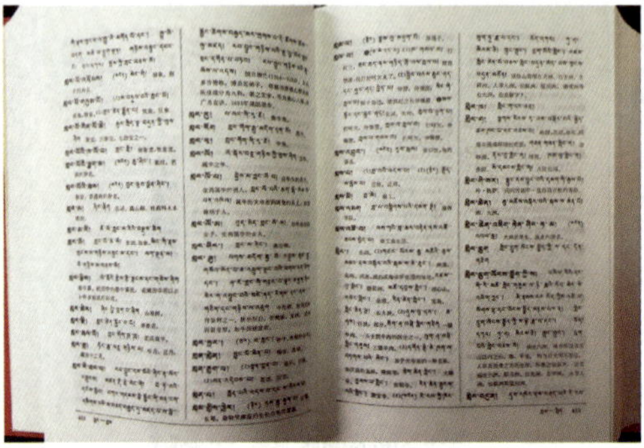

汉藏大辞典内文词条（楚翘摄）

辞典于 1986 年获四川省社会科学优秀科研成果一等奖。

1983 年 9 月 1 日，刚度过九十岁生日的张怡荪先生在成都逝世，遵照其生前遗嘱，《藏汉大辞典》编纂委员会将他的骨灰和 1981 年去世的夫人王宛予的骨灰一起送回四川省蓬安县，合葬在嘉陵江边其出生地金溪镇俞家坝，叶落归根。

原载《中国西藏》2016 年第 6 期

藏学耆宿刘立千

杜永彬

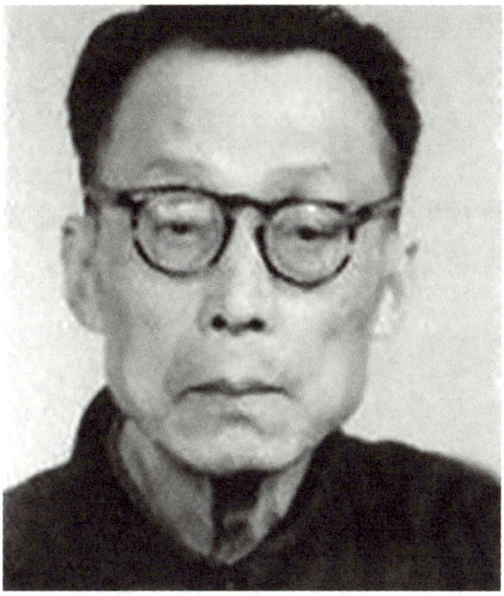

刘立千先生

今日，学界勃兴，俊采星驰，诸家争胜，新说迭出，著译如云，中国藏学事业逐渐走向繁荣。饮水思源，步入藏学殿堂的莘莘学子不会忘怀为藏学大厦奠基的先辈们，他们有的已经作古，有的老骥伏枥，依然在藏学园地里辛勤耕耘，耄学刘立千是其中的一位。

刘立千先生与藏学结缘已整整六十周年，数十年来，他潜心于藏学，默默无闻地著译，成果丰硕，嘉惠士林，藏学同仁几乎没有不曾读过他著译的人，然而许多人只知其名，对他的身世及走向藏学研究道路的经历却知之甚少，现就笔者所知作一介绍，以飨同好，并祝贺刘立千先生从事藏学六十周年。

刘立千先生于1910年出生于四川省德阳县孝泉镇一个小商人家庭。少年在家乡读书，学名刘述壁。11岁小学毕业后因丧父而无力升学，被母亲送到堂叔刘功甫的私塾内读四书五经，学了3年后，因羡慕新学，到省城成都求堂兄刘宝臣资助升学。堂兄却将他送入堂叔刘雨田开设的私馆内继续读古书。后得到家中资助，入成都瀛寰中学（后改名为荫唐中学）学习。中学毕业后无钱升学，于1930年到重庆考入川康平民银行工作。在这里结识了潘镜心、黄钦哉两位佛教居士，产生了对佛教的兴趣，并拜他们为师学习佛学。同时常到长安寺听能海法师等高僧讲经。从能海法师那里得知西藏佛学（藏传佛教）独具特色，当时也有诺拉活佛、多吉格西等藏族高僧来内地弘传藏密，但因缺少翻译人才，语言隔阂，学法听经遇到困难，于是便决心入藏区学习藏语文，从此与藏学结下不解之缘。

1933年底，辞去川康平民银行的工作西行，于1934年春到达川边藏区重镇打箭炉（康定）。经陈东府的引荐认识了藏族学者谢国安（藏名多吉卓巴，甘孜县绒坝岔人），并拜他为师学习藏语文。基本掌握了藏语文之后，便拜高僧为师学习佛法，从玉龚寺桑登堪布学习宁玛派教法，从萨迦寺扎巴堪布学习萨迦派教法，并上跑马山拜汉族高僧观空法师为师学习格鲁派教法。凡有喇嘛高僧来康定传法，都上门求教，噶举派教法即是从传法高僧白日钦则和贡嘎活佛学习的。仰之弥京，研之弥深。从而奠定了藏语文和藏传佛学的坚实基础。

1936年，作为根桑活佛的翻译，跟随他赴成都传授宁玛派的根

刘立千先生在家中（1994 年作者提供）

本教法《大圆胜慧》，并将此经译出，交由成都觉文社出版。后随根桑活佛到湖南长沙传法，将《大圆胜慧》直译，改名《大圆满无上智》，由长沙佛学社出版。1938 年回康定，与其师谢国安之女谢建君结婚，在康定安家。后经谢国安介绍，先后到康定师范学校和国立师范学校任教。1940 年开始翻译第一部藏文史籍《西藏政教史鉴》（即《西藏王统记》，由任乃强校注），在《康导月刊》连载。1942 年，成都华西大学边疆研究所的李安宅教授入康考察，邀谢国安和刘立千到边疆研究所工作，他俩接受邀请，于 1943 年离康回老家孝泉镇，次年入边疆研究所，直至新中国成立。在此期间，他潜心钻研西藏历史、宗教和哲学（因明学），不懈探骊之愿，终获象罔之珠，编写出《印藏佛教史》，编译了《续藏史鉴》，重新校译《西藏政教史鉴》，并翻译了《土观宗派源流》《米拉日巴传》《格萨尔王传・天界篇》等。

1949 年新中国成立，成都随之解放，刘立千先生响应党和政府的号召，投笔从戎，与李安宅夫妇及岳丈谢国安等离开华西大学，参军入藏，随解放军第十八军进入拉萨，参加西藏和平解放事业。先在西藏工委研究室，后调到西藏工委统战部、宣传部、西藏军区编审委员会等单位，主要从事文件的翻译，并负责《拉萨周报》藏文翻译，创造了许多新的名词术语，为后来民族出版社等单位所采用。

1955 年调到北京中央民族语文翻译局工作，后转入民族出版社，在该社工作了十多年，翻译、审定了《毛泽东选集》、《红旗》杂志、《民族画报》、选题读物以及各种文件（汉译藏）。1972 年因病退休，回到成都。1979 年被中国社会科学院民族研究所聘为特约研究员，克服年迈体弱多病等重重困难，殚精竭虑，加紧工作。十年当中（1980—1990 年），将旧稿重新审订，权衡损益，斟酌浓淡，并加注释，精益求精。并新注释了《西藏王臣记》《卫藏道场圣迹志》等，均已出版。1990 年因患心脏病，工作量大大减少，但仍发表了《噶厦印谱译注》（1990）、《藏传佛教的宁玛派》、《从〈格萨尔王传〉看古代青藏高原上的部落社会》（1993）等。

刘立千先生一生致力于藏学事业和藏汉文化的沟通，他在青年时代即攻克了治藏学的两大难关——藏语文和佛学，并长期在藏区生活、考察，与藏族同胞联姻，对藏区和藏族有着深厚的感情和较深的了解，这为他从事藏文典籍翻译和藏学研究创造了很好的条件。他所翻译出版的藏文史学、宗教和文学名著，首尾圆合，条贯统序，译义精当，注释妥帖，堪称汉译藏文古籍之上品，藏学界有口皆碑。他所撰写的藏学论文以小见大，厚积薄发，不乏真知灼见。刘立千先生及其他汉族藏学家如张怡荪、任乃强、李安宅、王森、于道泉等与藏族藏学家如根敦群培、喜饶嘉措、才旦夏茸、毛尔盖·桑木旦、恰白·次旦平措、东噶·洛桑赤列等的学术研究异轨同奔，为现代藏学事业的发展作出了贡献。他的治学方法和治学经验垂范后昆，为汉族学者治藏学（尤其是汉译藏文典籍）树立了榜样。

附刘立千先生著译目录

（一）翻译校注、注释

《米拉日巴传》，四川人民出版社，1985 年；

《土观宗派源流》，西藏人民出版社，1986 年；

《格萨尔王传·天界篇》，西藏人民出版社，1986 年；

《西藏王统记》，西藏人民出版社，1987 年；

《卫藏道场圣迹志》，西藏人民出版社，1987 年；

《西藏唐卡画史》，1988 年，尚未出版；

《噶厦印谱译注》，《中国藏学》1990 年第 1 期；

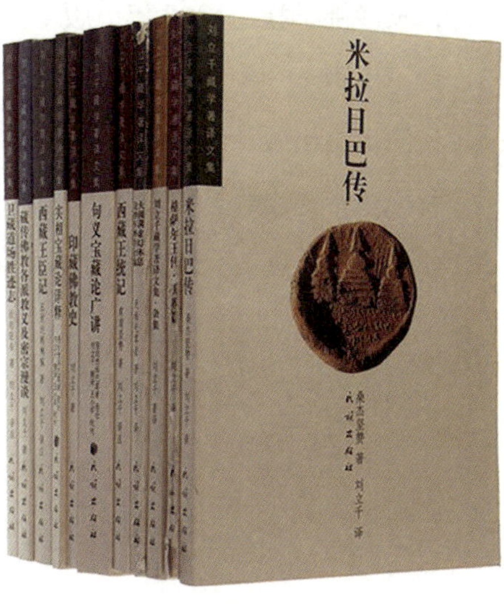

刘立千先生藏学著译文集

《雍仲本教甘珠尔大藏经目录》，1991 年译，收入四川藏学所所编《藏族原始宗教》；

《西藏王臣记》，西藏人民出版社，1992 年。

（二）论文

《米拉日巴传述评》，《西藏民族学院学报》1985 年第 2 期；

《谈谈藏族民间史诗中的林·格萨尔》，《〈格萨尔〉研究》第三辑，1988 年；

《吐蕃赞普生卒年代重考》，1988 年，收入《西藏王臣记》；

《从〈格萨尔王传〉看古代青藏高原上的部落社会》，1989 年，收入《四川藏学论文集》，中国藏学出版社，1993 年；

《藏传佛教的宁玛派》，《中国藏学》1993 年第 1 期。

（三）新中国成立前所译宗教典籍

《大圆胜慧》，成都觉文社，1936 年出版，后由台湾妙吉祥出版社再版；

《大圆满无上智》，长沙佛学社，1936 年出版；

《虚幻休息法》，台湾出版；

《禅定休息法》，台湾自由出版社出版；

《印藏佛教史》，台湾妙吉祥出版社出版。

（附注：本文的写作得到了刘立千先生的帮助，谨致谢忱）

原载《中国西藏》1994 年第 5 期

西藏发现美机残骸纪实

邹陈东　伍皓　刘永年

1993 年 12 月 7 日。几位特殊的美国客人匆匆飞抵古城拉萨，走下飞机，他们无心欣赏日光城壮丽神奇的景观而急切地询问：“在哪儿？他们在哪儿？”

是什么让远道而来的美国客人如此关切呢？这件事还得从易贡地方一次狩猎活动说起。

猎人报告的信息

易贡是西藏林芝地区波密县的一个乡，地处喜马拉雅山东南隅，这里雪峰高耸。急流奔涌，茫茫的原始森林，隐藏着谜一般的神奇和奥秘。

九月，高山林海被秋风熏染得一片金黄，山民们狩猎的黄金季节到了。

一天，易贡乡的村民次仁桑珠、西绕群培、罗松、索巴和白玛朗加 5 人带足了食品，背起长枪，挎起长箭，进山打猎。

9 月 17 日，猎人们来到绕果笼山沟若果冰川附近。他们登上冰川附近的小山包，山上乱石陈横，突然，一个令人震惊的画面映入了 5 个猎人的视野，只见在这片乱石包上，到处散布着飞机的残片和一些尸骨。他们迟疑了片刻，又在这方圆百米的地点徘徊了许久，发现了不少颇为稀罕的残留物，西绕群培从一堆尸骨旁捡到一把折叠刀、一节链条和钢丝，罗布在另一堆尸骨旁捡到了一把已没有护木的长枪。索巴看到了一个带拉链的皮包，里面有印度币 210 卢比和一张丝绸做的地图。因为地图上全是英文，他把它放回了原处，没有带走。次仁桑珠则在另一堆尸骨的 15 米处找到了一支手枪，里面有 7 发子弹。不久，他们又从附近捡了一些钢丝绳、降落伞绳、氧气筒、滑轮、帆布带等东西，立即往回赶，回到乡里，马上向乡长彭安报告了这件事，并把手枪等物交给了乡长彭安。

9 月 24 日，彭安带着这支手枪到波密县公安局报了案。从此，一段在大山里默默隐藏了 50 年的历史重新被人们发现。

奔向事发地点

为什么一架飞机的残骸那么多年不被人发现呢？这要从若果冰川的地形说起。这座冰川东靠姆沙烈山，西临绒庆扎山，四周高山耸立，峡谷幽深，就是猎人也很少来这里。在乱石之下，是常年不化的冰川，而每年 11 月到次年 5 月，都被冰雪覆盖。

飞机残骸被猎人偶然发现的消息很快反映到西藏自治区公安厅，立即引起了高度重视，他们一面派人赶赴现场，一面把情况通报给西藏军区，请求军方的支援，共同派人对现场进行全面的搜索。

9 月 27 日，西藏军区接到有关通报后，连夜电令林芝军分区派

张绍新上校率领小分队在深山密林中探寻美军飞机残骸（邹陈东供稿）

人配合行动，28 日凌晨，林芝军分区参谋长张绍新上校率领 4 名军官和 20 名特务连战士赶往失事地点。当天晚上 10 时 30 分，他们抵达波密县易贡乡，与先期到达的自治区公安厅和县公安局的干警汇合，军地双方组成联合调查组。

29 日，他们分赴村庄，向发现残骸的 5 位猎人和其他村民了解情况，同时请了 30 多位民工一起赶赴出事现场。

30 日上午，联合调查组从易贡乡出发，直奔若果冰川。由于现场离易贡乡 170 多公里，极为偏僻，大部分路段都是深山密林的打猎小道，部分地段甚至无路可行，全靠人工开辟道路。加之西藏的地质活动频繁，图上标示有几百米的道路已形成湖泊，要绕行十多公里。沿路荆棘丛生，蚂蟥遍地，他们只有边砍林莽边开路前进，5 把砍刀竟砍坏了 4 把，其艰难困苦可想而知。他们白天翻山越岭，夜晚露宿丛野，经过三天三夜的紧急行军，终于赶到了若果冰川的事发地点。

令人震惊的发现

在现场，大家按事先商定的分工，进行了详细严密地搜索。发现飞机残骸落在一个长约 300 米、宽约 100 米的范围内，各种残留物的数量超过几个猎人报告的情况。

飞机的主要部分依然能辨认出来，其中有只剩下残骸和破碎仪器的机头，两个机翼，有一个上面还涂着蓝底白色五角星的美国空军军徽，十四缸发动机 4 个，直径 1.40 米的轮胎 6 个。此外，还有起落架 3 个、氧气筒 8 个、机用发报机 1 个、涡轮 1 个、螺旋桨叶片 3 个。

与飞机有关的物品更多，那张被猎人发现过的丝质地图，是美军驻德赫兰办事处制的双面地图，一面是缅甸南部的掸邦，一面是缅甸北部，还包括中国云南的昆明和大理地区。有飞机送修存根一张，上面写着 :“将此存根送俄亥俄帕特尔逊野战部队空军维修服务部预算处”，时间是 1943 年 7 月 24 日。有一张碎纸片，上写“空军作战部—A 令”，内容为“试飞时间 1943 年 11 月 24 日，执行军官詹姆斯 · 汉姆上尉”。有一张用中文写的“美国人来华助战”的碎片，及破损的飞行记录。在通信检查栏中有铅笔书写的“灵敏”字样。引人注意的还有一块铝片，上面用金属笔手写着“过滤器损坏”字样。

还有一些个人用品，例如标有“US”字样的军用水壶，蓝底白色五角星的美军空军佩章，加缀有两只黄色的鹰。住宿收据 1 张，有“印度加尔各达庄园旅馆”字样。伙食收据 5 张，标明是第 22 运输大队第 77 运输中队，还有伙食管理军官的签名。民国纸币 1 张，票面呈红色，“中、行、拾”等字隐约可见。小说2本，一本是《无名小卒》，另一本是《东方之光》。绿色的左手皮手套1只，另外还有钱包、打火机、梳子、小刀、创可贴等物品。

3具尸体中1具较为完整，拼凑起来长为2.1米，另外两具仅剩两堆尸骨。

调查人员将这些东西认真包裹，带回了宿营地。出于慎重考虑，未将尸体带回。回林芝后，军分区立即向军区做了汇报，军区指示马上将全部尸体背回。于是，林芝分区又派出7名战士赶往现场，将尸体运了回来。

美军飞机残骸——机体（邹陈东供稿）

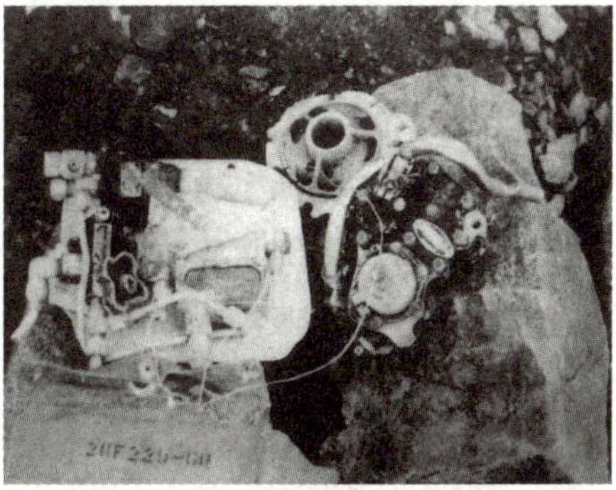

美军飞机残骸——机件（邹陈东供稿）

残存的“美国人来华助战”小纸片（邹陈东供稿）

军事专家的推断

经过军地双方召开联席会，对现场勘察情况和提取的物证进行了认真的分析，认定这是一架由美国制造并由美军驾驶的军用运输机。飞机零部件全是美国制造，大部分是芝加哥怀特KMFG有限公司产品。机上蓝底白色五角星机徽，美国空军至今仍在使用。枪支、水壶是美军二战时的装备。

从这些细节可以进一步推断，飞机是1943年援华助战时执行试飞任务途中失事的。二战时期，中美作为盟国共同抗击日本法西斯侵略。在中印缅战区，美国空运总队连连派机开辟被称为“驼峰”的喜马拉雅航线，估计这架失事飞机与此有关。因为飞行员佩带的标志为蓝底白色五角星，上方两只老鹰，是二战时期美军援华飞鹰队的专用标志。失事原因初步判定为油料不足或机械故障。因为那块铝片上“滤波器故障”几个字，估计是飞行员在出事前写下的遗言。

三位飞行员大致可以判断出两位的名字，一个是此次飞行的执行军官詹姆斯·汉姆上尉，另一个是皮尔少尉，是从伙食收据签名上查证的。

轰动美国

1993年11月4日，中国外交部副部长刘华秋在华盛顿同美国副国务卿塔诺夫就两国关系磋商时，向美方通报了在西藏发现二战美机残骸的情况，并提交了现场的照片及录像资料，立即引起美方的高度重视，同时由于新闻媒体广为传播，一时轰动了整个美国甚至整个世界。

12月7日，美国陆军“中央甄别试验室”主任威廉·乔丹上校率领的三人工作小组飞抵拉萨。当天下午，西藏联合调查组负责人张上校向美方工作小组介绍了发现飞机残骸的经过和现场勘察情况，当谈到7名中国军人用自己的被子细心包裹美军残骸，攀越悬崖峭壁的艰难经历时，威廉·乔丹上校感动地说：“我代表美国政府、军人和人民感谢中国政府和西藏军民，特别感谢中国军方，你们对现场的调查取证工作及保护飞行员遗体的工作做得很好，有些工作连我们美军也做不到，我对中国军人吃苦精神表示钦佩。”威廉·乔丹上校最后表示回国后向美国政府和人民宣布此次艰巨的任务是由中国政府、西藏军民完成的。

随后，威廉·乔丹上校一行对飞机残骸和飞行员尸骨进行了必要的技术签订，初步断定结果与我方调查分析结果基本一致，50 年前坠毁的这架飞机是美国制造的军用运输机，机上 3 名飞行员都是美国人，但是他们的名字和经历有待进一步调查后才能确定。

魂归故里

12 月 9 日，威廉·乔丹上校一行离开拉萨，带着 3 名遇难飞行员的遗骸、遗物及飞机的部分技术资料飞抵北京。12 月 11 日上午 9 时 45 分，中美双方在北京首都机场举行了简朴而庄严的交接仪式。4 名头带橄榄绿船形帽、身穿黑色大衣的美军士兵，将停放在 3 辆面包车内覆盖着星条旗的灵柩一一运到银灰色的美国空军飞机上。

中国外交部美大司马振岗司长和美国驻华大使芮效俭出席仪式并讲话。马司长说，中国政府对发现美国飞机残骸及尸骨十分重视。经过双方共同努力，飞行员的遗骨即将运往美国，安息在他们自己的国土上，这是令人欣慰的。芮效俭大使再一次感谢中国政府及有关机构在处理这一问题上所给予的合作与帮助。

15 分钟的移交仪式结束后，飞机腾空而起，轰鸣于万里蓝天，朝太平洋彼岸的美国飞去。

栖身于喜马拉雅山东麓茫茫林海 50 个春秋的美国战鹰之魂，终于能重回自己的故乡永远安息。

原载《中国西藏》1994 年第 2 期

来自驼峰航线上的新报道

邹陈东　张义康

编者按：本刊 1994 年第二期曾刊发《西藏发现美机残骸纪实》一文，报道了 1993 年 9 月在中国西藏林芝地区波密县易贡乡若果冰川发现二战时期美机残骸的消息，现再刊发续篇，以飨读者。

1993 年 9 月 17 日，中国 5 位藏族群众发现了一架二战时期的美军飞机残骸的消息轰动了世界，1994 年 9 月 11 日，中美联合寻找当年驼峰飞行员的行动在西藏若果冰川再次展开。

失事之谜

去年底，美方运回飞行员尸骨后，分析研究和查阅了当年的资料，搞清了这架二战时期美军飞机失事的前后经过。

1944 年 1 月 5 日，由飞行员纳利尔（Nanier）驾驶的 C87 型运输机由印度将抗战物资运至昆明卸货后，在返航途中遭日军袭击，改道从西藏返回印度。

由于西藏喜马拉雅山脉气候复杂多变，飞机遇到了强烈的冷气流，造成机翼结冰，继而又迷失了方向，加上改变航向后，航程增长，致使飞机油料耗尽坠毁在西藏林芝的冰川之中，被冰雪掩埋了半个世纪。

去年 11 月美国方面运回飞机残骸和失踪人员的尸骨后，发现一架二战时期驼峰航线的美军飞机的消息登上了美国各大报刊，1946 年由前美军驼峰飞行员发起成立的“驼峰飞行员协会”得到这个消息欣喜若狂，庆祝又一架失踪飞机和人员有了下落，他们请美国陆军“中央甄别实验室”向中国参与寻找行动的人们表示衷心的感谢。

但是，运回的三个尸骨是哪三位失踪人员的，在中国方面提供的物证——伙食清单上，实验室人员查到了 2 个名字：纳利尔和贝比（Beebe），并且经过必要的技术鉴定确认了尸骨。同时他们还在失踪人员名单上发现还有 3 人与这两人同时失踪，另外从中国方面移交的遗物中，有一只鞋与三具尸体不合，有一颗牙也不属于任何一具尸体，他们得出结论，这架飞机上还有两人未找到。美国方面请求中国再次帮助寻找另外两具驼峰飞行员的尸骨。

艰难的历程

美方的请求很快得到了中华人民共和国外交部的回复，中国政府同意再次帮助寻找另外两具美军失踪人员的尸骨，并将给予全力协助。得到中国政府的回复后，美方很快派出由美军“中央甄别实验室”主任威廉·乔丹上校、美方驻华使馆陆军副武官万国成中校、一秘乔纳森及美军“中央甄别实验室”检验员卡月中士、布瑞特中士 6 人组成的美方调查组，并于 9 月 11 日抵达西藏林芝，西藏自治区政府和西藏军区在美方人员到达之前，再次组成了由西藏外办主任陈炳和西藏林芝军分区张绍新上校负责的军地联合调查组。军队的调查人员中，朱攀文、刘洪中尉和 4 名战士曾参加并执行过去年的美机调查任务。

此次寻找任务非同寻常，参与行动的中国军人心中非常明了，既要完成保障此次行动的美方人员的安全及通讯联络任务，又要体现中国军人的优良品质、钢铁纪律、顽强作风。参加此次行动的中国军人平均每人负重达 20 多公斤，他们上下同心，吃苦耐劳，趟冰河、过沼泽、架便桥、爬冰川，晓行夜宿。

几天后，朱攀文中尉在带着马克、布瑞特两人奔赴飞机失事现场，行至果若冰川中部时，发现原来开辟的道路已经融化塌陷，前面只有一条狭窄的冰脊可以通行，为了确保美方人员的安全，朱攀文中尉带领战士冒险先踩踏冰脊修复道路。在中国军人的帮助下，中美联合调查组经过艰难跋涉，于 9 月 16 日来到飞机失事现场所在的若果冰川山脚的森林边缘宿营。

发现遗骸

对于再次奔赴飞机失事现场寻找另两具驼峰飞行员的遗骸，中美联合调查组的人员都认为起码要两天以上的时间的仔细搜寻才会有结果。但是由于西藏地质变化频繁，若果冰川今年又移动消融，埋藏在冰雪中的两具美军失踪人员的尸骨裸露出来了，使调查只用了 8 个小时就发现确认了。

9 月 17 日上午 7 时、9 时，调查组分两批出发，此刻天下着瓢

考察队寻找残骸

泼大雨，调查组人员一步一滑，艰难地行走着，3 个小时以后，约 10 时 30 分，朱攀文中尉带领第一批考察人员和美方乔纳森、马克、布瑞特抵达美机失事现场。在飞机失事现场的右下方，熟悉地形情况的朱攀文中尉首先发现了约长 15 厘米的一节桡骨，随即告诉了美方检验员布瑞特。10 时 50 分，在朱攀文发现桡骨处上行 20 米发现了一具完整的尸骨，这令全体调查人员振奋，这说明，美军“中央甄别实验室”的分析判断正确，还有一具尸骨估计不会离得太远。果然 11 时 30 分，在现场右上方凹部，又发现一具较完整的尸骨和部分遗物，从遗物上查到此人的名字叫皮瑞纳（Perela）。这个名字也在驼峰飞行员协会提供的失踪人员名单上。50 年的失踪，50 年杳无音信，远方亲人的期盼被这一刻所终结。也许一切是偶然，此刻和去年藏族群众发现的时间恰好是同月同日同时，仅相隔了一年。

14 时 10 分，威廉上校到达现场后，两具飞行员的尸骨完全找到了，他仔细查验了尸骨，激动地望天长呼，他拉着中国军人的手，表示衷心的感谢。15 时，在对两具尸骨及其遗物进行拍照后，由美方检验员马克和布瑞特将尸骨分装两个尸袋，送往山下宿营地。

两名驼峰飞行员的遗骸找到的消息令全体调查组的人员兴奋，但在 12 时 15 分，负责全时守听 100W 电台供电的油机突然熄灭，激动人心的消息无法传到外界，中国军人冒雨抢救油机，半小时后机器重新开始工作，电台通了，两具驼峰飞行员尸骨被找到的消息被准确及时地作了报告。

“中国军人”OK

长达 9 天的朝夕相处，中国军人的一言一行、一举一动早被美方人员收在眼里，记在心头，对中国军人在此次调查中的表现，美方给予了高度评价。张绍新上校与威廉上校会晤时，威廉上校说：“我对中国军方的保障工作感到非常满意，我代表小组人员向你们表示衷心的感谢！陈上校带去的兵，背着枪上冰川，像小老虎一样勇猛，是我见过的最强有力的兵。你们的组织工作很出色，可以说无可挑剔，没有比这更好的。”在会晤结束时，美方人员对着张绍新竖着大拇指连声称赞“中国军人 OK！”

对于曾经帮助中国人民进行艰苦抗战的外国人，中国人民从来不曾忘记。中国军人热忱帮助美方寻找当年驼峰飞行员尸骨的行动，同样令美方人员难忘怀。9 月 21 日 13 时 20 分，从易贡乘车返回时，美方先于中方返抵林芝县城，但是美方人员为了表达他们的感谢之情，在县城等待中方代表达 30 分钟之久。等全体中国军地两方参与调查人员全部返回后，同中方全体人员一起合影留念，举行告别仪式。在上车离开之时，美国人纷纷伸出大拇指赞扬中国军人，表达美军对我军的友谊和感谢。

50 年的沧桑岁月，50 年的期盼和等待。美国驼峰飞行员协会在中国政府、军队和地方群众的帮助下，又一架驼峰失踪飞机及 5 名失踪人员回归，尽管已成为白骨，但漫长的等待终于有了结果。

对于年已 90 岁的失踪人员贝比的遗孀来说是幸运的，贝比的遗骸时隔 50 年后，又回到了她的身边。但是美军还有 30 多架驼峰航线上的飞机失踪，至今下落不明，这些飞机上的失踪人员的亲属仍在期盼着，期盼着这些曾经帮助过中国人民进行抗日战争的驼峰英雄的归来。也许这一天并不遥远。

原载《中国西藏》1995 年第 1 期

附　录

五年，清晰而坚实的脚印

春天，当拉萨河畔杨柳返青的时候，《中国西藏》杂志已经走过了整整五年的路程。回头看看，我们的脚印是清晰而坚实的。

五年来，由于社会各界的爱护和扶植，新闻媒体的关注和介绍，《中国西藏》已走出国门，拥有一批热情而稳定的读者。他们是国内外藏胞、藏学家、关心西藏的政治家和倾心探索“那片神秘土地”的旅行者……一封封读者来信，架起了读者和编者的桥梁，藏区建一座电站、修一座寺院、出版一本藏学专著，都会引起他们热情的回响。一位美国读者，两次来信希望我们刊登最详尽的西藏地图，好让他在上面找到文章中提到的地方，这些使编者感动而且欢欣。凡是读者希求的，我们都会努力去做。《中国西藏》汉、英文版从 1994 年起，由季刊改为双月刊，将向读者报道更多西藏的新情况，交流更多西藏和其他藏区的新信息。

一些读者来信，希望更多、更快地了解西藏现实发展建设情形和西藏人民的生活状况。从本期起，我们将利用更多的篇幅向大家介绍西藏在社会主义市场经济建设过程中，全体人民齐心协力建设家园及中央政府、全国各族人民支持帮助西藏加快发展的情况。

本期我们刊发的邓小平同志《立足民族平等，加快西藏发展》一文，是他 1987 年 6 月 29 日会见美国前总统卡特时谈话的一部分。邓小平参与了从进军西藏、平叛改革、成立自治区、开展社会主义建设的重要决策和组织领导工作，其民族平等思想贯彻始终，加快西藏发展，正是邓小平建设中国特色社会主义理论的重要体现。这篇文章的公开发表，对西藏的建设和发展将会产生重大意义。

本期我们用较大篇幅，与西藏旅游局合编了“西藏旅游专号”。改革开放以来，西藏向世界各国敞开了大门，海内外旅游者纷至沓来，西藏旅游事业随之蓬勃兴起。旅游业作为一项新兴的产业，在西藏发展是非常可观的。西藏古老的文化、神秘的宗教、瑰丽的景观、独特的风俗，早已是世界各国旅游者热烈向往与追求的目标，今天这种向往与追求已经变成了现实。西藏现有各类涉外宾馆、饭店等 24 家，客房 1836 间，床位 4100 张，其中被评定为星级的宾馆、饭店 7 家。开放国家级风景名胜区、历史名城、文物保护地 27 处，山峰 44 座，景点 50 余处。交通条件得到明显改善。旅游机构日臻完善，以藏族为主体的导游、翻译、服务、管理人员队伍初步形成。海内外旅游者已由单一的文化观光转向观光与特种旅游相结合。文化旅游、民俗旅游、登山、探险以及徒步旅游正在蓬勃兴起，吸引了越来越多的旅游者。从 1980 年到 1992 年，海外观光者达 17 万之多，最多的一年有 43000 多人次。50 年前，外国人在拉萨还被当作怪物一样围观，如今，藏北纳木湖边、藏南青浦峡峪，以及许多鲜为人知的地方，外国观光客随处可见，拉萨就更不用提了。西藏欢迎更多的国外朋友和港澳台同胞，到西藏来进行赏心悦目的高原之旅。

原载《中国西藏》1994 年第 1 期

《中国西藏》十年纪事

1999年2月15日，是《中国西藏》杂志创刊10周年，是这本年轻刊物的10周岁生日，我们并不想高燃红烛庆贺，只是想回顾一下10年走过的路。做了些什么，还没有做的又是什么；有哪些满意之处，又有哪些遗憾。平心而论，杂志社仅有几个人，十年如一日勤奋地工作着，已经尽了心，尽了力了。但是，今后的日子，还有更多的事情在等着我们。生日，只是下一个10年的新起点。我们将始终牢记把一个真实的西藏告诉整个世界的初衷，和支持我们的作者、热爱我们的读者一起走向新的21世纪。也许，记下10年间我们做过的一些有意义的事情，并不是多余的吧。

1989年（藏历土蛇年）

2月15日，汉文版春季号（试刊）问世，刊出华子撰写的《评中央政府与达赖喇嘛的谈判》，在国内外引起广泛的关注和重视。

《卷首语》表明了本刊的宗旨："这是中国出版的一种向海外发行的专门报道今日西藏详情的综合性刊物。""中国西藏季刊能为您开启一扇认识西藏的窗户，为您架设一座沟通心灵的桥梁。"

刊物付印之际，传来十世班禅额尔德尼·确吉坚赞逝世的噩耗，于是赶紧增页，报道治丧情形。班禅大师圆寂和转世自然而然成为当年本刊的重要主题。余下各期连续刊载怀念大师的文章和回忆录，还刊发了《关于活佛转世的历史资料》《达赖、班禅的转世与封号》（拉巴平措）、《寻访灵童史话》（国庆）、《班禅转世问题面面观》（明华）、《活佛转世制度的形成及其传统做法》（石山）等，哀悼大师逝世，同时介绍活佛转世的大量背景性材料。

秋季刊《藏学硕士》（德吉）一文，介绍中央民族学院王尧、王辅仁、李秉铨、苏晋仁、吴丰培教授等指导的 12 位硕士研究生，9 名藏族、2 名汉族、1 名回族。他们是：王维强、褚俊杰、王定朴、阿旺、拉毛措（女）、冯智（洛桑居勉）、王文静（女）、杨清芬（丹巴拉姆，女）、张文林、袁明之、欧声明、苏发祥。当年他们还是初出茅庐作腼腆状，如今大都成为在学术领域崭露头角、成果丰硕的中青年藏学家了。

1990 年（藏历铁马年）

铁马奔腾，90 年代第一春，汉英文版（季刊）正式出刊。4 月 15 日，本刊和民族出版社在民族文化宫礼堂举行创刊座谈会，国家民委主任司马义·艾买提出席。全国人大常委会副委员长阿沛·阿旺晋美发表讲话热烈祝贺。之后国内外新闻媒体广为报道，海外读者也争相来信支持。巴黎《欧洲时报》报道："中、英两种文版的《中国西藏》杂志季刊，最近在北京正式创刊，从而结束了 40 年来西藏没有一份面向世界并在国际上发行的刊物的历史。”香港读者王先生在来信中热情洋溢地说：“四十年来我一直十分关注我们国家的对外宣传工作，如今看到我们国家能够出版这样高水平的对外宣传杂志，实在值得祝贺。”美国加州一位读者在来信中说：“《中国西藏》在美国这种被神话与谎言禁锢的环境中送来一阵受人欢迎的新鲜空气。”总之，国内外读者都对本刊的出版热烈欢迎并寄予厚望。

1989 年 6 月 15 日，十四世达赖喇嘛在法国斯特拉斯堡发表了一个所谓解决“西藏问题”的“新建议”，其实质仍然是坚持“西藏独立”的主张，这一“建议”被西方某些人士和新闻媒体炒得很热，本刊有责任对西藏历史和现实两方面的事实进行澄清。春季号刊沙舟《斯特拉斯堡“建议”的实质是什么》，夏季号刊尼玛次仁《西藏与祖国关系的历史渊源》、洛桑《论西藏历史上的供施关系》，秋季号刊浩明《是民族关系，更是政治隶属关系》、罗群《评“西藏人民自治权”》等。

连载余梅《拉萨人》系列报道，把读者带进一户户普通拉萨居民的家，一年后结集成书，由新星出版社出版。刊发郭翠琴、索朗白姆《西藏十一位小活佛》，记述策墨林、热振、达扎、洛桑巴、扎唐等 11 位格鲁派、噶举派活佛的经历，引起读者浓厚的兴趣。也有读者反映：“他们都是大活佛，不是小活佛！”

秋季号为昌都专页，冬季号为阿里专页。时逢马年，冈底斯神山，玛旁雍错圣湖有 12 年一度的大规模朝山转湖活动，《西藏日报》记者益西加措为阿里专页写了 3 篇报道，语言质朴、文笔流畅。此公擅长写作，但身材较矮，自称“袖珍藏人”。

是年亚运会在北京举行，本刊与西藏群艺馆合作，在民族文化宫展览馆举办《西藏民间艺术藏品展》，首次向海内外推出西藏美术家叶星生民间艺术藏品300件，阿沛·阿旺晋美、司马义·艾买提、热地等为展览剪彩。中外参观者络绎不绝，30余家新闻媒体作了报道。此次展览受到文化部嘉奖。同年全国期刊评奖，本刊获总体设计二等奖。

冬，派记者赴藏采访。召开座谈会征询各界人士意见，正式聘请新华社西藏分社记者朗杰、中央人民广播电台驻拉萨记者旺堆、西藏日报社记者郝桂尧为特约记者，并聘请特约通讯员多人，走一条“小编辑部大社会”之路。

1991年（藏历铁羊年）

羊年是吉祥年，40年前西藏和平解放。从春季号开始刊物便热闹起来，大量刊登这一伟大历史事件的亲历者、当事人的文章和回忆，还有许多老照片。阿沛·阿旺晋美，西藏地方政府首席全权代表；雪康·索朗达杰，当年陪同中央人民政府代表张经武到拉萨的地方政府官员，朋措扎西，张经武的主要助手；江平，当年中央人民政府首席全权代表李维汉的秘书；黄明信，《十七条协议》草拟时的藏文翻译；热地，西藏和平解放后成长起来的一代藏族代表。回忆往事让他们青春焕发、倍感光荣，也使广大读者深受教益。本刊嘉仁所写《阿沛·阿旺晋美和他的儿女们》，记录了这位历史老人的家庭琐事和儿女亲情，从侧面反映了40年来西藏的深刻变化。多家报刊转载，并获征文奖。

刊物是丰富多彩的，有严肃的政治评论，也有轻松的文化话题、民俗风情、生活情趣，读者如入林间花地，有目不暇接之感。边多、张鹰通过本刊首次向外界公布“日土岩画”的发现，武振华在本刊发表了世界上海拔最高的湖泊是西藏的纳木湖，而不是玻利维亚的的的喀喀湖的新见解。多穷、彭树杰向世界报告：拉萨，中国污染最轻的城市。本刊编辑吴祎写了几篇文章，讲怎样抽鼻烟，炼酥油，抓糌粑，都是西藏最普通的事，但是她讲得娓娓动听，妙趣横生，具有民俗和生活内涵，读之真切可信，表明她对西藏生活的谙熟。

刊物开辟新栏目，系统介绍西藏高级知识分子，诸如学者东嘎·洛桑赤列、群培多吉、钦绕维色、益西强秋；画师安多强巴、益西西绕；艺术家大旺堆、洛桑多吉；藏医专家强巴赤列、崔成坚赞、嘎玛群培、米玛益西、大益西坚赞等。

5月，本刊编辑张晓明进藏采访西藏和平解放40周年庆典。其余人员留京与西藏摄影家协会同仁联合举办《雪域风情摄影展》，费孝通、司马义·艾买提、杨静仁、赵朴初、平措旺杰等为摄影展题词作赋、馈赠墨宝。

此后，本刊编辑廖东凡、丹巴拉姆进藏，深入堆龙德庆县农村调查采访近两个月，统计了90户农民33年间的生产、生活、社会地位变化，调查了十四世达赖家族的色新庄园的今昔。他们与当地农民同吃同住，促膝谈心，认真记录了基层干部和群众方方面面的意见和要求。农民们说："这样下来好，希望你们多来！"

1992年（藏历水猴年）

本刊在这一年里充满吉祥与丰收，藏历新年，举行盛大歌舞联欢会，宣布藏文版创刊。接着主办"西藏的历史与现状理论研讨会"，全国数十位藏学家、法学家宣读论文20余篇，从史实和法理两个方面批驳达赖喇嘛的"法律顾问"范·普拉赫歪曲西藏历史和现状的种种谬论。年内陆续发表恰白·次旦平措《略述新旧西藏人之人权》、柳陞祺《评范·普拉赫先生的西藏史观及其他》、吴丰培《谈民国时期西藏地方政府与中央的关系》、索朗班觉《供施关系的实质是政治上的隶属关系》、洛桑格勒《也谈西藏的地位问题》、直云《评范·普拉赫的“西藏自决论”》《西藏人权问题的实质何在？》等文章，在国内外引起广泛的反响。

开辟《高原农家》新栏目，先后刊发《我东嘎次珠赶上了好时光》《格列的三起三落》《降伏冰雹的咒师仁增朗杰》《色新村，五位农民的述说》等，展示了西藏农民的新生活、新视角，为多种文摘报刊摘登。

特约记者旺堆和郝桂尧连续发表人物特写，写拉萨江洛金一家，写哲蚌寺下面的丹玛森康女巫，写著名的六弦琴弹唱艺人益西卓玛，写当代藏医大师措如·次朗，这些特写很受读者欢迎，他俩被称为“黄金搭档”。此外，仁真洛色的《夏克刀登传奇的一生》、喜饶尼玛的《南京政府的女特使》，介绍了现代史上颇有知名度的人物，很受人们青睐。

六世热振活佛·单增晋美多次为本刊撰稿，并对杂志十分关心，春季号刊发他撰写的《热振寺的“帕邦塘廓”节》，稿子长达万言，发表时删去一半，活佛 1997 年不幸圆寂，本刊发表了吴雨初《人与活佛，难忘的隔世之谊——追忆故友六世热振·单增晋美活佛》，以寄托哀思。

今夏，本刊记者吴祎、周爱明进藏，报道西藏第四次人口普查和“一江两河”开发。秋，编辑《西藏文化专辑》，介绍中国藏学今昔（拉巴平措）、西藏考古发现（晓浩）、神奇的藏医藏药（多吉占堆）等。连续报道十七世噶玛巴活佛寻访、认定、坐床情况，在国内外引起热烈反响。

1993 年（藏历水鸡年）

编辑部改成杂志社，独立编辑出版，各项工作均有进展，国内外订户稳步上升。秋天，派记者张晓明、丹巴拉姆进藏采访，主要报道十世班禅大师灵塔开光盛典。出版“扎什伦布寺专号”。冬天，组织拉萨市歌舞团赴台演出，廖东凡、张晓明随行采访，历时一个月，演遍大半个台湾、开海峡两岸藏族文化交流之先河，也增进了刊物在彼岸的影响。

1994 年（藏历水狗年）

汉、英文版改为双月刊。第一期刊登邓小平会见美国前总统卡特的谈话《立足民族平等，加快西藏发展》，配发程然撰写的评论《平等的政策，发展的政策》。此前，程然还为本刊撰写多篇评论。本期推出“西藏旅游专号”，刊发了马晋康《西藏旅游答客问》等多篇文章，详细讲解进藏手续办理、交通工具、旅游路线、旅游设施、旅游注意事项等等，介绍阿里、藏北、雅鲁藏布江沿线人文等和自然景观，引导国内外读者进行赏心悦目的雪域之旅。此前，刊发已故西藏旅游局局长阿沛·仁青的《雪域的大门向全世界旅游者敞开》。

本刊编辑周爱明负责的《自然与资源》栏目从本年开始推出，连续 5 年持之以恒，许多著名学者、专家均为本栏目热心作者，它导引读者在西藏高原进行生态旅游。杨逸畴教授关于雅鲁藏布江大峡谷的多篇专题文章，周正教授连续报道云南藏区梅里雪山中日登山队员遇难、寻找和发现的经过，为本栏目增色。

巴桑罗布撰写的《从一九九三年换届选举看西藏人民之人权》，列举大量数据证明西藏人民充分享有选举权和被选举权，引起国内外广泛注意。同年第 4 期推出“布达拉宫维修专辑”，向世界介绍这项历时5年，耗资5000万人民币的伟大维修工程，引导读者沿着巨石垒成的蹬道进入这座被联合国教科文组织列为“世界文化遗产”的神宫秘阙中，里里外外观瞻一回。

1995年（藏历木猪年）

中央召开的第三次西藏工作座谈会，决定各部委和各省市、自治区援助西藏建设62项工程，本刊开设专门栏目，跟踪报道援藏工程进展情况。多吉占堆采写的《四十三项工程惠泽今日高原》、张晓明采写的《援助西藏六十二项工程已隆隆启动》，揭开报道序幕。同期还刊发丹增、陈立健、洛桑坚赞采写的《贡唐仓活佛时轮灌顶大法会》，向世界表明雪域藏族人民享有充分的宗教信仰自由。

西藏是文艺之乡、歌舞海洋，近40年来特别是改革开放以来，文化艺术日趋繁荣昌盛，传统文化得到很好的保护和弘扬。但是国外某些人总是不厌其烦地宣扬“西藏文化毁灭了”“传统文化荡然无存”。本刊与西藏文联共同编辑“西藏文学艺术专号”，向世界打开西藏文化艺术之窗，让广大读者特别是海外读者看看神奇瑰丽、百花争艳的雪域高原文坛风景线。西藏文联主席强巴平措发表《走向世界的西藏文学艺术》一文。我国当代最负盛名的文艺家冰心、曹禺、钟敬文欣然命笔题词，中国文联负责人高占祥也题词祝贺。

是年正值西藏自治区成立30周年，本刊出版专号，自治区政府主席江村罗布专门撰文回顾了30年的伟大成就，专号还发表了自治区政府副主席吉普・平措次登的专访文章。封面刊发自治区5位政府主席的照片：阿沛・阿旺晋美、天宝、多杰才旦、多吉才让、江村罗布。

十世班禅大师圆寂已经6年，扎什伦布寺通过诵经、占卜，圣湖观影等宗教仪轨，并派出多批高僧活佛在西藏各地和青海、四川、甘肃、云南藏区寻访，发现具有灵异特征并属相符合的儿童多名，中央决定通过金瓶掣签的历史定制认定班禅大师的转世灵童，在国内外引起极大兴趣和关注。本刊专门出增刊“金瓶掣签专号”，介绍这一历史定制的形成和实施过程，刊发各地藏传佛教代表人物的意见和建议。11 月，派记者赴藏，实地采访灵童认定、坐床的 20 世纪难得一睹的佛门盛事。

是年，本刊荣获全国优秀社科期刊称号，获此殊荣的全国仅 21 家。

1996 年（藏历水鼠年）

5 月，本刊与西藏社科院联合组织汉译《西藏通史——松石宝串》，经过一年反复审校、修改之后，终于与读者见面了。这部长达百万字的史学巨著，是由恰白·次旦平措、诺章·吴坚、平措次仁编写，陈庆英、格桑益西、何宗英、许德存汉译，出版后在广大藏学爱好者中引起强烈反响，书籍供不应求。本刊将出版经过再次认真校审的修订本。

世纪末将至，流亡国外的西藏分裂主义势力加紧了“西藏独立”和“变相独立”的宣传。“本刊论坛”和“藏事漫评”专栏，连续刊发文章进行揭露和批判。诸如《从国际视野看达赖喇嘛》（直云）、《达赖喇嘛与麻原勾结的实质》（沙舟）、《是利藏，还是害藏？》（王贵、旺堆）、《评达赖喇嘛在班禅转世问题上的表演》（多杰才旦），文章一经刊出，国内外读者争相传看，影响相当广泛。年内，本刊记者分别到了欧洲、美洲和印度、尼泊尔诸国，广泛接触了各地的藏胞，更加深切地感受到他们反对分裂、心向祖国、思念故乡的强烈愿望。本刊记者嘉任发表的旅印、旅尼藏胞印象，真真切切地写出了许多海外藏胞内心的向往和苦衷。

1997年（藏历水牛年）

牛年，意味着辛勤耕耘。新年伊始，稿件从西藏和其他藏区传来、寄来，杂志社小小的房间与高原雪域紧紧相连，弥漫着盈盈喜气。女作家马丽华和周明江的《来自那曲草原的报告》、社会学家徐平的《帕拉庄园朗生村的变迁》，特别是本刊特约记者朗杰深入人迹罕至的喜马拉雅山区，采访了数十位普通人和特殊人物，为本刊供稿14篇，使广大读者有机会接触到这个地球上最为偏僻的角落里当代人的生产生活和精神面貌。

夏天，记者廖东凡、文群太进藏采访62项援藏工程，历时45天，行程数千公里，走过拉萨、山南、林芝、日喀则15个县，实地察看了34项工程，在各地开了调查会和座谈会。他们此行看了西藏新面貌，掌握了第一手材料，收获颇丰。然而，在高原藏地采访并非万事顺遂。在海拔5200米的布丹拉雪山，大雨滂沱，几乎无法行进；在米林路段，山洪暴发，十数公里一片汪洋，冒险从索桥上过雅鲁藏布江；在东久河边，泥石流阻塞，下车与道班工人、过路游客并肩排险8小时之久。这时会想："不经历一些艰险，怎么会对西藏加深记忆呢？"

在拉萨，召开座谈会，听取拉萨各界人士的批评建议。自治区人大常委会主任热地作了《把真实的西藏介绍给世界》的长篇发言，对本刊很有启迪。多年来，西藏自治区干部群众对本刊非常关心爱护，给予多方支持鼓励，自治区领导热地、江村罗布、列确多次接受本刊记者的采访，丹增、拉巴平措、次仁卓嘎、龚达希都是本刊最热心的作者。

初冬在成都举办首届特约通讯员培训班，培训来自西藏、青海、甘肃、四川、云南的学员 20 多人。聘请四川藏学专家任新建（多吉）、仁真洛色、谢刚政等讲课，本刊编辑亦走上课堂，开设采访、写作、编辑、摄影等讲座。学员们回到所在地后，在组稿、写稿、发行等方面做了大量的工作。

1998 年（藏历土虎年）

9 年耕耘，今年应是收获年。3 月，杂志社被全国妇联、国家民委授予民族团结妇女先进集体称号；5 月，杂志社被中国妇联命名为三八红旗单位。这是本刊全体同仁的光荣，也标示本社女性的地位和所发挥的能量。

藏文版改为双月刊。第 1 期发表华子的《评中央政府与达赖喇嘛的谈判》，指出近年来谈判迟迟未能实现的症结所在。同期开始连载阎振中长篇报道，介绍了投资 10 亿、历时 5 年的西藏“一江两河”整治工程。10 年前的荒凉河谷风沙库，如今已成河清树绿惬意洲了。丹巴拉姆、周爱明、廖东凡采写的我国第一代藏族飞行员访问记，通过他们从地上的苦孩子到云间吉祥鸟的经历，生动地体现了新时代藏族人的命运。四川大学霍巍教授和李永宪教授、国家文物局侯石柱先生，西藏文物局索朗旺堆先生是本刊文物考古方面的资深作者，本年第 1 期发表霍巍教授写的《东嘎皮央：佛教王国昔日的辉煌》，向国内外读者揭示出一个鲜为人知的佛教艺术宝库。此前，他还介绍过藏尼古道上考古新发现的公元 7 世纪的唐碑。

美国好莱坞摄制了反华电影《在藏七年》，一些国际舆论大肆吹捧、煞有介事。3 月，全国政协副主席阿沛·阿旺晋美会见香港《南华早报》记者白克尔先生，以其亲身经历指出这部电影是违背历史、违反事实、胡编乱造、黑白颠倒的，其目的是为达赖一伙搞“藏独”张目。本刊全文刊载了这篇谈话，不少读者反映，读了这篇谈话明白了许多历史问题和政治问题。

本刊记者编辑廖东凡、张晓明、周爱明，摄影作者陈宗烈历时3年，精心编写的大型图册《图说西藏古今》，8月由香港三联书店出版发行。该书通过76个专题、350多幅珍贵图片，深入浅出地介绍了西藏两千多年来的政治、经济、社会、宗教、文化、艺术等方面的发展和变迁，可以说是对西藏的一次全方位的整体性展示。出版后仅3个星期，即售出三分之二，为三联书店销售最快的少数几种书之一。

8月，本刊出版“中甸专号”。

9月，组织西藏藏医专家赴台参加海峡两岸藏医汉医研讨会。

时光流逝、岁月悠悠，今年是本刊创刊10周年。全社同仁正在编辑第1期“西藏民主改革四十周年专号”，同时努力编写《西藏，六十二项大庆工程》图文集、《图片：西藏百年》，以纪念这个具有历史意义的日子和本刊创刊10周年。

原载《中国西藏》1999年第1期

《中国西藏》杂志十五周年大事记

今年是《中国西藏》杂志创刊 15 周年，本着一个宗旨：把一个真实的西藏告诉世界，我们十数年如一日勤奋地工作着，先后出版了《中国西藏》汉、藏、英文版刊物共计 212 种，数千万文字和数千张图片，见证了西藏近十多年的巨大变化，介绍了西藏的政治、经济、历史、文化、民俗、旅游，真正成为读者认识西藏的窗口和沟通西藏的桥梁。

在这里，我们记下的是刊物 15 年走过的一个个足迹。

1989 年

2 月 15 日，《中国西藏》汉文版春季号（试刊）问世，刊出华子撰写的《评中央政府与达赖喇嘛的谈判》，在国内外引起广泛关注和重视。《卷首语》表明了本刊的宗旨："这是中国出版的一种向海外发行的专门报道今日西藏详情的综合性刊物。"刊物付印之际，传来十世班禅额尔德尼·确吉坚赞逝世的噩耗，班禅大师圆寂和转世，成为当年本刊的重要主题之一。

1990 年

2 月，《中国西藏》中文版和英文版（季刊）正式出版。

4 月 15 日，《中国西藏》编辑部在北京民族文化宫礼堂举行创刊座谈会，国家民委主任司马义·艾买提出席，全国人大常委会副委员长阿沛·阿旺晋美发表讲话热烈祝贺。之后国内外新闻媒体广为报道，海外读者也争相来信支持。巴黎《欧洲时报》报道："中、英两种文版的中国西藏杂志季刊，最近在北京正式创刊，从而结束了 40 年来西藏没有一份面向世界并在国际上发行的刊物的历史。"美国加州一位读者来信中说："《中国西藏》在美国这种被神话与谎言禁锢的环境中送来一阵受人欢迎的新鲜空气。"

7 月，《中国西藏》杂志获新闻出版署期刊整体设计二等奖。

9 月，《中国西藏》与西藏群艺馆合作，在民族宫展览馆举办"西藏民间艺术藏品展"，首次向海内外推出西藏美术家叶星生民间艺术藏品 300 件，全国人大常委会副委员长阿沛·阿旺晋美、国家民委主任司马义·艾买提、西藏自治区党委副书记热地等为展览剪彩，中外参观者络绎不绝，30 余家新闻媒体作了报道。此次展览受到文化部嘉奖。

1991 年

适逢西藏和平解放 40 周年。西藏 40 年的深刻变化是《中国西藏》三种文版刊物全年的重要主题。

3 月,《中国西藏》杂志藏文版试刊，当年 3 月与 9 月分别出版两期。

5 月，为纪念西藏和平解放 40 周年，杂志社与西藏摄影家协会同仁联合举办《雪域风情摄影展》，费孝通、司马义·艾买提、杨静仁、赵朴初、平措旺杰等为摄影展题词作赋，馈赠墨宝。

7 月，本刊编辑廖东凡、丹巴拉姆进藏，深入堆龙德庆县农村调查采访近两个月，统计了 90 户农民 33 年间的生产、生活、社会地位变化，调查了十四世达赖家族的色新庄园的今昔，公布了达赖家族的人权记录。

1992 年

2 月 2 日藏历新年，编辑部举行盛大歌舞联欢会，并宣布藏文版正式出版。

3 月 14 日，编辑部主办“西藏的历史与现状理论研讨会”，全国数十位藏学家、法学家宣读论文 20 余篇，从史实和法理两个方面批驳达赖喇嘛的“法律顾问”范·普拉赫歪曲西藏历史和现状的种种谬论。年内陆续发表恰白·次旦平措《略述新旧西藏藏人之人权》、柳陞祺《评范·普拉赫先生的西藏史观及其他》、杨公素《1911—1951 西藏是所谓独立国家吗？》、吴丰培《谈民国时期西藏地方政府与中央的关系》、索朗班觉《供施关系的实质是政治上的隶属关系》、洛桑格勒《也谈西藏的地位问题》、直云《评范·普拉赫的“西藏自决论”》《西藏人权问题的实质何在？》等文章，在国内外引起广泛反响。

8 月，本刊记者进藏，报道西藏第四次人口普查和“一江两河”

开发。

1993 年

《中国西藏》杂志社正式成立，独立编辑出版发行三种文版《中国西藏》。各项工作均有进展，国内外订户稳步上升。

8 月，十世班禅大师灵塔祀殿开光盛典。本刊记者赴日喀则专访，并策划编辑出版了“扎什伦布寺专号”。

12 月，杂志社组织拉萨市歌舞团赴台演出，历时一个月，演遍大半个台湾，开海峡两岸藏族文化交流之先河，也增强了刊物在彼岸的影响。

1994 年

2 月,《中国西藏》汉、英文版改为双月刊。

4 月，由本刊编辑周爱明负责的《自然与资源》栏目从第 2 期开始推出，连续 5 年持之以恒，许多著名学者、专家均为本栏目热心作者，它导引读者在西藏高原进行生态旅游。杨逸畴教授关于雅鲁藏布大峡谷的多篇专题文章，周正教授连续报道云南藏区梅里雪山中日登山队员遇难、寻找和发现的经过，为杂志增色。

7 月，中央召开第三次西藏工作座谈会，本刊记者驻会采访，第一时间报道了中央关于西藏工作的新精神。

8 月，历时 10 年的布达拉宫维修工程全面竣工，杂志第 4 期推出《布达拉宫维修专辑》，向世界介绍这项耗资 5000 万元人民币的伟大维修工程，带领读者沿着巨石垒成的蹬道进入这座被联合国教科文组织列为“世界文化遗产”的神宫秘阙中，里里外外观瞻一回。

1995 年

正值西藏自治区成立30周年，本刊出版专号，自治区主席江村罗布专门撰文回顾30年成就，自治区政府副主席吉普·平措次登接受本刊专访。第4期封面刊发自治区历任五位政府主席的照片：阿沛·阿旺晋美、天宝、多杰才旦、多吉才让、江村罗布。

10月，十世班禅大师圆寂6年，扎什伦布寺通过诵经、占卜、圣湖观影等宗教仪轨，并派出多批高僧活佛在西藏各地和青海、四川、甘肃藏区寻访，发现具有灵异特征并属相符合的儿童多名，中央决定通过金瓶掣签的历史定制认定班禅大师的转世灵童，在国内外引起极大兴趣和关注。本刊专门出版“金瓶掣签专号”，介绍这一历史定制的形成和实施过程，刊发各地藏传佛教代表人物的意见和建议。

11月，派记者赴藏，实地采访灵童认定、坐床的20世纪难得一睹的佛门盛事。

12月，本刊荣获全国优秀社科期刊称号，获此殊荣的全国仅21家。

1996 年

3月，本刊记者分别到欧洲、美洲和印度、尼泊尔诸国，广泛接触各地藏胞，更加深切地感受到他们反对分裂、心向祖国、思念故乡的强烈愿望。本刊记者发表的旅印、旅尼藏胞印象，真真切切地写出了许多海外藏胞内心的向往和苦衷。

5月，本刊与西藏社科院联合组织汉译《西藏通史——松石宝串》，经过3年翻译、审校，终于与读者见面。这部长达百万字的史学巨著，由恰白·次旦平措、诺章·吴坚、平措次仁编写，陈庆英、格桑益西、何宗英、许德存汉译，出版后在广大藏学爱好者中反响强烈。

当年，流亡国外的西藏分裂主义势力加紧了“西藏独立”和“变相独立”的宣传。“本刊论坛”和“藏事漫谈”专栏，连续刊发文章进行揭露和批判。诸如《从国际视野看达赖喇嘛》（直云）、《达赖喇嘛与麻原勾结的实质》（沙舟）、《是利藏，还是害藏？》（王贵、旺堆）、《评达赖喇嘛在班禅转世问题上的表演》（多杰才旦），文章一经刊出，国内外读者争相传看，影响相当广泛。

1997 年

7 月，记者廖东凡、文群太进藏采访 62 项援藏工程，历时 45 天，行程数千公里，走过拉萨、山南、林芝、日喀则地区 15 个县，实地察看 34 项工程，在各地召开调查会和座谈会。在海拔 5200 米的布丹拉雪山，大雨滂沱，几乎无法行进；在米林路段，山洪暴发，十数公里一片汪洋，冒险从索桥上过雅鲁藏布江；在东久河边，泥石流阻塞，下车与道班工人、过路游客并肩排险 8 小时之久。

8 月，在拉萨召开座谈会，听取拉萨各界人士的批评建议。自治区人大常委会主任热地作了《把真实的西藏介绍给世界》的长篇发言。

10 月，在成都举办首届对外宣传西藏研讨会暨通讯员培训班，培训来自西藏、青海、甘肃、四川的学员 20 多人。聘请四川藏学专家任新建（多吉）、仁真洛色、谢刚政等讲课，本刊编辑亦走上课堂，开设采访、写作、编辑、摄影等讲座。

11 月，出版“林芝专号”。

1998年

2月，《中国西藏》藏文版改为双月刊。

3月，杂志社被全国妇联、国家民委授予“民族团结妇女先进集体”称号。

5月，全国妇联命名本社为三八红旗单位。这是本刊全体同仁的光荣，也表明本刊妇女的地位和所发挥的能量。

8月，由本刊编辑廖东凡、张晓明、周爱明，摄影作者陈宗烈历时3年，精心编写的大型图册《图说西藏古今》，由香港三联书店出版发行。该书通过76个专题、350多幅珍贵图片，深入浅出地介绍了西藏两千多年来的政治、经济、社会、宗教、文化、艺术等方面的发展和变迁，是对西藏的一次全方位的整体性展示。

8月，本刊出版“中甸专号”。

9月，组织西藏藏医专家赴台参加海峡两岸藏医汉医研讨会。

1999年

1月，在人民大会堂举行《援助西藏六十二项工程》大型画册首发仪式，江泽民总书记、李鹏委员长、李瑞环主席为画册题辞。

2月，杂志社召开创刊十周年纪念座谈会。

7月，入选第一届全国百种重点社科期刊。

2000年

1月，大型图册《百年西藏》出版发行。这本图册在新世纪之初，用60个专题、近500张图片、52个图表和百年大事记记录了20世纪西藏人民走过的漫漫长路和社会沧桑巨变。

2月，《中国西藏》汉、藏、英三种文版全部改为彩页印刷，以崭新面目迎接新世纪。

8 月，出版“甘孜藏族自治州建州五十周年专号”。

10 月，出版“纪念昌都解放五十周年专号”。

2001 年

1 月，本刊连载印度《前线》杂志总编辑拉穆专访西藏的文章《西藏——真实与谎言的实地检验》，在国内外引起很大反响。

6 月，中央召开第四次西藏工作座谈会，本刊记者到会采访，发表《新世纪西藏跨越式发展的行动纲领》，与文化部、中央外宣办共同举办“全国援助西藏成果展”。

7 月，记者随以胡锦涛为团长的中央代表团赴藏参加西藏和平解放五十周年纪念活动，并第一时间进行报道。

8 月，本社与中国民族博物馆共同举办“纪念西藏和平解放五十周年书画展”，国内各著名书法家为展览题词作画。

9 月，入选新闻出版署组织的期刊方阵，被评为双效期刊。

11 月，《中国西藏》第 6 期首次作为中国西南航空公司民航班机上的随机读物，在西南航空公司 14 条国际航线和所有进出西藏航线以及数十条国内航线上发行。

2002 年

1 月，本刊第 1 期《复评达赖喇嘛与中央政府的谈判问题》，这是本刊就此问题第四次发表评论。

7 月 2 日至 20 日，在拉萨举办第三届对外宣传工作研讨会暨“藏西经济、人文、环保综合考察采访”活动，西藏自治区党委副书记李立国、自治区政府副主席次仁卓嘎等出席研讨会并发表讲话。

这次会议成功的宣传报道，在西藏产生了很大影响。

研讨会结束后，部分与会者前往日喀则和阿里地区考察，参加杂志社和西藏自治区阿里地委共同举办的“2002藏西人文、生态、环保工作考察采访”活动。考察组经日喀则地区的江孜县、日喀则市、拉孜县、昂仁县、萨嘎县至阿里地区的普兰县、札达县、噶尔县、狮泉河镇、改则县、措勤县，行程近4000公里，考察了沿途的风俗民情，就所到地方的经济发展、生态、环保等方面与地方各部门进行座谈，采访有关专家和学者，组织了一批关于西藏环保的文章，拍摄了上千张图片。《中国西藏》网站连续刊载的“藏西考察手记”，一日一篇，十多万字，吸引了许多读者。

2002年是藏族史诗格萨尔千周年纪念。9月，本刊与西藏社会科学院共同协商策划，联合编辑、出版“格萨尔千周年专号”，集中展示了我国对藏族传统文化的弘扬和保护，产生了积极的影响。

2003年

5月23日是人类登顶珠峰50周年，本刊特约周正先生撰写《因为它在那里》，回顾人类登顶珠峰50年，获得极大反响。

7月，十一世班禅青海甘肃行，这是十一世班禅第一次来到十世班禅大师的故乡，拜见十世班禅大师的母亲，本刊记者吴祎随行采访并第一时间报道。

8月，“中国西藏视点”丛书开始启动。

12月，历时3年，重新修订的汉译本《西藏通史——松石宝串》正式出版。

原载《中国西藏》2004年第1期

《中国西藏》创刊二十周年纪念座谈会隆重举行

艾米

2009 年 12 月 18 日，《中国西藏》杂志创刊 20 周年纪念座谈会在北京西藏大厦隆重举行。全国政协副主席、中央统战部部长杜青林出席并发表讲话。

杜青林部长指出，党中央始终高度重视西藏工作，在新中国成立后各个历史时期，制定并采取了一系列特殊优惠政策和务实措施，极大地调动了西藏各族群众的积极性、主动性和创造性，西藏面貌发生了翻天覆地的变化。西藏的发展已站在新的历史起点上，进入一个新的发展阶段。《中国西藏》杂志作为中央涉藏宣传的重要刊物，创刊 20 年来，由单一文种发展到汉、藏、英三种语言文字，由纸介文版发展到网络电子版，发行范围扩大到全世界 100 多个国家和地区，走过了很不平凡的发展历程。20 年来，《中国西藏》杂志充分发挥自身特点和优势，广泛传播党和国家的声音，生动反映西藏日新月异的发展变化，与国外分裂势力进行针锋相对的斗争，对其分裂言行进行深刻剖析和有力批判，为维护西藏发展稳定作出了重要贡献。

杜青林部长指出，当前国际国内形势发生着深刻的变化，对新时期涉藏宣传提出了新的、更高的要求。做好《中国西藏》杂志工作，搞好涉藏宣传，要始终不渝地坚持正确的政治方向，掌握工作主动权，注重宣传实效。提高科学化水平，不断推动涉藏宣传实现新的发展。《中国西藏》杂志要坚持正确的舆论导向，把握舆论宣传规律，扩大影响力，增强亲和力和感染力，努力成为宣传西藏的重要力量，同时，要着眼长远，立足当前，合理配置资源，树立精品意识，进一步拓展影响力，提高知名度。努力使杂志成为广大读者了解西藏、认识西藏的重要窗口以及涉藏领域对外宣传的重要品牌，并为推动落实中央关于支持西藏和四省藏区发展的各项政策，为推进西藏跨越式发展和长治久安作出新的贡献。

中央统战部常务副部长朱维群主持座谈会。中央统战部副部长斯塔、国务院新闻办公室副主任董云虎、国家民委副主任丹珠昂奔、中国藏学研究中心党组书记游洛屏、总干事拉巴平措，西藏自治区政府副主席甲热·洛桑丹增，西藏自治区原党委书记阴法唐等出席，董云虎和拉巴平措等分别讲话。

董云虎在讲话中指出，《中国西藏》杂志是我国为数不多的外宣期刊之一，是我国以对外宣传西藏为主要任务的多文种的最有影响力的专业刊物，也是一本在国内外广受读者喜爱和欢迎，受到各驻外使领馆普遍称赞和肯定的优秀刊物，可以说是涉藏外宣的一个重要品牌。20 年来，在中央统战部的强有力领导下，《中国西藏》杂志坚持正确的办刊方针和舆论导向，及时准确地传达中央的西藏政策和中央在涉藏问题上的立场、观点，生动形象地反映西藏和四省藏区的发展变化，针锋相对地驳斥达赖集团和西方反华势力的造谣歪曲，为对外介绍一个真实的、发展变化的西藏作出了重大贡献，立下了汗马功劳。20 年来，《中国西藏》已成为我们对达赖集团舆论斗争的重要阵地，杂志是在国际风云变幻、涉藏斗争异常尖锐激烈的背景下诞生的，也是伴随着国际涉藏斗争的风风雨雨而成长壮大起来的。杂志发表了大量有说服力的文章。这些文章用大量确凿的事实和透彻的说理，驳斥达赖集团在“西藏问题”上散布的“种族灭绝”“文化灭绝”“宗教灭绝”“破坏环境”等各种谎言。对于引导世人认清达赖集团的本来面目发挥了很好的作用。

拉巴平措在讲话中指出，20 年来，《中国西藏》杂志积极宣传党和政府关于西藏工作的方针政策，如实反映民族区域自治制度在西藏的实施情况，广泛报道西藏的民族、宗教、文化艺术、自然景观、旅游景点及独特风情，深刻阐述西藏与祖国的关系史，有力驳斥分裂主义分子和外国反华势力有关西藏问题的各种反动谬论，成为对外宣传西藏的重要窗口，在海内外起到了积极的作用。《中国西藏》的“藏学研究”专栏举重若轻，以轻松的语言向广大海内外读者普及藏学知识；“论点摘编”从国内众多刊物刊发的有关藏学研究的文章中选择数篇重点文章向读者推荐，“新书博览”及时向读者提供藏学界最新的出版成果信息，使读者可以迅速而便捷地了解藏学研究的最新动态。中国西藏杂志社还与诸多藏学专家、多家出版社联合编辑、出版了《中国西藏》视点丛书、《图说西藏古今》《百年西藏》《六十二项工程》《天路——青藏铁路建设纪实》等汉文图书，以及《重彩西藏——西藏十人作品集》《二十世纪的人和事》等汉英文图书，尤其值得一提的是，中国西藏杂志社独具慧眼，与西藏社科院合作翻译出版、修订再版了《西藏通史——松石宝串》，2005年，汉译本获得第一届“中国藏学研究珠峰奖”一等奖，这些都是中国西藏杂志社全体同志始终坚持与时俱进、不断创新的结果。

此外，中央统战部、国务院新闻办、国家民委、新闻出版总署等中央和国家机关有关部门负责人，西藏自治区政府、中国藏学研究中心，以及首都藏学界、新闻出版界、全国各藏区有关部门和高等院校代表近200人参加了座谈会。座谈会上，中国西藏杂志社社长兼总编张晓明、国家新闻出版总署新闻报刊司副司长丁以绣、杂志社前任社长廖东凡、中央统战部信息中心主任王丕君、西南民族大学党委书记罗布江村、中国科学院院士郑度、中央民族大学副校长喜饶尼玛、中国社会科学院学部委员郝时远及作者代表周正（原国家体委国家登山队总教练、研究员）、陈丹（中国藏学研究中心博物馆）和本刊合作代表王博轩（北京列车段宣传部）先后发言，对今后办刊提出了有益的意见和建议。

在创刊纪念座谈会召开之际，杂志社还收到来自西藏自治区及各地市、四川省、青海省和北京市等有关单位以及国内外数十家机构和媒体发来的贺电和贺信，西南民族大学校长赵心愚、中央民族大学教授李秉铨等专家学者也发来了贺信。

原载《中国西藏》2010年第1期

后　记

2005年，北京西郊的大觉寺，一场颇具民族特色又精彩纷呈的藏戏正在上演。在千年古寺博物馆上演具有千年历史的中华民族特色文化遗产——藏戏，让当时刚刚进杂志社的我倍觉震撼和感动。记得那时候在杂志社各位领导和编辑们的指导和帮助下，还是一个新人的我，慢慢对本民族文化和家乡故事进行了进一步的了解认识，并通过自己不成熟的文字和镜头，努力去介绍一个正在不断进步发展，并同时保留珍贵文化遗产的西藏和藏区。真正地去了解西藏和藏区正在发生的故事和这片土地蕴含的丰富文化和人文内涵，才发现自己是个十足的小学生。杂志社的老前辈金老师，常常说他从小在西藏长大，但是西藏的文化和故事就像大海一样广阔深厚，他在这个领域的努力，也只能做到在海边捡几块贝壳的程度。我们都知道这是金老师的谦虚之词，但他却说的那么诚恳。那我可能连海都还没见到，只是听到了海潮的声音，知道山的那边就是大海。

2019年，中国西藏杂志社创刊三十周年。为了迎接这个生日，我们这些杂志社的年轻人担起了编选杂志社精选集的任务。其实杂志社的老领导和编辑们很早之前也念叨过这个选题。但是因为各方面条件不成熟，一直没能成形。这次天时地利人和同时具备，终于可以做了。我们几个编辑在一个夏天的午后，来到杂志社的地库，整理寻找历期各个版本的刊物。杂志社创刊于1989年，很多东西没有电子版，我们只能寻找纸质的合订本。因为这几年的多次搬迁和调整，有几年的合订本已经很少很难找了。我们在地库找的满头大汗，一本本地搬出各期各版本合订本，用车运回办公室。翻开从1989年开始的刊物，我们可以清晰地看到发展的历程，以及一直不变的对西藏和四省藏区的真实记录和表达。而在这三十年的刊物中，我们看到了藏区的经济社会发展，看到了老百姓的脱贫致富，看到了西藏文化的保护和发展，看到了对环境和野生动物的重视和保护，最重要的是看到了这片土地上勤劳勇敢的人民，在全国各族人民的支援下，发挥自己的聪明才智和力量，在这个被称为第三极人类生存禁区的地方，创造美好生活的感人故事。

2019年，也是西藏民主改革60周年。民主改革作为对西藏落后封闭的封建农奴制度的改造，作为对西藏广大人民权利的争取和解放，是载入人类发展历史的进步事件，因此也被称为“废奴丰碑”。三十年来的杂志合订本，放在桌上有一米多高。从1989年开始，杂志社一代代的编辑和来自国内外各个领域的作者、专家学者、摄影家、美术家们一起，用一篇篇真诚的文字，历尽辛苦拍摄绘制的摄影美术作品，从人文地理的角度，对这片土地上的神奇故事，进行了富有个性和吸引力的展示。而我们从这三十年的文图中，用自己还不太成熟的眼光尽力选出了，能够反映这段伟大历史的文图。就像那个听到海潮声，并翻山越岭向往海边的孩子。也许捡到的是珍贵宝藏，也许只是石块和好看的贝壳。但请相信，这个孩子向往大海的心是真诚的……

袁星宇

2019 年 8 月 26 日

图书在版编目(CIP)数据

史海遗珍 / 中国西藏杂志社编 . —北京：中国藏学出版社，2019.11
(《中国西藏》杂志 30 年精选集)
ISBN 978-7-5211-0189-8

Ⅰ . ①史… Ⅱ . ①中… Ⅲ . ①西藏 – 地方史 – 文集Ⅳ . ① K297.5-53

中国版本图书馆 CIP 数据核字 (2019) 第 237927 号

史海遗珍

SHIHAI YIZHEN

中国西藏杂志社　编

责任编辑	南加才让
装帧设计	海龙视觉
出版发行	中国藏学出版社
印　　刷	中国电影出版社印刷厂
版　　次	2019 年 11 月第 1 版第 1 次印刷
开　　本	787 毫米 ×1092 毫米　1/16
印　　张	20
字　　数	230 千字
书　　号	ISBN 978-7-5211-0189-8 / K · 568
定　　价	78.00 元

E-mail: dfhw64892902@126.com　电话: 010-64892902